本书系江苏高校品牌专业建设工程资助项目（PPZY2015C249）

语文个性化教学

YUWEN

GEXINGHUA

JIAOXUE

胡海舟 /著
HUHAIZHOU

北京师范大学出版集团
BEIJING NORMAL UNIVERSITY PUBLISHING GROUP
北京师范大学出版社

图书在版编目(CIP)数据

语文个性化教学/胡海舟著. —北京:北京师范大学出版社,
2018.9(2019.3重印)
ISBN 978-7-303-23596-4

Ⅰ.①语… Ⅱ.①胡… Ⅲ.①语文课－教学研究－中小学
Ⅳ.①G633.302

中国版本图书馆 CIP 数据核字(2018)第 066729 号

营 销 中 心 电 话 010-58802181 58805532
北师大出版社职业教育与教师教育分社网 http://zjfs.bnup.com
电 子 信 箱 zhijiao@bnupg.com

出版发行:北京师范大学出版社 www.bnup.com
　　　　　北京市海淀区新街口外大街 19 号
　　　　　邮政编码:100875
印　　刷:北京溢漾印刷有限公司
经　　销:全国新华书店
开　　本:787 mm×1092 mm 1/16
印　　张:18.25
字　　数:312 千字
版　　次:2018 年 9 月第 1 版
印　　次:2019 年 3 月第 2 次印刷
定　　价:48.00 元

策划编辑:伊师孟　　　　责任编辑:马力敏 温玉婷
美术编辑:焦　丽　　　　装帧设计:焦　丽
责任校对:韩兆涛　　　　责任印制:陈　涛

序

PREFACE

　　胡海舟教授进入学科领域探讨个性教学为时已久，如今他大病初愈就奋力写作，向读者奉献了这部著作《语文个性化教学》，这大概是语文学科领域里同类著作的第一部吧，可喜可贺！书中探讨了语文个性化教学的终极目标、学理依据、内外机制等一系列理论问题，探讨个性化教学的内涵、特征、价值，回顾国内外个性化教学的历史，分析中国传统文化及现代教育制度对语文个性化教学的影响，提示我国语文个性化教学的基础、背景和面临的形势，揭示问题的迫切性和研究的针对性。书中还探讨了如何以教师个性化的教促进、提升学生个性化的学，培养自由精神、探究勇气和创新意识；另一方面又从实践层面剖析关于革除传统语文教学程式化、单一化、同质化的弊端，实现中小学语文教学的灵活性、艺术性、创造性、科学性，促进学生语文素养的全面提高和语文教师的专业成长。作者用功甚勤，全书论涉广泛，精彩之笔不断。

　　作者评述的"语文举旗"现象确实值得思考。一些比较成熟的语文老师出于各自的积累、优势、性格和爱好倾向等原因，在语文教学中乐于展示自己对语文教学特色的追求，勾勒自己的风格，创设自己的品牌，这无可非议，甚至还应该给予鼓励。可是当乱举大旗现象"蔚然成风"时，有些问题恐怕就该冷静深入地思考了。

　　首先要考虑的是，所举的品牌、旗号是否恰当？例如，名号的提法是否恰当，名号与教学风格是否匹配，这种风格是否有所偏颇，等等。作者在第五章对此类问题展开了深入的讨论。顺便说一下，本书第十四章"当代名师语文个性化教学评介"罗列一批名师，逐一简要介绍，此举或许也会遭遇一些误解。对于这个问题，作者表示将来会有进一步的研究来展开，我们期待他未来的成果吧。

　　其次是如何看待创设特色风格与遵循基本规范的问题，因为有的语文老师一味追求某种氛围,在探索教学风格的过程中,可能会有一些走偏。这其实也没有什么大不了的,大家给予一些提醒,帮助扭转过来就行。不过需要指出的是,当下还有不少语文老师需要最基本的支持,特别是在一些比较闭塞的地区,有的老师真的还不大明白语文课究竟该怎么上,他们更需要的是语文教学的基本规范,需要学会如何抓住语文课程的根本目标和基本动作,如何使自己的教学适切于学生。因此,充满个性的语文教学还必须蕴含学科的基本规范。语文课程倡导的"人文性",讲的就是规范化与个性化的统一。这就是胡海舟教授在对概念进行界定时,强调个性化教学必须尊重教育教学规律与共性、必须遵循教学基本规范的原因。

最后,我们应把个性化教学放到更大的背景中观照与讨论。社会需要多种多样的人才,需要开创潮流、引领潮流的先锋,所以,我们应当理直气壮地呼唤个性和个性教育,应当顺应各人的生理、心理特点和趣味爱好,鼓励个性的发展。然而在教育中,个性与共性如何平衡,应该达到什么样的平衡?个人优势特长与团队精神、合作意识如何结合起来培养?语文个性化教学的难处就在于,既要讲求全面发展和学科规范,又要提倡发挥各自的特长和优势,创建个人特色。个性化教育需要融入平衡的理念、规范的理念。这也是作者在有关章节里思索、探究的问题。

对于这样那样的课题,尽管可以在旁边说三道四,实际上我自己未必做得了。胡海舟老师有志于此,并已经进行了系统、深入的探索,取得了显著的成绩。但愿他在保重身体的同时,对于语文个性化教学,能够做出进一步的贡献。

巢宗祺

2017 年 8 月

目 录

CONTENTS

第一章　个性化，21 世纪教育教学的必然选择

"互联网＋"、云计算、大数据、工业 4.0、智能制造、私人订制，网络化、智能化、个性化、去中心化……这是一个飞速发展的时代，这是一个充满变革的时代，这是一个追求创新的时代，这是一个越来越人性化的时代。从"引进来"到"走出去"，从"中国制造"到"中国创造"，对当代中国来说，迈进 21 世纪，绝不仅仅是时间上的跨越，更是历史意义上的超越：它意味着一个新时代的建构和一代新人的塑造。立足时代的高度，仔细分析新世纪的时代特征，深入思考社会进步与生命成长、教育发展的关系，认真回顾、反思千百年教育教学走过的历程，瞻望未来的走向，我们深刻地认识到，个性化是 21 世纪教育教学的必然选择。

一、回应时代的呼唤

教育的变化从来都是与时代的变迁紧紧联系在一起的。以信息网络化、社会知识化、经济全球化为特征的 21 世纪，对教育教学提出了哪些新要求呢？教育教学又该怎样回应时代的呼唤呢？

（一）信息网络化与个性化教学

科学技术是第一生产力，是推动人类社会进步的最基本的因子。回眸教育教学发展史，我们发现，人类以口耳相传、文字、印刷、电子及网络为信息传播媒介的技术进化史中，技术的每一次革新，都给教育理念、教学内容、教学方法、组织形式及其载体带来了巨大影响。

口耳相传时代，由于文字还没有产生，教育教学只能通过对话、亲身示范等方式进行。印刷术的发明直接推动了教育的普及，学校教育规模得以扩张，现代课堂教学制度得以建立，教育教学从个别化走向标准化、制度化。

19 世纪以来，电子传播的运用为教学现代化提供了物质保障，基

于电影、电视、录音、录像、幻灯等载体的视听教学，虽然创设了真实、生动的情境，突破了时间与空间的限制，但其单向的传播通道、封闭的系统并不能带来教育教学实质性的变革。①

20世纪后期，随着计算机和网络技术的迅猛发展，人类社会进入信息时代和后工业社会。国际21世纪教育委员会向联合国教科文组织提交的报告《教育——财富蕴藏其中》指出："新技术使人类进入了信息传播全球化的时代；它们消除了距离的障碍，正十分有效地参与塑造明日的社会。由于这些新技术，明天的社会将不同于过去的任何模式。"②"在漫长的历史中，我们的教育主要以传递和积累文化为目的，教育是指向过去的，我们的课程是祖祖辈辈的经验总结。进入工业社会后，教育指向现实，具有明显的功利主义色彩及急功近利的局限性。进入信息化社会后，教育必须面向未来。""未来的人才是复合型的，未来社会要求新人具有创造性、个性及广泛的适应性。这就要求我们赋予基础教育以全新的意义与价值。"③

"互联网＋"时代的到来，促使信息化社会的教育教学变革更加风云激荡。"2012年11月，易观国际CEO于扬首次提出'互联网＋'的概念。2015年3月5日，李克强总理在政府工作报告中提出制订'互联网＋'行动计划。7月1日，国务院发布《关于积极推进'互联网＋'行动的指导意见》，描绘出'互联网＋'国家战略行动路线图。什么是'互联网＋'？'互联网＋'对应的英文为internet plus，它不是加法或加号，而是"化"（plus）。这表明'互联网＋'指的是以互联网为主的一整套信息技术（包括移动互联网、云计算、大数据等配套技术）在经济、社会各部门的扩散、应用，并不断释放出数据流动性的过程。'互联网＋'各个产业部门，不是简单的连接，而是通过连接，产生反馈、互动，最终出现大量化学反应式的创新和融合。"④例如，互联网＋传统集市＝淘宝、互联网＋传统百货卖场＝京东、互联网＋传统银行＝支付宝、互联网＋传统交通＝打车软件、互联网＋传统新闻＝新媒体……

---

① 参见潘新民，庞佳路：《云时代教学变革：动因、意义与路径》，载《河北师范大学学报》（教育科学版），2016(1)。

② 国际21世纪教育委员会：《教育——财富蕴藏其中》，联合国教科文组织总部中文科，译，27页，北京，教育科学出版社，1996。

③ 邓志伟：《个性化教学论》，72页，上海，上海教育出版社，2002。

④ 桑雷：《"互联网＋"背景下教学共同体的演进与重构》，载《高教探索》，2016(3)。

毋庸置疑，"互联网+"改变人们的生产和生活方式的同时，也必然对学校教学产生前所未有的冲击。

课堂教学制度是在工业化社会早期，受机器大生产方式的影响而产生和发展起来的。机器大生产是一种标准化的生产，它需要的是大批"千人一面"的"标准化人才"，一如它所生产出来的千篇一律的工业产品。为适应这种人才的需要而诞生的课堂教学制度也必然以标准化为指向，以高效率培养同质化的人才为目标，以划一性、机械化为程式，以固定的班级、固定的教室、固定的教师、固定的学生、固定的时间和统一的课程标准、统一的教学计划、统一的教材、统一的教学模式、统一的课程表，批量化"生产"。这样的教学制度是难以真正关注班级中每个学生的个体差异、满足每个学生的个性化学习需求的。

进入信息社会，基于大数据、云平台、互联网等支持双向对等交流的媒介技术，则可能给传统的学校教学带来彻底性变革，"打破封闭的办学体系""打破传统的教学结构""打破固化的学校组织形态"①，使教学从单一化向多样化、从标准化向个性化发展。正如有的学者所言："我认为数码媒介对教育的真正贡献就在于它的灵活性，从而使得每一个个人都可以找到自己的通向学习的道路。这将有可能使每一位进步主义教育家的梦想成为现实：在将来的学习环境中，每一位学习者都是'特殊的'。"②

教育信息化的推进以及教育基础设施的建设，为大数据技术在教育教学中的运用奠定了坚实的基础。基于云平台和极课大数据等，学生端可以进行个性化内容的选择、形成知识的关联、实现自助餐式作业的接受推送、实施学情的反馈和成长档案的录入等，学生学习的行为数据自动留在了"云端"。借助对云平台数据的认真分析，教师就可能对每位学生的学习背景、学习态度、兴趣爱好、知识基础、能力发展等进行科学的评估、精准的诊断、精确的把握，从而针对他的学习偏好和局限，对学习内容、进度、方法等做出调整、改进，变教学内容的"集体批发"为

---

① 曹培杰：《未来学校的变革路径——"互联网+教育"的定位与持续发展》，载《教育研究》，2016(10)。

② Seymour Papert, *The Connected Family：Bridging the Digital Generation Gap*"，转引自潘新民，庞佳路：《云时代教学变革：动因、意义与路径》，76～77 页，载《河北师范大学学报》(教育大学学版)，2016(1)。

"私人订制"，变教学方式的"统一操作"为"个别行动"，实现一对一的差异化、精准化教学，根据每个人的实际情况，提供灵活化的课程，设计定制化的学习内容，布置个性化的作业，进行个别化的指导，实现从以"教师为中心"到以"学生为中心"的教学方式的转变，真正做到以人为本、因材施教，满足学生多样化和个性化发展的需要。[①] 所以，曹培杰博士说："'互联网＋教育'的本质是'农业'而非'工业'，技术进入教育绝不是要塑造一个统一的、标准化的教学流程，而是通过优化教育资源配置，让教育变得更有智慧。"大数据技术可以精准分析学生的学习特征，"帮助教师更好地理解学生，把握学生的学习需求，教师就可以专注于课堂教学创新，为每一个学生提供个性化的学习支持"[②]。

此外，信息化时代海量的资源和互联网交互的功能，又可以为学生个性化的学、教师个性化的教，为灵活多样、细致深入的互动交流，为从以知识传授为主向以素养提升为主转变，为从课堂学习为主向多种学习方式并存为主转变，提供了平台与内容、方法、途径等方面的方便。

对于高度信息化给未来教育教学带来的巨大影响，2017年5月朱永新先生在华东师范大学举办的"人工智能与未来教育"高峰论坛的演讲中有全面的总结：从内在本质上来说，会走向个性化；从外在形式上来说，会走向丰富化；从时间上来说，会走向弹性化；从内容上来说，会走向定制化；从方式上来说，会走向混合化；从评价上来说，会走向过程化；从机制上来说，会走向开放化。[③]

（二）社会知识化与个性化教学

随着现代科技的迅猛发展和社会生产过程的日益智能化，一种崭新的经济形态取代了工业经济而成为发达国家经济体系中占主导地位的经济形态，这就是知识经济。

知识经济时代，人的知识、智力和创新能力成为支撑整个社会的基础，成为社会的第一资本。拥有高知识水平和高创新能力的人才，成为影响社会生产力发展、关系国家未来的关键因素。"可以说，从来没有

---

① 参见赵婀娜：《让教育发现每一个学生》，载《人民日报》，2014-09-04。

② 曹培杰：《未来学校的变革路径——"互联网＋教育"的定位与持续发展》，载《教育研究》，2016(10)。

③ 参见朱永新：《未来，传统学校将被"学习中心"替代?》，载《文汇报》，2017-05-26。

一个时代象（像）现在这样对创新能力的培养有着如此急切的呼唤。"①于是，创造力的培养成为各国应对社会知识化时代挑战的首要工作。大量研究证明，创造力与个性是紧密相连的，个性的发展是创造力滋生的土壤，只有个性得到充分发展的人，才拥有丰富的创造力。刻板、机械、僵化的教学只能培养墨守成规的庸人，唯有灵活、多样、充满个性的教学才能造就开拓创新的英才。

就中国的特殊国情而言，我们的教育教学面临着更加严峻的挑战。一是由计划经济向市场经济转型对教育发展的挑战。改革开放使中国市场经济不断壮大，而市场经济是建立在有独立意志的个人主体的基础上的，市场经济奉行的是独立自主、平等竞争、优胜劣汰、全面开放的原则，只有"有个性的个人"才能适应这些原则。二是产业结构的非均衡性调整对人才素质的新要求。改革开放以来，中国的产业结构经历了剧烈的变革，目前正在进行的供给侧结构性改革，就是从提高供给质量出发，用改革的办法推进结构调整，提高供给结构对需求变化的适应性和灵活性，促进经济社会持续健康发展。这种产业结构的巨大变化和日益激烈的就业竞争，对人才素质提出了新要求，强调人才必须具有高度的适应能力和较强的自我生存能力。为此，在人才培养上，我国必须重视全面基础上的个性化发展，以无可替代的个性特征找到自己的职业定位，并在需要时实现职业的转换和事业的发展。三是极不平衡的区域性经济发展对多样化人才的强烈需求。中国幅员辽阔，不同地区社会、经济、文化发展极不平衡，东部、中部、西部差别巨大，对人才规格有不同的要求。例如，东部沿海经济发达地区，为适应外向型经济和高智能型产业结构发展的需求，不仅需要培养大批高学历、宽视野、通晓国际规则、具有宏观决策能力和创新精神的管理人才，而且需要培养大批科技、金融、贸易、法律等各类专门人才；而在西部欠发达地区，随着农村产业结构的调整和劳动力的职业转换，在较长一段时间内，需要的是大量初、中级技术人才及熟练的劳动者。不同地区对人才发展多样化的要求，倒逼我们必须打破长期以来形成的程式化、划一性教育教学体制，创设注重人的多样化、个性化发展的灵活多变的差异化教育教学体制。②

---

① 郑金洲：《教育观念的世纪变革》，载《国家教育行政学院学报》，2005(9)。
② 参见曾继耘：《差异发展教学研究》，4～8页，北京，首都师范大学出版社，2012。

（三）经济全球化与个性化教学

信息网络化、社会知识化带来了经济全球化，正如 E. 拉兹洛指出的："大转变的另一个特征是人类社会的各个部门和各种活动日渐全球化……以指数增加的信息和通讯网络使各种国际的和跨国的网络及协会的建立成为可能，而这些网络和协会往往导致更实质性的组织结构的形成。今天，巨大的信息流产生了数千家环球商业企业及成千上万个国际组织和政府间组织。"①随着世界范围的交流和合作，地球变小了，出现了"地球村"。但这并不意味着人类正在否定个性而走向简单、划一，相反，经济全球化更强烈地呼唤着民族性和多样性。因为，各国、各民族之间若失去了差异和特色，就没有交往与合作的必要。在经历了大国文化霸权的挫折和失败之后，人类越来越清醒地认识到文化的民族化、多元化的重要性，多元主义成为 21 世纪人类奉行的价值观。多元化意味着民主、平等，要求尊重个性、弘扬个性。在国际化背景下和新技术革命的冲击下，"人类不但不会被压平而成为单调一统的群体，反之，还将在社会各方面走向空前的多样化"；多样化"需要并造就的，不是做应声虫的'大众人'，而是彼此很不一样的人，是个性人，不是机器人。"②教育，就应该为造就这样多样化、有个性的人而努力。

二、追赶世界的脚步

时代对个性的呼唤，必然反映到教育教学改革中来。为适应知识经济发展的需要，回应创新型人才培养的世纪诉求，满足学生个性化发展的需求，体现关注个体生命成长的教育价值，世界各国不约而同地掀起教育变革的浪潮。尽管欧美、亚洲诸国教育教学变革的理论依据、侧重点、实施策略等各有不同，但出发点和宗旨却惊人的相似，各国都把促进人的个性、主体性、创造性的发展作为改革目标。正如联合国教科文组织所言："教师

---

① ［美］E. 拉兹洛：《决定命运的选择：21 世纪的生存抉择》，李吟波，等，译，14 页，北京，生活·读书·新知三联书店，1997。
② ［美］阿尔文·托夫勒：《未来的冲击》，孟广均，等，译，254 页，北京，新华出版社，1996。

将来的任务是培养一个人的个性并为他进入现实世界开辟道路①。"

欧美国家历来崇尚个人价值，拥有重视个性发展的教育传统。20世纪下半叶，他们加强了尊重差异、发展个性的理论与实践研究。以美国为例，20 世纪 80 年代起，美国先后出台了《国家处于危急中：教育改革势在必行》《国家为培养 21 世纪的教师作准备》等近十项教育教学改革文件和方案，强调"我们的目标必须是充分发挥个人的才能。达到这一目标需要：我们希望并且帮助所有的学生最大限度地发挥他们的能力"②。他们"重视与个性发展有关的个体的独立意识、自信心、反抗精神，以及多种能力的培养，强调从家庭到学校、从学校到社会，都要努力创造条件，让个体充分地发展这些能力，充分地展示自己的个性，造就有活力的、有创造性的个体"③。为此，包括美国在内的欧美国家重视实施个别化教学，积极寻求如何因材施教以促进个体发展，强调具有个别差异的学生在教学过程中扮演积极的角色。个别化教学改革创造出很多有效的教学模式，如个别化视听教学、个别化规定教学、个别化指导教学、按需学习计划、个性化教学系统、策略学习等。2015 年 12 月12 日，美国总统奥巴马签署基础教育新法案《每个学生都成功》。它既是对 1965 年美国《初等与中等教育法》和 2002 年开始实施的《不让一个孩子掉队》法案的延续，又是对《不让一个孩子掉队》法案中出现的标准化测试、一刀切模式的矫正。在美国人看来，每个人，尤其每个学生都是独特的个体，每个人有多种智能，如果仅用一个标准来对所有的学生进行评价，那么在这个标准下，一定将会出现有多少成功者，就有多少失败者的状况。他们认为，整齐划一不利于创新人才的成长。为此，他们将教育的控制权还给各州和地方学区，并由此引发提高教育质量的一系列策略的调整：质量标准的调整——由划一转向自主，测试方式的调整——由统一转向灵活，问责制度的调整——由严责转向激励。④

苏联的教育教学改革在不同时期有不同的重点，但无论普通教育还

---

① 联合国教科文组织国际教育发展委员会：《学会生存——教育世界的今天和明天》，260 页，华东师范大学比较教育研究所，译，北京，教育科学出版社，1996。

② 国家教育发展与政策研究中心：《发达国家教育改革的动向和趋势》，8 页，北京，人民教育出版社，1986。

③ 郭发奇：《论美国的个性化教育》，载《教育理论与实践》，2001(1)。

④ 参见陶西平，顾海良，等：《〈每一个学生都成功法〉七人谈》，载《华东师范大学学报》(教育科学版)，2016(2)。

是职业教育，"全面发展个性，最大限度地实现每个人的才能"，始终是他们改革的目的。他们要求"将儿童、少年、青年的个性置于全部教学教育工作的中心"①，并结合学生的个人特点去组织教学。

2014 年 4 月 16 日发生的震惊世界的"世越号"沉船事件，充分暴露出韩国受传统文化影响而奉行顺从的"听话教育"、封闭的应试教育、忽视个性与独立人格的弊端。为祛除积弊，适应 21 世纪的新特点，韩国明确提出了"自我完善和个性建设的目标""优秀质量、具有个性、独立自主"的"教育系统业务和管理的指导原则""实现个性化教育"的新方针，强调"教育政策的中心点应从以传授知识为目的的教育转为致力于在国际环境中建设祖国的个性化教育"，强调以培养学生自由、自主、自律的精神作为教育教学改革的出发点。②

同处儒教文化圈的日本也有着与韩国、中国教育同样的问题，传统教育重视循规蹈矩，注重礼仪纲常，讲究论资排辈。为此，日本从 20 世纪 80 年代开始发起个性化教育运动，"既要变革日本学历社会造成的学制呆板，学习方法僵化，又要推动教育多样化和学制弹性化以及创造性学习"③。从 1984 年至 1987 年，日本先后发表了 4 份教育改革咨询报告，规定了日本教育改革的基本方向，"尊重个性"是教育改革三大基本原则之一。1987 年提交的《关于教育改革的第四次审议报告》明确提出，"本次教育改革最重要的是铲除迄今我国教育根深蒂固的弊病——划一性、僵硬性、封闭性，确立个人尊严、个性尊重、自由和自律、自我负责的原则，即'重视个性的原则'"④。

面对"尊重差异、发展个性"这一世界性的教育教学改革趋向，我国当然不能无动于衷。作为全球政治、经济、军事、文化大国，要谋求与之相配的国际地位，我国就必须审时度势，革故鼎新，把"个性化"作为教育教学改革的重心，以积极的姿态，以奋勇争先的精神，追赶世界前行的脚步，并实现弯道超越。

---

① 国家教育发展与政策研究中心：《发达国家教育改革的动向和趋势》，转引自刘文霞：《个性教育论》，5 页，呼和浩特，内蒙古大学出版社，1997。

② 参见刘文霞：《个性教育论》，5 页，呼和浩特，内蒙古大学出版社，1997。

③ 王淑杰：《日本开放式个性化教育改革及其启示》，载《肇庆学院学报》，2011(4)。

④ 《日本临时教育审议会关于教育改革的第四次咨询报告》(终结报告)，耿函，译，载《外国教育资料》，1988(1)。

2001年，我国开始进行的基础教育课程改革的重要目标之一，就是改革课程实施过于强调接受学习、死记硬背、机械训练的现状，倡导学生主动参与、乐于探究、勤于动手，培养学生搜集和处理信息的能力、获取新知的能力、分析和解决问题的能力、交流和合作的能力。"课程改革强调教师应尊重学生的人格，关注个体差异，满足不同学生的学习需求，使每个学生都能得到充分的发展。"

《国家中长期教育改革和发展规划纲要(2010—2020)》(以下简称《教育规划纲要》)第二条"工作方针"提出，"关心每个学生，促进每个学生主动地、生动活泼地发展，尊重教育规律和学生身心发展规律，为每个学生提供适合的教育。"第三十一条要求"树立多样化人才观念，尊重个人选择，鼓励个性发展，不拘一格培养人才"。第三十二条提出"创新人才培养模式。适应国家和社会发展需要，遵循教育规律和人才成长规律，深化教育教学改革，创新教育教学方法，探索多种培养方式，形成各类人才辈出、拔尖创新人才不断涌现的局面"；并且本条还特别强调"注重因材施教。关注学生不同特点和个性差异，发展每一个学生的优势潜能。推进分层教学、走班制、学分制、导师制等教学管理制度改革。"《教育规划纲要》还多处提到把全面发展和个性发展统一起来。

2016年3月颁布的《中国国民经济和社会发展第十三个五年规划纲要》第十四篇"提升全民教育和健康水平"明确提出，要"把提升人的发展能力放在突出重要位置"；强调"加快完善现代教育体系，全面提高教育质量"，要求"改革人才培养机制，实行学术人才和应用人才分类、通识教育和专业教育相结合的培养制度，强化实践教学，着力培养学生创意创新创业能力""扩大学校办学自主权"。2017年1月颁布的《国家教育事业发展"十三五"规划》要求"坚持改革创新"原则，以改革创新作为发展的根本动力，"不断深化教育综合改革，将顶层设计和实践探索有机结合，充分调动基层特别是广大学校、师生的积极性、主动性和创造性，创新体制机制和人才培养模式"。

这些纲领性文件的出台，不仅为我国教育改革尽快融入世界教育改革的潮流提供了动力，而且为我们的个性化教学指明了方向、提供了政策依据。

第二章　个性化教学的内涵、特征与价值

世界上没有两片完全相同的树叶，也没有两个完全相同的人。学校教育教学的对象是学生，不同的学生有不同的兴趣爱好、心理特点、精神面貌。因此，在适应时代、社会需要的同时，教育教学必须尊重学生的身心发展规律和不同的个性特征，这是做好工作的前提。那么，何为个性，个性何为？这不仅是哲学家、社会学家、心理学家要认真思考、探讨的重要问题，而且也是每一个教育工作者应该深入研究的重大课题。

一、个性化教学的内涵

"个性"一词最早出现在文艺复兴时期。由于研究角度的不同，关于个性概念的定义也不相同。哲学意义上的个性是指一事物区别于其他事物的特殊性质，与共性相对。心理学意义上的个性，指一个人区别于他人的独特的、稳定的心理特征，即个性是在遗传、环境和学习等因素的作用下，个体在需求、生活习惯、性格、气质、能力、兴趣、价值观念等方面表现出的稳定的心理特征。教育学中的个性指通过教育活动实现自我潜能的激发，形成一种自主的、和谐的、不同于他人的独立人格。

"个性"具有名词性，"个性化"则具有动词性，是一个动态的过程。

所谓个性化教学，指在尊重教育教学规律、共性与遵循教学基本规范的前提下，教师针对学生的个体差异，适应学生的个人需求，发挥自己的个性、特长，用个性化的教满足、提升学生个性化的学，以促进学生人格健康发展的教学活动。

标准化、机械化是我国传统教育的痼疾，语文教学当然无法幸免，统一的教学思想，唯一的教材教参，单一的教学手段，划一的评价机制，扼杀学生人格，忽视教师差异，无视语文学科特点，违反母语教学

规律；基础教育课程改革中出现的"语文举旗"现象则存在很多不科学的问题。在遵循教育规律和语文教学基本规范的前提下，"语文个性化教学理论与实践研究"意在针对传统语文教学的弊端和基础教育课程改革中出现的偏差，顺应语文学科特点，遵循学生个性心理，满足时代对人才的新要求，力求以教师个性化的教提升学生个性化的学，探索中小学语文教学的多样性、灵活性、艺术性和创造性，探索个性化教学的科学性，提高语文教学的有效性，通过语文教学培养学生的健全人格和创新能力，即陈寅恪先生所说"独立之精神，自由之思想"；强化教师彰显教学个性、打造教学风格和形成教学流派的意识，研究语文教学个性、风格和流派形成的内外机制，促进中小学语文教育繁荣局面的早日到来。

在教育研究界，"个性化教学"与"个别教学""个别化教学"的概念常常被混淆，其实它们既有联系又有区别。"个别教学"特指师生之间以一对一的方式展开的教学。对此，《中国大百科全书·教育》有清晰的解释：在一个屋子里聚集着年龄悬殊、程度不一的学生，教师对每个学生个别施教，教学内容和进度各不相同，教学时间没有统一安排，教学效率很低。中国古代私塾教学和欧洲中世纪学校采用的就是这种教学方式。近代以来，随着学校教育规模的扩大，个别教学逐渐被课堂教学取代，成为学校教育中一种辅助教学组织形式。"个别化教学"是20世纪70年代以来在西方发展起来的教学思想和策略。尽管在个别化教学名义下设计和开发的教学模式、教学程序种类繁多，但细细考察，它们大多采用了个别学习或独立学习的方式（甚至取消了"课"和"课堂"），在强调最大限度地适应学生的个别差异的同时，舍弃了班级教学原有的优势如人际互动、经济高效等，且具有浓重的技术主义倾向。忽视个体差异，是教育的失误；而过度的个别化，也会因人力、财力的匮乏和其他种种不切实际的原因而最终流于形式。因此，以强调个别化、技术化为特征的个别化教学，即使在经济发达的西方国家也难以得到普及和发展。我们这里讨论和研究的个性化教学，重在以现代课堂教学为条件，通过教师教学理念和教学行为的变革，创新教学方案，并通过集体教学、小组活动、个别教学等多样化教学组织形式的有机结合，引导学生参与灵活多样的教学活动，以促进学生的个性化发展。它不拘泥于教学形式是否表现为一对一，是否完全让学生自己去学，它注重的是课堂条件下教学活动的灵活性、多样性、创新性和艺术性，它强调的是"从个性出发"，"为了个性发展"而"实施有个性的教学"，目的是冲破工具性的教育价值取向，突破整齐划一的教学思维方式，打破僵化、机械的教学样式和以考试分数为唯一标准的统一评价方式。要之，个别化教学更多地关注特殊教育，针对的是个别学生，个性化教学针对的是全班所有学生；个性化教学中有个别化教学，个别化教学中也有一定的学生个性的彰显。

需要指出的是，个性化教学并不是离开国家标准的教学。学科的课程标准，仍然是教学的依据，现行教材仍然是基本的教学资源，我们探索的是有标准的个性化教学。

二、个性化教学的特征

（一）人性化

从教学理念层面上讲，个性化教学具有人性化的特点，它适应了学生个体差异性和多样化发展的需要。[①] 学生可以根据自身的实际情况设置学习目标，设定学习步调；在学习内容上，学生可以根据自己的能力选择适合自己的课程；在学习方法上，学生可以依据自己的学习风格选用多样化的学习方法；在教学评价上，尺度多样、领域全面、评价主体多元。总之，个性化教学是为学生提供适合其特点的教学，是在个人特点基础上展开的、以实现具有完善个性的人为培养目标的教学，与强迫所有的学生接受同质化的教学相比，个性化教学更具有人性化色彩。

（二）民主化

个性化教学需要和谐的课堂氛围，倡导民主的师生关系。在个性化教学中，教师不是知识的拥有者，不是高高在上的权威，不是一言九鼎的裁判，而是既可敬又可爱、可以相互探讨的学习伙伴，是平等中的"首席"；学生也不是只知盲目崇拜、唯唯诺诺接受的"两脚书橱"，而是了解自己的兴趣、爱好和需要，张扬自己的个性，发挥自己的长处，乐学、会学、创造性学的具有独立人格的人。

（三）主体性

早在 1972 年，联合国教科文组织国际教育发展委员会在其提交的

---

① 参见何雁，洪世昌：《试论个性化教学的基本特征》，载《江西教育科研》，2003(12)。

教育报告《学会生存——教育世界的今天和明天》中就指出："未来的学校必须把教育的对象变成自己教育自己的主体。受教育的人必须成为教育他自己的人；别人的教育必须成为这个人自己的教育。"[①]为满足时代发展、教育变革和个人成长的新要求，新课程改革将"知识本位"转化为"素养本位"。这就要求学生强化学习主人的意识，充分发挥自己在教学活动中的主动性、积极性，努力自主建构。

"个性化教学的主体不仅仅是学生，如果从广义的范畴讲，教学的主体包括所有的施教者和受教者；单从狭义的范畴即课堂教学来讲，其主体也必须包括教师和学生。"[②]时代的发展，让教师从知识的传授者到社会品德教育的实施者，再到今天斯腾豪斯提出的"研究者"。角色的转变，对教师提出了新的要求。当前基础教育课程改革的重要任务就是解放教师的个性，充分发挥他们在教学中的主体作用，会教、乐教、创造性地教。教学是一门艺术，也是一门科学，教师教学既要针对学生的学情，又要考虑自己的个性特征、专业技能，这是实现个性化教学的第一步。在会教的基础上，教师还必须乐教、创造性地教，即最大限度地激发自己的主观能动性，以自己的教学热情点燃学生的学习热情，以自己的创新意识、创造性思维和创新性教学活动，鼓励、引导和启发学生，让课堂教学焕发生命活力。

（四）独特性

多元智能理论告诉我们，每个人的智慧类型不一样，他们的思维方式、认知方式、学习需要、学习优势和学习风格也不一样。因此，没有也不应该有放之四海而皆准的统一的、固化的教学。我们必须重视每个学生的独特性，为他们富有个性的发展提供空间，独特性因之成为个性化教学的重要特征。独特性也意味着差异性，学生客观上存在着个体差异，不同学生在学习同样内容时，其认知基础、能力倾向、情感准备不同，决定他们的学习速度、学习时间以及所需帮助都是不一样的。个性化教学尊重学生的差异，并把它视为一种亟待开发和利用的教学资源。

---

① 联合国教科文组织国际教育发展委员会：《学会生存——教育世界的今天和明天》，华东师范大学比较教育研究所，译，200页，北京，教育科学出版社，1996。

② 李如密，刘玉静：《个性化教学的内涵及其特征》，载《教育理论与实践》，2001(9)。

（五）创造性

个性与创造性息息相关，正如日本临时教育审议会 1985 年向内阁提交的《关于教育改革的第一次咨询报告》所阐述的："创造性与个性有着密切的联系，只有充分发挥个性才能培养创造能力。"敢于对标准答案式的专制教学说"不"，敢于冲破条条框框的束缚，敢于突破常规思维，让学生保有自己的天性，坚持自己的独立性，发展自己的个性，创造的种子就会生根、发芽、开花、结果。

三、个性化教学的价值

（一）正视差异，为每个学生提供适合的教育，体现对教育规律的尊重

生理学和心理学研究表明，人的遗传素质是不同的，正常儿童的智商是 100 左右，超常儿童为 130～140，智障儿童的智商为 70～80。智商测定是否科学还存在疑义，但有一点是大家都认可的，人的天赋是有差别的，每个人的智能结构是不同的。就拿人的思维品质来说，有的人逻辑思维比较强，有的人形象思维比较好；有的人思维敏捷，有的人思维迟缓；有的人思维开阔，有的人喜欢钻牛角尖。人的天赋秉性各有不同，用一种模式、一种标准去培养学生，是很难取得圆满的效果的。[①]个性化教学正视学生的差异，认真了解每个学生的优势、劣势，注意根据学生的具体情况因材施教，努力为每个学生提供适合的教育，体现了对教育规律的尊重。

（二）追求公平，努力实现人尽其才的教育，体现对生命的尊重

作为一种明确的教育价值追求，教育公平产生于工业革命之后的欧洲。原始社会的教育是无阶级性的原始平等教育；前工业化时期，儿童的教育主要在家庭进行，教育没有成为公共资源，所以不存在教育公平的问题；工业化社会，当教育由贵族式的精英教育扩展到平民教育、大众教育，教育公平成为不容回避的社会问题。

---

① 参见顾明远：《个性化教育与人才培养模式创新》，载《中国教育学刊》，2011(10)。

"提高质量"是《中国国民经济和社会发展第十三个五年规划纲要》对教育工作的总要求。教育公平是教育质量的有机组成部分。怎样理解教育公平？教育公平有入学机会的公平、教育条件的公平、教育过程的公平，但最终的公平应该是教育结果的公平，即每个学生的潜在能力都得到充分发展，都能获得成功。在一个价值追求多元化、教育需求多样化的时代，面对个体存在的客观差异，非要统一化、标准化、同质化地进行教学，让具有不同特性的老师千人一腔，让千差万别的学生变成同样类型的人；或者一个形象思维比较强、爱好文艺的学生，偏偏让他去学习抽象的奥数；一个学生动手能力强，喜欢应用，却偏要他去研究深奥的理论。这些，才是最大的教育不公平。因此，以每个学生的实际情况为起点，以满足他们不同的需求为旨趣的个性化教学，强调以人为本，树立多样化的人才观，注意面向全体学生，让每个教师以自己最擅长、最得心应手的方式，向每个学生提供使其天赋得到充分发展的多样化的教学，努力开发每个人的潜能，注重扬长避短，鼓励个性发展，不拘一格培养人才，确保人人成才、人尽其才，才是体现对生命的尊重，才能实现真正意义上的教育公平。对此，华东师范大学终身教授袁振国有很专业的阐述："说到结果公平，并不是让所有的人得到同样的成绩，获得同样的结果，这是不可能的，也是不应该的，教育公平并不是大家一样，更不是把高水平拉到低水平。所谓教育结果公平是指为每个人提供适合的教育，即因材施教，使每个人尽可能得到最好的发展"。[①]

（三）发展人格，努力培养独立之精神自由之思想，体现教育教学的终极价值

个性化教学的现实意义在于解决目前教育存在的问题，正视学生的差异，尊重教学规律，提高教学质量，促进教育公平、社会和谐，但其根本宗旨和终极价值在于立人，即通过个性化教学培养学生健全的人格、创新的能力，铸造"独立之精神，自由之思想"，因此，研究绝不只是"器用"层面几个教学技法、教学模式的发现，而是有更高层面的"道义"的追求。改革开放以来的教育热点，如素质教育、创新教育、人本理念、核心素养，最终指向的其实都是个性化教育与个性化学习，体现的都是这种立人的根本价值。

---

① 袁振国：《教育质量的国家观念》，载《中国教育学刊》，2016(9)。

（四）张扬个性，努力形成鲜明的教学风格，助推教师的专业成长

个性化教学强调以教师个性化的教提升学生个性化的学，为此，教师必须以积极的职业姿态和研究者的专业身份投入其中，深入探讨学生心理，认真分析学情，准确把握教学特点，潜心研究教学艺术，努力彰显教学个性，打造教学风格，形成教学流派。这对教师的专业成长和人生价值的实现都有助推作用。

第三章　个性化教学的历史溯源

　　回望人类教育发展的历史长河，个性化教学不时溅起阵阵美丽的浪花，为几千年教育教学的流变增添了迷人的魅力。认真梳理、研究这些个性教学的已有成果，汲取前人的成功智慧，不但对我们建构当代语文个性化教学理论具有启发意义，而且对我们的语文个性化教学实践也有参考价值。为论述的方便，我们分国外和国内个性化教学思想与实践两个部分进行评介。

一、国外个性化教学思想与实践

（一）古代

　　恩格斯说："在希腊哲学的多种多样的形式中，差不多可以找到以后各种观点的胚胎、萌芽。"[①]西方的个性化教学思想也是孕育在古希腊哲学中的。被称为"个性化教学鼻祖"的苏格拉底是一个个性鲜明的人，思想中充满尊重人性自由的气息。他认为教育教学的主要任务是教人"怎样做人"，而人的天性禀赋可能各有不同，所以必须有针对性。他在哲学研究和讲学中运用的被后人叫作"助产术"的教学方法，为个性化教学提供了范例。在讨论问题的时候，苏格拉底通常采用启发和质疑的方式，针对一个或几个学生，从熟知的现象、具体的事物开始，进行追问，揭示矛盾，引导学生深入思考，自己得出结论，将师生之间的互动、学生与教学资源之间的互动这一个性化教学最关键的特征表现得淋漓尽致。柏拉图曾经说过，"教育的任务在于发现各人的特长，并且训

[①] 《马克思恩格斯全集》第20卷，393页，北京，人民出版社，1971。

练他尽量发展他的特长，因为这种发展最能和谐地满足社会的需要。"①
亚里士多德认为教育是一种个人发展的过程，他把这种过程放在了教育
的第一位；他提出并论证了教育与人的自然发展相适应的原则，并把人
从出生到21岁分为三个阶段，要求施以不同的教育。②

在西方，最早注意到学生的个性差异并提出根据个性差异进行教学
的教育家是古罗马的昆体良。他认为，每一个儿童在禀赋、才能上都具
有差异。在教学过程中，教师要善于精细地观察学生能力的差异，弄清
每个学生的天性的特殊倾向，然后据此施教。为此，他主张按照每个学
生的具体情况安排课程。对于智力较弱的学生，教师在教学进度和内容
方面可以适当迁就一些；但对于天赋素质较好的学生，则要尽力培养，
使其卓越发展。昆体良还提出，对不同年龄的学生，教师要依据其接受
能力进行教学；作业的份量和改正错误的标准也应适合学生的智力水
平。可以说，昆体良奠定了教学中量力性原则的思想基础。

（二）近代

人的主体性和主体地位的确立，是近代西方哲学的重要贡献。"从
笛卡尔主客二分的二元论开始，经洛克、贝克莱和休谟而到康德，是个
探讨主体与客体的联系的过程，也是人的主体性不断得以张扬的过
程。"③在主体性原则逐渐成为近代西方工业文明主导文化精神的同时，
近代教育也进入个人主体教育时代。西方近代教育理论的奠基者、17
世纪捷克伟大的民主主义教育家夸美纽斯认为，自然界存在一种起支配
作用的普遍法则——秩序，它保证万物和谐发展。人是自然的一部分，
人的发展和人的教育，肯定也要遵循这一法则。由此，他提出自然适应
性原则，即教育教学必须根据人的自然本性也就是儿童发展的自然法则
来实施。他提出要根据人的年龄跨度（幼年—少年—青年）这一教学的基
本参照点安排教学科目和时间。但夸美纽斯关注的还只是"外部的自然"
法则，研究的是学生的年龄特点，是同一学生群体共同的学习范围、进
度，而不是"内部的自然"，即个体学生的差异，所以他一方面强调要适

---

① ［美］杜威：《杜威教育论著选》，215页，赵祥麟，王承绪，编译，上海，华东
师范大学出版社，1981。

② 参见张如珍：《"因材施教"的历史演进及其现代化》，载《教育研究》，1997(9)。

③ 卢风：《人类的家园：现代文化矛盾的哲学反思》，227页，长沙，湖南大学出
版社，1996。

应自然，遵守自然法则，另一方面又主张通过班级授课制实施同样方法的集体教育。17、18 世纪自然主义教育最重要的代表人物是法国的卢梭，他也主张教学要适应儿童发展的天性，但与夸美纽斯"客观的自然""外部的自然"不同，卢梭注重的是"主观的自然""内部的自然"。卢梭认为，学习是儿童自己的活动，教学不但要关注他们的年龄特点，也要针对他们的个性差异。"每一个人的心灵有它自己的形式，必须按它的形式去指导他；必须通过它这种形式而不能通过其他的形式去教育，才能使你对他花费的苦心取得成效。"①卢梭的个性化教学思想充分体现在他的著作《爱弥儿》中。第斯多惠是 18 世纪德国伟大的教育思想家，他继承和发展了卢梭的偏重人本主义的教育观。第斯多惠认为，人的天资是有区别的，不要期许所有的人都有同样的发展，不要以"完善的人"或"标准的人"作为教育教学的最终目标，"在现实生活中所有的人不可能也不应当都变成一模一样"，"每一个人都必须自我完善"。为使人尽其才、物尽其用，第斯多惠主张"教学法应当符合儿童的个性的发展"，"重视儿童个性的差异，并且要因势利导来促进儿童个性的发展。不能强求一律，也不能强求学生平均发展"。② 18 世纪末 19 世纪初瑞士著名的教育家裴斯泰洛齐深受卢梭影响，他坚持对儿童实施"爱的教育"，主张"尊重儿童的个性和人格，发展他们的自主精神"，为此，他用尊重儿童个性和兴趣的"直观教学"和"自动教育"，引导学生独立思考、自主活动，启发学生自主学习。③ 19 世纪德国哲学家、心理学家、科学教育学的奠基人赫尔巴特主张将儿童的自然本性引导到适合现存社会的轨道上来，为此，需要用艺术的手段来塑造儿童的心灵，采用符合儿童心理发展规律的教学程序，把学生的个性作为教育教学的起点。为此，他要求"像一位歌手练习发现他那音域与最细微的音阶一样，一位教育者必须练习在思想上不断摸索对待儿童的音阶"，做到"有的放矢"。④

---

① ［法］卢梭：《爱弥儿——论教育》上卷，97 页，李平沤，译，北京，商务印书馆，2011。

② 参见［德］第斯多惠：《德国教师培养指南》，82、83、142 页，袁一安，译，北京，人民教育出版社，1990。

③ 参见戴本博：《外国教育史》（中），234、236 页，北京，人民教育出版社，1990。

④ ［德］赫尔巴特：《普通教育学》，141、146 页，李其龙，译，北京，人民教育出版社，2015。

研究教育史的学者一般把 19 世纪起源于英国的贝尔-兰卡斯特制视为西方近代个性化教学实践的典型样式。它让聪明的学生做导生，注意发挥每个学生的优势；不仅有负责教学的导生，还有负责簿本的导生、报告出席状况的导生、调查缺席原因的导生、负责升降级的导生，大家分工负责，在养成自我管理的习惯与能力的同时，发展个性与长处。①

（三）现代

现代西方教育理论是在批判近代西方理性主义教育理论的基础上获得发展动力的。现代西方个性教学思想主要体现在新教育思想、自由主义教育、进步主义教育、存在主义教育、人本主义教育等学说中。

新教育思想和自由主义教育思想继承了卢梭、裴斯泰洛齐的自然主义教育理念，强调"教育应该尊重儿童的个性"②，讲究民主与自由，提倡兴办新学校。新学校的管理都是学生自治，课程设置较多考虑学生的兴趣、年龄特点和个性发展。作为新教育思想的主要阐发者，蒙台梭利认为，儿童的发展是一个自然的过程，教育的作用只在于帮助儿童发展自然力量；教育应该是自由的，儿童是自己发展的主人，教师的任务是了解儿童，及时为儿童创造自由活动的情境、条件。进步主义教育是在新教育思想的影响下诞生的，其代表人物是美国著名教育家杜威。杜威强调儿童是教育教学的中心，教学必须正视学生的个别差异。他说："只要千篇一律地对待儿童，就不可能建立一个真正科学的教育学。每个儿童都有很强的个性，同样任何科学都必须对本科学的所有材料作出判断。每个学生都必须有机会显露他的真实面目，这样教师就能发现学生在成为一个完全的人的过程中需要干些什么。教师只有熟悉她的每个学生，她才有指望理解儿童，而只有当她理解了儿童，她才有指望去发展任何一种教育方案，使之或者达到科学的标准，或者符合艺术的标准。"③在强调儿童中心的同时，杜威也注重人的发展与社会发展的统一，认为个性发展与社会发展、个体与群体不是二元对立的关系，而是统一的关系，主张把课程的生活性、社会性、儿童性放在同等重要的地位加以对待。

---

① 参见邓志伟：《个性化教学论》，33 页，上海，上海教育出版社，2002。
② 季苹：《西方现代教育流派史论》，68 页，北京，北京师范大学出版社，1995。
③ ［美］杜威：《学校与社会·明日之学校》，赵祥麟，等，译，283～284 页，北京，人民教育出版社，2005。

存在主义是一种典型的个人主义哲学，它产生于 19 世纪下半叶，兴盛于 20 世纪上半叶。"存在先于本质"，存在主义认为人的本质不是预先给定的模式化、普遍化的东西，而是有思想、有感情、活生生的个人存在，是独特的、自由的。存在主义教育抨击传统教育是"非个人化"的教育，压抑人的天性，摧残人的本质。存在主义强调教育不应该批量输出标准化的"产品"，而应该培养具有独特个性的人，因此无论教学内容、教学方法、教学进度，还是评价标准，都必须灵活自由，不可整齐划一。为此，必须让学校适合儿童，而不是让儿童适应学校。存在主义教育对传统理性主义教育的批判是深刻的，其学说中有不少观点值得借鉴；但是，存在主义反对将学生放到集体中进行教育，因此，存在主义极易导致个人主义和自由主义。

人本主义教育思想是 20 世纪中后期涌起的一股教育思潮，代表人物是罗杰斯。针对传统教学缺乏民主，重书本，重知识，重心智，忽视情感和个人意义，漠视学生的好奇心、兴趣，学生无法参与选择教学目标、课程和教学方法，只能充当接受知识的容器等弊端，罗杰斯强调教学活动的主要目标是培养"全面发展的人"，"这种人是经验开放型的，不闭塞，不保守，不拘束，不唯诺，自然、开朗、敏感、经验丰富而深刻"；"'这种人以存在主义方式生活'，不是最大可能的适应环境，而是努力发现、改变、创造新环境，使自我与个性不断得到发展"；"'这种人能够使自己的有机体表现出最恰当和有效的功能来'"。为了培养全面丰富的人，罗杰斯"主张学生中心教学，促进学生自我学习，自我实现"，要求让"学生独自或与他人合作制订自己的学习计划，按自己的兴趣选择学习方向和程序"，进行自我评价，使他们的"经验、个性、创造力不断得到发展"。[①] 从这一追求出发，罗杰斯提出"非指导性教学"理论，主张开展"意义学习"，要求以培养全面发展的人为旨归，使学生的经验、个性、创造力不断得到发展，树立"以人为中心"的教学观，让学生独立制订学习计划，按自己的兴趣选择学习方向和程序，进行自我评价。

实践层面，西方现代个性化教学也有不少有益的探索。1888 年，瑟奇(Search)牧师在科罗拉多州的一所学校尝试了个性化教学。在任何

---

① 田本娜：《外国教学思想史》，455、456、459 页，北京，人民教育出版社，1994。

学科领域，学生都可以按照自己的步调学习和提高，教师记载每一个学生完成的单元数量，而不是评定每一个学生的学习成绩。20 世纪初，圣弗朗西斯科州立师范学校的校长弗里德里希·布克（Frederic Burk）在中小学尝试个性化教学。随后的圣巴巴拉制（Santa-Barbara-Plan）中，学生根据能力被分为三个在教材处理的广度和深度上有相应差异的组，学生可以从一个组转到另一个组，升级不受时间的限制。在欧洲的新教育运动中，英国尼尔领导的学校共同体夏山学校、瑞士弗里尔的实验学校、法国德罗歇主办的学校，是个性化教学的主要阵地。值得注意的是，英国伦敦霍华德女子学校的霍华德制：学生按兴趣分成不同的小组进行学习，低年级同质分组与中高年级异质分组结合，最低限度的学科教材划分为若干部分，这些部分的学习以学生个人探究为主，辅以教师的个别化指导。

道尔顿制和文纳特卡制是 20 世纪二三十年代最有影响的个性化教学案例。道尔顿制的实质是使每个学生对自己的学习速度和方法负起更大的责任，学生可以依据兴趣、能力选择科目，自由学习；统一的课表被废除，学生根据所选科目确定学习时间的长短；年级制被废除，以鼓励学生主动学习。文纳特卡制以编写专门的教材和确定教材掌握程度的检验手段体现个性化教学的特点。[①] 20 世纪后半叶，程序教学、个别化视听教学、计算机辅助教学、个别化指导教学、个性化教学系统、按需学习计划、策略教学，都是有影响的个性化教学模式，前两章已经提及，此处不再赘言。

当代西方个性化教学研究也有新的进展。由美国维吉尼亚州亚历山大课程管理和发展协会出版的《个性化学习设计指南》，为我们提供了个性化教学的一些新观点、新视角。例如，"多样化是一种优势，而不是一个问题"的观点，建立由社区、学校和班级三个层面统整的革新教育体系，针对不同学生和不同教学目的的三种不同的课程决策（丰富课程、强化课程、重叠与嵌入课程），为获取每个学生信息而采取的基本实践活动的评估，都给人耳目一新的感觉。[②] 美国数十位专家致力于班级授课制背景下的学科差异化教学的研究和探索。运用脑科学、认知心理

---

① 参见邓志伟：《个性化教学论》，33～37 页，上海，上海教育出版社，2002。

② 参见［美］黛安·弗谷森，拉尔：《个性化学习设计指南》，170 页，王玲玲，译，上海，华东师范大学出版社，2009。

学、教育心理学研究的最新成果，他们在文学、数学、科学等教学领域尝试通过教学水平的适宜性和教学方法的多样化，保证学生学习成果的有效性。其一，课程内容的差异化处理，教师通过提供不同的材料、多样的选择与精心的举例，使课程内容尽量贴近不同学生的实际；其二，通过课程压缩、支架式教学模式等多样化的教学方法教授同样的内容，体现教学方法的差异化；其三，教学进度的差异化。其中，查普曼、金、蓝宁、摩根等人进行的阅读与写作差异化教学研究，给语文个性化教学诸多启示。[1]

苏联的许多教育家也对个性化教育教学有过深刻的论述与创造性的实践。马卡连柯曾把教育教学的目的归结为"人的个性的培养计划"[2]。在他看来，教育一个人就是培养一个人的个性品质。他反对程式化、划一性的教学，强调不应"把人硬套进一个标准模型里，培养一系列同类型的人"[3]。为了发展学生的个性，为了使一般和个别结合得好，"应当有培养个性的一般的'标准'计划，并对这个计划同时加以个别的修正"[4]。苏霍姆林斯基教育教学理论和实践研究的核心在于培养个性全面和谐发展的人。苏霍姆林斯基认为，"全面"与"和谐"是个性发展中不可分割的两个方面。为培养个性全面和谐发展的人，首先，教师和家长必须了解儿童，为此，他语重心长地提醒道："人的个性——这是一种由体力、智力、思想、情感、意志、性格、情绪等等熔成的最复杂的合金。不了解这一切，就既谈不上教学，也谈不上教育。"[5]其次，必须提供和创造某些外在条件和客观因素，这就是良好的育人环境、优秀的教育集体等客观教育因素。再次，精神生活对学生的个性形成和发展起着极为重要的作用，而内在精神生活有赖于自我教育去培养。最后，最为

---

① 参见［美］莱斯莉·劳德，等：《差异化教学探究：文学、数学和科学》，3～61页，刘颂，译，上海，华东师范大学出版社，2015。

② 全国比较教育研究会，全国教育史研究会：《马卡连柯教育思想研究论文集》，242页，北京师范大学出版社，1988。

③ 何国华，燕国材：《马卡连柯教育思想研究》，32页，长沙，湖南教育出版社，1986。

④ 全国比较教育研究会，全国教育史研究会：《马卡连柯教育思想研究论文集》，242～243页，北京，北京师范大学出版社，1988。

⑤ 杜殿坤：《瓦·阿·苏霍姆林斯基谈校长工作经验》，载《外国教育资料》，1979(3)。

重要的是实施多方面的教育，课内教育和课外教育同样重要，固定课时的集体教学活动和空余时间的学科兴趣小组须统筹安排，课内作业与课外家庭作业有机配合。孕育于20世纪五六十年代，盛行于80年代，以沙塔洛夫和阿莫纳什维利为代表的合作教育学也对个性化教育教学的发展做出了贡献。他们认为，独特性是人的个性的重要标志，个性是不重复的，因此应当受到尊重。但是，人们往往把个性等同于个人主义，认为发展个性就是削弱集体主义教育，宣扬个人主义；而"行政教育"又只重视集体教育，压制个性的发展，这两者都不对。合作教育学强调个性与集体无法分割，集体教育的思想与个人独特性的思想并不矛盾，如果不把每一个个体看作一个与众不同的人，不将之视作发展中的个性，那么就不可能有集体的教育。他们要求按人道精神和个性观点的原则来改造教育过程，构建以合作为灵魂，以乐学为宗旨，以教师的更新与创造为基础的个性化教学模式。①

二、国内个性化教学思想与实践

（一）古代

中国古代教育主要是等级森严、高度统一的划一性、程式化教育，忽视个性，扼杀个性。但在漫长的发展进程中，也有个性化教学光芒的闪烁。

在两千多年的封建社会中，儒家思想是居于主流地位的教育思想。儒家教育理念是一统的、社会本位的、入世的，重群体轻个体、重共性轻个性；目标是单一的，即培养封建统治阶级需要的"君子""士人"；内容是单调的、排外的，主要是四书五经。但就具体的教学方法、策略而言，不乏个性化教学的理论陈述与实践探索。儒家教育思想的创始人孔子大力提倡因材施教的教学原则。孔子兴办私学，所收学生差异颇大：就年龄来说，有年轻的，有年纪较大的；就地理位置说，来自不同国别、地区；就社会阶层来说，有贵族，有贫民；就职业来说，各行各业都有；就学习时间来说，有的长期追随，有的问完问题就走。面对各具

① 参见陈建翔：《把"人的世界和人的关系"还给教育：苏联"合作教育学"评述》，载《教育研究与实验》，1988(3)。

个性、差别巨大的学生，孔子没有也不可能采用"齐步走、一刀切"的粗暴、简单的做法，而是对症下药，因人而异教学。首先，通过"听其言而观其行"来了解学生在性格、气质、志趣、才能等方面的个体差异，如"由也果""赐也达""求也艺""柴也愚""参也鲁"。[①] 然后，用相应的方法施教，同样是问仁、问学、问孝，孔子对不同的学生回答都不一样。例如，樊迟问仁，孔子说："仁者先难而后获，可谓仁矣。"（《论语·雍也》）仲弓问仁，孔子言："出门如见大宾，使民如承大祭。己所不欲，勿施于人。在邦无怨，在家无怨。"司马牛问仁，孔子道："仁者，其言也讱。"颜渊问仁，孔子答："克己复礼为仁。一日克己复礼，天下归仁焉。为仁由己，而由人乎哉？"（《论语·颜渊》）颜回和仲弓，悦子之道，而且具备仁德，孔子的回答就深；司马牛"多言而躁"（《史记·仲尼弟子列传》），樊迟志向不高，孔子的回答就浅显而有针对性。因为注意发挥每个学生的长处和学习的主体作用，学生的成就也各不相同，有的长于德行，有的长于言语，有的长于政事，有的长于文学。[②] 同样聚徒讲学的孟子，将孔子针对个体的因材施教的思想扩展为更具社会效益的分类教学：教育学生，有的要像及时的雨水那样灌溉滋润，有的帮他成全品德，有的助他增长才能，有的只需答疑解惑；对于那些不能及门受业的学生，则引导私取他人、自学成才。[③] 中国第一部教育专著《学记》明确提出："学者有四失，教者必知之。人之学也，或失则多，或失则寡，或失则易，或失则止。此四者，心之莫同也。知其心，然后能救其失也。"这一论述一方面指出了个性心理差异的客观性，强调了教师了解学生具体情况的必要性，另一方面又指出了个性化教学中培养与改造的关系问题，与现代教育教学中扬长补短的思想一脉相承。晋初教育家傅玄十分注重道德教育，他认为道德教育也需以了解教学对象的差异为施教前提，这就把因材施教由知识学习延伸到了道德发展。明代教育家王守仁更进一步，将它扩展到独立人格的培养，他提出"随人分限、因材循序"的理论。清代王夫之对此的论述更为清楚：学生之间的区别是很明显的，他们"质有不齐""志量不齐"，德性不同，知识不等，如果不顾这

---

① 孙培青：《中国教育史》，39 页，上海，华东师范大学出版社，2009。

② 参见毛礼锐，瞿菊农，等：《中国古代教育史》，50 页，北京，人民教育出版社，1983。

③ 参见张如珍：《"因材施教"的历史演进及其现代化》，载《教育研究》，1997(9)。

些个性差异，采取"一概之施"，教学肯定不能成功，因此，施教应"因人而进"。①

以老庄为代表的道家从根本上来说是弘扬人的个性的。他们认为，儒家的群体认同是扼杀个性的行为，"待钩绳规矩而正者，是削其性者也"，仁义等规范所造就的，是无差别的人格。道家对逍遥的追求，正是崇尚个性与自由的表现。在道家看来，逍遥是一种境界，它摆脱了一切外在束缚，达到了个体个性的自由伸张。② 道家的这种观念对中国思想史、教育史都产生了重要影响。魏晋时期嵇康、阮籍等反对束缚自我，明代李贽提出性情不可以一律求，反对将自我的精神世界纳入纲常的规范，这些体现的都是注重个性的原则。

（二）近代

与古代相比，中国近代个性化教育教学思想具有自觉性、辩证性等特点，其代表人物是龚自珍、梁启超、蔡元培、蒋梦麟等。时代发展要求"不拘一格降人才"，但封建教育和科举考试多以经义、八股作为选拔手段，为此，在批判培养奴性人才为旨归的封建教育的同时，龚自珍提出教学要顺其自然，尊重个性，保护人格的独立性。梁启超极力主张将培养"新民"作为教育教学的目标。他对新民的要求，就是时代、社会对人才个性的要求。蔡元培说："知教育者，与其守成法，毋宁尚自然；与其求划一，毋宁展个性"。③ 教育教学应该按儿童的兴趣和个性进行，教师应针对学生的情况采用不同的方法施教，促使儿童自然地自由发展。北京大学原校长蒋梦麟明确提出教学必须遵循个性主义原则，发展人的个性。在一学校中，在一课堂上，学生"此个人与彼个人相去远甚：有上智，有下愚；有大勇，有小勇，有无勇；有善弈，有善射，有善御。皆以禀性与环境之不同，而各成其材也"，"个人各禀特殊之天性，教育即当因个人之特性而发展之，且进而至其极。"④

（三）现代

"个性解放"是五四时期知识分子和青年学生思想觉醒、反抗传统的标志，它包括思想上的解放、行动上的解放。五四新文化运动的浪潮推

---

① 参见孙培青：《中国教育史》，285 页，上海，华东师范大学出版社，2009。
② 参见杨国荣：《自我与群体——价值选择的历史走向》，载《社会科学》，1994(5)。
③ 蔡元培：《蔡元培教育论集》，208 页，长沙，湖南教育出版社，1987。
④ 邓志伟：《个性化教学论》，前言，上海，上海教育出版社，2002。

动了我国个性化教育教学思想发展的第一个高潮的到来。当时的教育家深刻地认识到，近代西方国家社会进步、经济发达的原因在于个性的张扬，较之西方发达国家，我们相形见绌的根源是个性被压抑，教育教学造就的是顺民、奴隶。为了中国的繁荣富强，必须改革教学，提倡个性发展。梁启超先生在《我对于女子高等教育希望特别注重的几种学科》一文中说，发展个性并非使各人皆具同等之能力，而是要使"受教育的人各尽其性，发挥各个最优长的本能，替社会做最有效率的事业"。五四之后，一批接受了马克思主义思想的教育家，更注重把学生的个性发展与中国社会的改造结合起来，以社会、人类的解放为个性解放的前提。之后，因为战争不断，个性化教育教学进入低潮。文化大革命期间，无人提及个性。改革开放给教育教学带来了新的生机，形成了个性化教学研究的第二个高潮。全国不少教育理论工作者和一线教师加入个性化教学研究的行列，在个性化教学内涵的揭示、个性化教学特征的阐述、个性化教学实施策略的探讨等方面都取得明显进展。这其中，刘文霞《个性教育论》、邓志伟《个性化教学论》、刘宏武《个性化教育与学生自我发展》、夏惠贤《多元智力理论与个性化教学》等专著，钟启泉《个性发展与教学改革》、张如珍《"因材施教"的历史演进及其现代化》、李伟《个性化教学的教师之维与建构》、熊梅《个性化教学设计与实施策略》、胡海舟《个性化教学与教学模式化悖论关系的突破》等论文，代表了国内此领域的研究水准。

虽然取得了一些成绩，但纵观几千年教育教学发展的历史，与历来崇尚个人价值、具有重视个性化教学传统的西方国家相比，无论社会氛围还是教育气候，无论影响还是成果，无论理论还是实践，无论探究深度还是涉猎广度，我国的个性化教学都相形见绌。有哪些复杂的因素造成了这样的状况？下面对此进行具体分析。

第四章　中国传统文化及现代教育制度对个性化教学的影响

　　相当长的时间内，我国语文教学一直处于这样的境况：全国一个教学大纲，一套教材，一种教参，一样的教学方法，一致的评价标准。有人戏称，从黑龙江到海南岛，从东海之滨到青藏高原，大江两岸，长城南北，一路走去，我们的语文课堂，学的是一样的内容，用的是一样的套路，问的是一样的问题，听到的是一样的声音，得到的是一样的答案。为适应时代提出的新要求，把"以人为本"的理念落到实处，世纪之交启动的第八次基础教育课程改革大力提倡个性化教学。但积重难返，虽然教材编写、教学评价等方面有了很大改变，但教学千课一律、千人一面、单调低效等程式化、单一化、同质化弊端仍是痼疾难治。

　　我国的语文教学与个性、创造绝缘，长期陷入僵化刻板、整齐划一的泥沼不能自拔，把本来应该富有灵性、变化的教学异化成了类似现代生产流水线的程序复制，其深层原因何在？这里，试从社会学、文化学、思维方式等角度剖析中国传统文化、现代教育制度对个性化教学的影响，以期吸取教训，促使新课程背景下的语文教学早日步入健康发展的轨道。

一、中国传统文化对个性化教学的影响

　　文化传统是一个民族各种思想规范和观念形态的总体特征。构成文化传统的价值体系、知识经验、思维方式等融汇于教育教学活动过程之中，制约和影响着教育教学的方方面面。我国悠久丰富的文化传统，构成了现代学科教学的基础，其中，有大量与现代化相一致的因素，对学科教学的现代发展起着积极的作用，但也有不少与现代化发展相抵触的内容，成为当代教学发展的文化障碍。语文教学的刻板僵化、整齐划

一、缺少个性，就与我国的一些文化传统密切相关。

（一）家国同构的政治结构

家国同构指家庭、家族和国家在组织结构方面的共同性。由于古代中国一直处于商品经济不发达的小农经济占主导地位的状态，与这种生产方式相联系的家族制度也深深根植于数千年的中国社会结构之中，使国家结构也打上了家族结构的烙印，家与国的组织系统和权力配置都是严格的家长制，以血缘关系为纽带的宗法制度完备而系统。

宗族和宗法关系在中国长期存在，导致"家国同构"的政治格局和中国文化伦理性范式的形成。梁启超在《新大陆游记》中说："吾中国社会之组织，以家族为单位，不以个人为单位，所谓家齐而后国治是也。周代宗法之制，在今日其形式虽废，其精神犹存也。"

家族本位在中国人的思想意识中根深蒂固，中国人的姓名，先是宗姓，其次是辈分，最后才是自己的名字。这里突出的是家族整体而非个人。在家庭结构中，父子关系、夫妻关系和兄弟关系，构成最基本的结构体系。在这个体系中，各司其职，各得其所，在一定的伦理道德制约下活动。虽然中国传统文化努力把"君君、臣臣、父父、子子"社会伦理建立在"父慈子孝""君仁臣忠"的自然人情之上，但是一揭开其温情脉脉的面纱，严格的等级观点便一览无余。所谓伦，就是服从，服从便是孝悌。孔子讲："三年无改于父之道，可谓孝矣。"（《论语·里仁》）孝是无条件的，是诚惶诚恐、毕恭毕敬的，所谓"见父之执，不谓之进不敢进，不谓之退不敢退，不问不敢对。此孝之行也"（《礼记·曲礼上》）；所谓"君让臣死，臣不得不死，父要子亡，子不得不亡"。"在仁爱的面纱掩盖下的，实际上是子对父、臣对君、妇对夫的无条件服从。这种无条件的服从，正是儒家'忠孝'观的根本内含所在。而建立在'忠孝'观念之上的社会伦理制度，自然也就顺理成章地成了自上而下的严格的等级控制机制。"[1]

家国同构的政治结构产生了服从长者的社会行为规范。这必然会对中国人的思维价值取向产生深刻的影响，个人的自由被忽视，个体能动性的发挥受到严重制约。对此，梁漱溟先生一针见血地指出："数千年以来使吾人不能从种种在上的权威解放出来而得自由；个性不得伸展，

---

[1] 陈炎，赵玉，等：《儒、释、道的生态智慧与艺术诉求》，106页，北京，人民文学出版社，2012。

社会性亦不得发达"。① 这表现在语文教学上，就是特别强调师道尊严，要求学生无条件臣服教材，迷信老师，盲从权威，接受师者的思想，养成服从和依赖的心理。

（二）重群体轻个体的整体主义

与家国同构的政治结构和家族本位的社会观相联系的是，中国传统文化从总体上看是一种重群体取向而非个人取向的文化，素来强调群体和共性，忽视个体和个性，在人的发展问题上，人们历来关心的是个体的社会化问题，而非个体的个体化问题。

相比较而言，如果说西方文化的缺陷在于片面强调人作为个体的自主性而忽视人作为社会成员的整体性，着重维护个人利益却相对忽视了集体利益，那么，中国传统文化正好相反，它片面强调人作为社会成员的整体性而忽视了人作为个体的自主性，着重维护集体的利益却相对忽视了人的个体利益。在这一点上，在中国传统文化中占据重要地位的儒家和道家极为相似，二者都对人类个体的自主性缺乏充分的认识，都没有给予必要的尊重，儒家的缺陷在于追求过于严格的等级秩序，道家的失误则在于过分强调人对环境的被动适应。

人作为一种社会性动物，必须以团体群居的形式生活，而一个群居的团体，当然应该有一定的规则和等级维持这个系统的和谐和整体性。"人之生不能无群"，群而不能无分，"义以分则和，和则一，一则多力，多力则强，强则胜物"（《荀子·王制》），只有通过一定的秩序规则，使各个成员各司其职、各安其位，使"贵贱有等，长幼有差，贫富轻重皆有称者"（《荀子·富国》），才能构成一个真正的和谐整体。问题是应该限制在一个什么度上？如果群体的重要性被过分夸大，其间的规则限制过于死板，等级秩序过于严格，那么，它势必会窒息个体的自由或者自主性，从而也使整个社会系统失去活力。

重群体轻个体的整体主义对语文个性化教学的负面影响是不容小觑的。它过分强调整齐划一，强调个体对群体、个性对统一的趋同，以整体的势力，将标准化、统一化、同样性强加给个人，于是人的发展走向"平均化、机械化、大众化"，"个别的人已消失于类型之中""个人不成其为个人"②，在群体强大的共性、同一性的挤压之下，个性化的声音

---

① 梁漱溟：《东西文化及其哲学》，163 页，北京，中华书局，2013。
② 冯建军：《当代主体教育论》，36 页，南京，江苏教育出版社，2001。

被淹没，个性化的解读被禁锢，个性化的表达被束缚，语文个性化的教与个性化的学事实上成为遥不可及的梦想。

（三）不偏不倚的中庸思想

何谓中庸？宋代理学家的解释是"中者，不偏不倚无过不及之名；庸，平常也。""不偏之谓中，不易之谓庸；中者天下之正道，庸者天下之定理。"（朱熹《四书章句集注·中庸章句》）可见，中庸的核心思想就是强调人们在为人处世上思想和行为的适度和守常，做到孔子倡导的"五美"——惠而不费、劳而不怨、欲而不贪、泰而不骄、威而不猛，"文质彬彬，然后君子"，以此达到和睦相守的完美境界。

在中国传统文化中，中庸之道是处理人与人、人与社会关系的最高原则和最高境界。这表现在思维方式上，就是认识和解决问题所采取的不偏不倚、执中适度的中和思维。《易经》就已具有对"中"的认识，有"中正""得中""中行""中直""中心""位中"等近三十种说法。这种"执中"和"尚中"的思想在儒家学说中得到了发展和深化，并逐渐演化成汉民族的中和思维方式。

从思维科学和哲学的角度看，中和思维是古代朴素辩证思维的一种特殊体现，它强调了度的重要性，这有助于克服非此即彼的片面思维，不走极端。但是，过于强调执中和守常，把这种"度"变成了一种束缚，一种惯习，无疑会让人过于四平八稳，小心翼翼，畏首畏尾，囿于成见，不思改革，停滞不前。这种思维方式表现在语文教学上，就是不敢大胆质疑，不敢挑战，不能旗帜鲜明，不能张扬个性，否则就是异端邪说，就是偏执极端，就是剑走偏锋，甚至就是大逆不道。而个性、自由、探索、发现，总是与异想天开、求新求异、批判怀疑、另辟蹊径联系在一起的，是大胆创新、不走寻常路的结晶，是追求特色、彰显个性的成果。

（四）安于现状的社会心理

"半封闭的大陆性地域、农业经济格局、宗法与专制的社会组织结构，相互影响和制约，形成了一个稳定的生存系统，与这个系统相适应，孕育了伦理类型的中国传统文化。这种文化类型不仅在观念的意识形态方面发生着久远的影响，而且还深刻地影响着传统社会心理和人们的行为规范。"[①]

---

① 张岱年，方克立：《中国文化概论》，265 页，北京，北京师范大学出版社，2004。

几千年来，中国人的主体——农民，日出而作，日落而息，躬耕田畴，世世代代、年复一年从事简单再生产，这就铸定了中国古代文化的农业型物态特征，并在此基础上形成独具一格的"实用——经验理性"，重实际而黜玄想的务实精神，安土乐天的生活情趣，祈求恒久与循环的观点。

务实精神是"一分耕耘一分收获"的农耕生活导致的一种群体趋向。中国民众在农业劳作过程中领悟到一条朴实的真理：利无幸至，力不虚掷，实心做事必有所获。但过于务实也易于形成思维定势。

作为农业民族，中国人采用的主要是农业劳动力与土地自然力相结合的生产方式，他们建立的自然经济社会是一种区域性的小社会，与外部世界处于隔绝状态，先民们追求的是在自己的故土从事周而复始的自产自销的农业经济所带来的安宁和稳定，安土重迁是他们固有的观点。

"农业社会中的人们满足于维持简单再生产，缺乏扩大社会再生产的能力，因而社会运行缓慢迟滞。在这样的生活环境中，很容易滋生永恒意识，认为世界是悠久的、静定的。中国人往往表现出习故蹈常的惯性，好常恶变。"①

安于现状的社会心理，鼓励平庸、"枪打出头鸟"的社会风气，不思进取的消极惰性，"不患寡而患不均"的平均主义，都意味着对个体独立性、主动性、创造性的忽视，对语文个性化教学产生了负面影响。

二、现代教育制度对个性化教学的钳制

"现代教育是建立在现代工业文明的基础之上的，其运行方式在很大程度上是对现代工业机器大生产运行模式的模仿和迁移。而机器大生产是一种机械化的生产，为了追求生产的高效率，它要求抛弃'完整的人'和'有个性的人'，把所有人都'扯平'"。② 为适应现代机器大生产对大批的千偏一律的"标准化人才"的需求，现代教育强调目标的统一趋同、方式的整齐划一、管理的严格规范。于是，工具性的教育价值取

---

① 张岱年，方克立：《中国文化概论》，273页，北京，北京师范大学出版社，2004。

② 曾继耘：《差异发展教学研究》，23页，北京，首都师范大学出版社，2012。

向、高度统一的教学制度、单调乏味的教学活动方式、忽视差异的教学评价，让语文教学与机械化、程式化攀亲，与个性化、差异性绝缘。

（一）工具性的教育价值取向

教育归根到底是为了把人培养成什么？这是教育的一个核心问题。"现代社会高度的社会分工和市场经济的功利主义逻辑，使人不再关心他自身，而关注社会的需要，因此，教育不是成'人'的教育，而是成'材'、成'器'的教育。"[①]正如西方学者达拉里认为"教育就成为制造劳动者的一台机器，通过教育的塑造，人被变成追求物质利益的人，掌握生产技术成为受教育的全部目的，这样，人愈是受教育，他就愈被技术和专业所束缚，愈失去了作为一个完整的人的精神属性"[②]。工具性教育将社会需求和个体生命成长对立起来，视个人为社会政治经济发展的工具，因而片面强调社会需求，漠视人作为个体的独特性、生命成长的规律性，压抑学生的自然冲动，不给学生的天性以自由发展的空间，把独立、鲜活的生命个体塑造成毫无个性、灵性，却能满足社会机器运转需要的模式化和标准化的"产品"。"听话""服从""守纪律""懂规矩"是工具性教育对学生的最高要求，"高效率""划一性"是工具性教育的唯一追求。在工具性教育价值取向的指引之下，语文教学日益整齐化、规范化、模式化，日益追求答案的标准化，失去了应有的灵活性、多样性、艺术性，日益背离促进人发展的本义。

（二）高度统一的教学制度

受计划经济体制的影响，我国长期以来实施的是一种高度统一的教育教学制度。在这种教学制度下，教师和学生毫无主体性、创造性可言，学生的个性差异、民主自由、人格发展无足轻重，重要的是如何用程式化、划一性的教学方式高效率地完成统一的教学任务，僵化刻板的教学便成了师生别无选择的归宿。有人曾经对这种高度统一的教学进行了形象化的描述："我们的儿童像羊群一样被赶进教育工厂，在那里无视他们独特的个性，而把他们按同一个模样加工和塑造。我们的教师们被迫，或自认为是被迫去按别人给我们规定好的路线去教学。"[③]

---

① 冯建军：《生命与教育》，45页，北京，教育科学出版社，2004。
② 王坤庆：《当代西方精神教育研究述评》，载《教育研究》，2002(9)。
③ 陈友松：《当代西方教育哲学》，119页，北京，教育科学出版社，1982。

（三）单调乏味的教学活动方式

教学是科学，也是艺术，它必须根据具体教学内容的特点，针对教学对象的个体差异，以灵活多样、丰富多彩的形式开展教学活动，以满足学生独特的兴趣和需求，使教学充满生命活力和勃勃生机。以阅读教学为例。个性化理应成为阅读教学的必然追求：课文内容包罗万象，写作风格异彩纷呈，体裁功用各有不同，教学方法自然应该因文而异；语文教学强调关注学生的个体情况，尊重学生在阅读过程中的独特体验，教学对象不同，教学策略的运用显然需要因人而异；不同教师，其气质秉性、才情学识、文化背景等是不同的，由他们实施的阅读教学必然闪烁五彩斑斓的个性光芒。然而，实际情形却与理想大相径庭，无论教什么课文、面对什么学生，教学程序都是"时代背景—作者简介—段落大意—中心思想—写作特色""审题解题—朗读课文—教师提问—学生交流—教师总结—布置作业"，尽管教学方法有所变化，20世纪六七十年代是"满堂讲"，八九十年代是"满堂问"，现在是"满堂读""满堂悟""满堂语用练习"。但变的是"外形"，不变的是"灵魂"："目中无人""目中无文"，教学单调死板，缺少变化，缺乏特色，高耗低效，这激不起学生主动学习的兴趣热情、智慧潜能，激不起老师探求阅读教学艺术的激情和自觉意识，难以完成阅读教学的任务。①

不只教学方法乏味，教学活动方式也很单调。教学割断了与生活、与大自然的联系，学生没有根据自己的兴趣和意志自由行动的时间与空间，被封闭在狭小的天地里，过着从家庭到学校、从学校到家庭的枯燥生活，整天在教室里倾听教师教诲、遨游无边题海，潜能何从发展？个性何以展现？

（四）忽视差异的教学评价

教学评价是对教师的教学工作和学生的学习质量做出客观衡量和价值判断的过程，是教学过程不可缺少的重要环节。它可以提供教学的反馈信息，以便及时调整和改进教学，保证教学目标的实现。教学评价具有促进发展、鉴定水平、甄别选拔的功能，其中，促进发展是其最为本质的功能，因为教学活动的根本目的在于提高教学水平，在于促进每个学生的发展。然而，长期以来，我们放弃了教学评价的发展性原则、全面性原则和科学性原则，忽视了教学评价的激励、改进功能，只看重教

---

① 参见胡海舟：《小学阅读教学的个性化》，载《中国教育学刊》，2006(7)。

学评价的甄别选拔的淘汰功能和鉴定水平的证明功能，分数至上、学历至上，大搞题海战术、应试教育，一张试卷定终生，实施横向评价，无视学生的原有水平、优势领域、智慧潜能，用同一个标准，按同样的方法来评价不同发展类型、不同成长速度的学生，而且评价以笔试形式出现，偏重知识维度，对于过程与方法、情感态度与价值观维度很少也很难涉及。运用这种忽视差异的评价机制，很多学生成了"失败者"，其信心遭重创，潜能被扼杀，个性被泯灭。

　　随着我国经济转型和多元文化的发展，语文个性化教学越来越受到教育理论研究者和教育实践者的重视。语文个性化教学要想冲出"围城"，取得成就，培养出时代需要的具有鲜明个性和丰富创造力的人才，除了要在宏观层面上进行理念的更新、标准的制定，微观层面进行策略的调整、手段的创新，还必须深入意识层面和制度层面，正视和克服传统文化中与时代不相适应的这些因素的负面影响，必须突破现代教育制度中这些不合理成分的钳制，否则，语文教学改革仍然会阻碍重重，事倍功半。

　　前进的道路从来都不是平坦通顺的。阻碍不仅来自传统文化、现代制度，还有从众心理、冒进行为！基础教育课程改革以来出现的语文教学名师乱举旗帜、急于标新立异的不科学行为，使当下个性化教学的探索又步入新的误区。因此，在对个性化教学的历史进行了追溯，对影响个性化教学的不利因素进行了分析之后，我们还需对"语文举旗"乱象进行审视，以期拨开迷雾，澄明视线，扫除路障，匡谬正俗，从而更透彻地认清个性化教学的要则，保证语文个性化教学沿着正确的道路前行。

第五章 对当下"语文举旗"现象的透视、剖析与超越

改革开放尤其是基础教育改革以来，语文名师竞相亮出自己独特的教学主张，争相打出与众不同的教学旗号。对此，众说纷纭，褒贬不一。如果我们将"语文举旗"置于语文教育史的长河中，立足传统与现代的交汇点，那么我们便能透过重重迷雾，发现这股潮流的来头与短长，明辨是非，更深入地弄清语文个性化教学的本质。[①]

一、程式化，"语文举旗"的历史背景

划一、僵化是我国传统教育的痼疾，千百年的语文教学当然无法幸免，忽视教师差异，无视语文学科特点，违反母语教学规律。划一性带来语文教学的程式化，不只阅读教学单调乏味，写作教学亦僵化机械，将最富个性、最有灵性的活动异化成了类似现代工厂生产流水线上的标准件铸造！[②]

为祛除积弊，跟上时代的脚步，语文课程改革大力提倡个性化教学。

正是在这样的大背景下，语文名师争先恐后地提出个性化的教学主张，不约而同地举起自己的大旗，教坛"××语文"层出不穷。这其中，影响较大的有孙双金的"情智语文"、王崧舟的"诗意语文"、窦桂梅和王开东的"深度语文"、于永正的"简单语文"、黄厚江的"本色语文"、陈建

① 参见胡海舟：《程式化·潮流化·个性化——对"语文竖旗"现象的透视、剖析与超越》，载《江苏教育研究》(C版)，2011(3)。
② 参见胡海舟：《语文课程改革问题与对策》，165页，长春，东北师范大学出版社，2010。

先的"本位语文"、祝禧的"文化语文"、王笑梅的"生命语文"、李伟忠的"情理语文"、陈杰的"人格语文"、鞠九兵的"智性语文"、王爱华的"三味语文"、朱爱华的"大成语文"、薛海兵的"格调语文"、傅贵成的"智趣语文"、盛新凤的"和美语文"、刘云生的"心根语文"、李卫东的"感悟语文"、孙建峰的"对话语文"、杨屹的"情趣语文"、强洪权的"魅力语文"……

二、潮流化，"语文举旗"的优劣短长

应该说，"语文举旗"是有积极意义的，它是名师们对个性化教学理念的主动回应，是对传统教学划一性的自觉逆反，体现了优秀教师改革语文教学现状、探索语文教学新路、彰显教学个性、打造教学风格的可贵意识和探究精神。上述探索有的针对的是目前语文教学的某一弊端："深度语文"是针对教师对文本解读太浅、学生阅读面太窄、课堂教学缺乏思想深度而提出的，更强调语文的人文性，看重文化含量、思维分量和阅读数量，想为学生打下一个精神的底子；"简单语文"则是针对"深度语文"等把语文搞得太深、太玄、太复杂而提出的，更强调语文的工具性，强调教学的对象感，要求把握语文教育的特点，针对学生的实际，简化头绪，在大量的语文实践中掌握运用语文的规律；"情理语文"针对的是目前语文教学感性过度、理性不足的现状，要求语文教学既注重情感、情境、情趣等感性因素，又凸显文理、学理、教理等理性成分，力求课堂教学活动入情入理、以情传理、寓理于情、情理相融；[1]"三味语文"针对的是语文教学标的不清、适切性不强、华而不实等问题而提出的，强调语文教学要有语文味、儿童味、家常味；"大成语文"针对的是语文教学的"鸡零狗碎"和学科之间的壁垒森严，要求着眼儿童全面发展与学科素养整体生长，回归中国传统"大成"教育哲学和整体思维方式，突破线性思维束缚，以"主题"为核心，以"整合"为路径，以"语文＋"为一般样式，以"师本课程"为实施载体，通过内部重构、跨科融通、超学科创生等策略，对学科内容、儿童生活和社会体验进行统整；"和美语文"针对语文教学诸多极化现象，想"以两极融通之和，求雅俗共赏之美"；

---

① 参见李伟忠：《李伟忠讲语文》，33页，北京，语文出版社，2012。

"文化语文"针对的是语文教学文化缺失的现象，认为字词句篇章的传授固然必要，但仅仅满足于在这样的"基础"上盘桓，忘记"基础"之上还有氛围、情调、气韵、神采特别是性灵与精神等因素，这样的语文教学是不合格、不完整的，因此，它追寻语文的情调与性灵，强调文化视野、文化精神。上述探索有的为了更好地体现语文教学本身的特质，如"本位语文"强调学生对语言文字的理解、积累、运用是语文教学之本，提出"扎根语文，着意精神，立足发展"和"读为本，悟为核，用为宗"的本位语文观；有的意在强化语文教学应起的作用，如"心根语文"强调语文教学改革宜"转向心灵"，有"为生命立心，为人生育根"的终极追求，通过语言把世界与儿童的心根链接在一起，使语文有宏大的思维基座和高远的境界；有的是语文教学应追求的一种境界、应具有的一种特色，如"诗意语文""魅力语文""情趣语文""格调语文"；有的是语文教育最终应达到的目的，培养情智和谐的人，铸就人格健全的生命，如"情智语文""生命语文""人格语文"；有的就是新课程语文教学研究的热点、方法，如"对话语文""感悟语文"。总之，都有其合理的一面。后面介绍语文名师个性化教学成果和专业发展路径时，我们也会选择其中论证合理、探索深入的研究进行评述，如诗意语文、情智语文。

但是，这种潮流化的表述和跟风式的举动本身是有问题的，将某一点合理的地方过分强调，强调到无以复加的地步，强调到唯一，将语文教学的某一点变成某某语文（"语文的什么"变成了"什么语文"），用这一点涵盖、统领整个语文和语文教学，无疑是缩小了语文和语文教学的内涵与外延，凝固了语文教学的格局，模糊了个性化教学的特性，使本来已经含混不清的语文学科特性变得更加"雾里看花"，使本来就疾病丛生的语文教学又添新的问题，"乱花渐欲迷人眼"。例如，"深度语文"讲究课程目标的深远、思想内涵的深奥、文本解读的深入、情感体验的深切、语言学习的深厚、思维训练的深刻，很容易"目中无人"，置学生真实水平于不顾，任意拓展，深度挖掘，用自己的涉猎代替学生的阅读，用自己的学养"垫高"学生的基础，用自己的思想"升华"学生的思考，强行灌输，硬性拔高，虚假提升；例如，"文化语文""心根语文"，在操作过程中一旦过分强调文化、精神和灵魂，不能辩证处理人文性与工具性的关系，就有可能模糊语文的本质特征，削弱语文的实践功能，忽视语文教学的独当之任。再有，"对话""感悟"本来就是语文教学的手段、要则，"情趣""魅力""和美"都是语文教学应达到的境界、目标，让它们来修饰甚至涵盖语文，都是不合适的。

之所以出现这么多的"××语文",一与媒体的推波助澜有关,二跟语文课程性质数千年来的模糊不清相连,三是契合了一些人跟风追潮的心理。我们赞扬优秀教师探索语文教学新路的精神,欣赏他们彰显教学追求、凝炼教学个性、打造教学风格的举措,他们的探索、追求对语文教学的理论与实践研究启发很大,有很多值得借鉴之处;但我们对这种运动式的潮流本身持批判态度,因为潮流化其实就是另一种形式的程式化!探索教改新路是对的,但不必也不能人云亦云,乱树"××语文"的旗号,这会给语文课程改革带来负面的影响,会给众多一线教师负面的暗示。再说,一些旗号本身就经不起推敲,甚至有些幼稚可笑。

三、个性化,语文教学的应然趋向

教学个性的形成是教师成熟的标志,教学流派的产生是教育繁荣的象征。为提高语文教学效率,促进学生个性的积极发展和语文素养的全面提高,促进语文教学的科学化、艺术化,语文教学必须走出程式化的泥潭,远离潮流化的喧闹,真正步入个性化的大道!

首先,语文学习是学生主动建构的过程。学生以自己的方式建构对语文学习内容的理解,其理解必然是多元的,其学习必然是充满个性的。基于此,语文教学必须认真研究学生个性化的学,尊重受教育者的个性,根据每个学生的气质性格、兴趣爱好、心理需求等灵活进行,努力为每一个学生设计课程。但是,审视目前"语文"前面的众多修饰语,我们发现,不少是从语文学科的角度竖起旗号、彰显特色的,考虑的是教师自己教的内容、教的内涵,较少关注语文教学的根本目的——促进学生语文素养的提高,忽视语文教学的主体——学生!鉴于"语文举旗"立足点的错位,我们强调,真正、真实的语文个性化教学,首先应该认真研究学生语文学习的个性化,应该考虑的首要问题是如何保证、提升、促进语文学习的个性化。

其次,语文个性化教学必须根据教师自身的气质秉性、知识视野、学术根基等特点,认真研究个性化教学的方略、规律,积极追求教学的艺术化,教学风格的多样化。杨再隋教授指出:"教学风格乃教师个人的心、性在教学中的投影,是教师的个性心理、教学特长在教学活动中的综合表现,是教师个人对学科的独特感悟、体验之后,采用独特方式进行教学活动的特有概括，也是教师的文化视野、精神风貌、人格魅力、人生境界在教学中的反映。"①同样是教《林冲棒打洪教头》，孙双金老师和于永正老师就有很大的不同。孙双金是典型的现代教师的教育理念和教学思路：发挥学生阅读的自主性、能动性、创造性，引导围绕"什么样的林冲""什么样的洪教头"这两个具有多元理解质地的问题扎扎实实地与文本深入对话。问题极具开放性，给了学生巨大的空间，激发了学生主动参与的热情，引爆了学生个性解读的火花，很好地将个性阅读、多元理解与语言文字的品味紧密结合了起来。于永正则启发学生读出了一个"让"字：谦让、忍让、礼让、宽让。这样的教学只能出自对中国古典文化精髓了解透彻，人生已经归于平静、平和的长者、智者之手！教学个性，教学风格，的确是教师的文化视野、精神风貌、人格魅力、人生境界在教学中的反映。回顾、研究近几十年来语文教坛广受好评的教学流派，我们发现，这些个性化语文教学的硕果无一不是名师们自觉地将自己的个性之光投射到教学活动，将自己的才情学识与教学原理、学情自然融合的结晶，如以于漪为代表的情感派、以钱梦龙为代表的导读派、以李吉林为代表的情境派、以段力佩为代表的茶馆派。审视当下所举语文之旗，很多是顺潮流、赶时尚的应景之作，一哄而起，为特色而特色，缺少对自己、对学情、对教学原理的准确把握、缜密分析、自然融合和理性升华，缺少对所举之旗、所封名号与教学风格是否匹配的深度考量，也缺少长期研究和大面积推广的价值。

个性的发现是教学成功的前提，风格的形成是教师成熟的标志。相信老师们只要有潜心研究学生语文学习规律和其个性心理的耐心，有善于发现自己的能力，有主动追求教学个性、教学风格的意识，有勇于突破、超越自我的精神，不断砥砺思想，提升素养，善于学习，大胆实践，潜心研究教学艺术，就一定能走出传统语文教学程式化的盲区，跨越目前"语文举旗"潮流化的误区，以自己个性化、艺术化的教学带来学生语文学习的独特性、多样性，迎来语文教学百花争艳、百鸟和鸣的春天！

如何确立自己的教学个性、形成自己的教学风格？如何在个性与共性、特色与规范之间找到平衡？如何厘清个性化教学与模式化教学之间的关系，避免一哄而上、乱举大旗的行为？我们将在论述语文个性化教学的具体方略后进行阐述，并对研究界公认的成功的语文个性化教学成

---

① 杨再隋：《时代呼唤名师》，载《语文教学通讯》（小学版），2003(7-8)。

果加以述评，供教师们学习、借鉴。

　　顺延第一章这一全书的引论部分，我们探讨了个性化教学的内涵、特征、价值，回顾了国内外个性化教学的历史，分析了中国传统文化及现代教育制度对语文个性化教学的影响，剖析了当下的"语文举旗"现象，我们可以清楚地看到我国语文个性化教学的基础、背景和面临的形势，发现问题的迫切性和研究的针对性。接下来，我们深入一步，总体论述语文个性化教学的理论依据、实施策略。

第六章 语文个性化教学的理论依据

　　划一性是我国传统教育的"痼疾"，语文教学深受其害。为解决传统语文教学的弊病，适应时代提出的新要求，世纪之交启动的第八次基础教育课程改革大力提倡个性化教学。作为语文教学的纲领性文件，《义务教育语文课程标准（2011年版）》（以下简称《语文课程标准（2011年版）》）更是反复强调语文教学的个性化："基本理念一"提出语文课程"应促进学生和谐发展，使他们提高思想道德修养和审美情趣，逐步形成良好的个性和健全的人格"；"基本理念三"提醒"语文课程必须根据学生身心发展和语文学习的特点"，"关注个体差异和不同的学习需求，积极倡导自主、合作、探究的学习方式"；"基本理念四"强调"语文课程应该是开放而富有创新活力的。要尽可能满足不同地区、不同学校、不同学生的需求，确立适应时代需要的课程目标，开发与之相适应的课程资源，形成相对稳定而又灵活的实施机制，不断地自我调节、更新发展"；"教学建议"要求"充分发挥师生双方在教学中的主动性和创造性"，根据不同的教学内容，采取不同的教学策略；强调"阅读是学生的个性化行为"，阅读教学"要珍视学生独特的感受、体验和理解"；提倡自主写作，自由表达，自主拟题；综合性学习要自行设计、自己组织。

　　个性化教学也是《普通高中语文课程标准（2017年版）》的关键词之一，在"课程性质"部分，要求高中阶段的语文课程"为终身学习和全面而有个性的发展奠定基础"；在"基本理念"第四点，要求普通高中语文课程"应适应社会对人才的多样化需求和学生对语文教育的不同期待，精选学习内容，变革学习方式，确保全体学生都获得必备的语文素养；帮助学生认识自己语文学习的已有基础、发展需求和方向，激发学习兴趣和潜能，在跨文化、跨媒介的语文实践中开阔视野，在更宽广的选择空间发展各自的语文特长和个性"，要求具备"富有弹性的实施机制"，"提高教师水平，发展教师特长，引导教师开发语文课程资源，有选择地、创造性地实施课程"；在"课程内容"之"学习要求"部分，强调"注重个性化阅读""力求有个性、有创意地表达""学会演讲……力求有个性和风度""逐步形成富有个性的语文学习方式";"实施建议"部分,"鼓励学生根据个人兴趣、能力和特长,自主选择学习内容和学习方式,学会自我监控和学习管理,探索个性化的学习方法"。显然,个性化成了语文课程改革高扬的一面旗帜。

个性化为什么会成为语文教学的必然追求?其理论依据何在?下面试从政治学、教育学、心理学、美学等视阈加以阐述。[①]

一、符合马克思主义关于人全面发展的思想

近年来,在世界范围内,语文教育强调个性发展的呼声越来越高。日本重视通过国语教学发展学生个性,要求国语科在培养国语的理解能力和表达能力的同时,特别注意不能仅从实用主义的立场去理解,"认为国语科还是一门以培养性情和人品为目标的学科,甚至提出国语教育的本质就在于通过语言来造就人","通过语文教育培养丰富的人性"。[②]为此,1989 年日本颁布的《学习指导纲要》明确要求教材编写应"有助于加深对生活和人生的认识,丰富人性",要求"改善教学方法,特别是适应个性的教学指导方法"。[③] 欧美各国教育历来将个性培养放在重要的位置。例如,美国的作文教学非常强调"文体写作生活化、多样化"[④];加拿大《语文课程标准》要求写作技巧和技能"应在有意义的、有创造性的写作活动中,被尽量地发挥出来"[⑤];具有鲜明古典人道主义教育特色的英国,也很重视"通过启发讨论式的教学,培养和发展学生的个

[①] 参见胡海舟:《语文个性化教学的理论依据》,载《新语文学习》(教师版),2012(5)。

[②] 倪文锦,欧阳汝颖:《语文教育展望》,17 页,上海,华东师范大学出版社,2002。

[③] 参见江苏母语课程教材研究所:《当代外国语文课程教材评介》,200、188 页,南京,江苏教育出版社,2004。

[④] 吴忠豪:《外国小学语文教学研究》,180 页,上海,上海教育出版社,2009。

[⑤] 江苏母语课程教材研究所:《当代外国语文课程教材评介》,133 页,南京,江苏教育出版社,2004。

性"①。

为什么各国会不约而同地关注学生的个体差异和不同的学习需求，重视语文教学的个性化呢？联合国教科文组织国际教育发展委员会编著的《学会生存——教育世界的今天和明天》一书深刻揭示了其内在原因："作为教育主体的人，在很大程度上，是一个普遍的人——在任何时候，任何地方都是一样的。然而，作为一个特殊教育过程的对象的某一特殊个人则显然是一个具体的人"。"每一个学习者的确是一个非常具体的人。他有他自己的历史，这个历史是不能和任何别人的历史混淆的。他有他自己的个性，这种个性随着年龄的增长而越来越被一个由许多因素组成的复合体所决定。这个复合体是由生物的、生理的、地理的、社会的、经济的、文化的和职业的因素所组成的，而这些方面对于每一个人来说，都是各不相同的。当我们决定教育的最终目的、内容和方法时，我们又如何能够不考虑这一点呢？"②其实，我国古代早有"因材施教""长善救失"的个性化教育传统，也有孔子课徒等语文个性化实践的案例。

有人把个性发展与马克思主义关于人的全面发展的理论加以对立，认为强调个性发展就是背离了全面发展，这是似是而非的错误认识。事实上，马克思主义的全面发展理论并不是均衡发展理论，每一个具体的个体是可以均衡发展的，也可以是在某一方面突出发展的。同时，个性发展在马克思主义关于人的全面发展理论中始终是一个核心问题。早在《共产党宣言》中，马克思和恩格斯就指出："每个人的自由发展，是一切人的自由发展的条件"③。因此，只要我们不对"个性"做过于狭隘的理解，不把个性化当成自由化的代名词，不把个性教育当成资产阶级的专利，知道"个性是人的心理特征的总和"，正确理解个性的内涵，就明了了，语文教学强调个性，是符合马克思主义关于人的全面发展理论的，是对这一理论的深刻理解、灵活运用。正因为如此，《普通高中语文课程标准（2017年版）》在"课程性质"部分强调，普通高中课程"应使

① 蔡伟：《语文课程与教学研究》，53页，杭州，浙江大学出版社，2008。
② 联合国教科文组织国际教育发展委员会：《学会生存——教育世界的今天和明天》，华东师范大学比较教育研究所，译，195、195~196页，北京，教育科学出版社，1996。
③ 《共产党宣言》（纪念版），中共中央编译局，译，46页，北京：中央编译出版社，2005。

全体学生在义务教育的基础上，进一步提高语文素养，形成良好的思想道德修养和科学人文素养，为终身学习和全面而有个性的发展奠定基础。"

二、对应生命科学研究

脑科学研究结果表明，依据功能的不同，人脑结构分为脊髓、脑干、小脑、大脑四个部分。不同个体在从事同一活动的时候，脑活动的部位与程度是不相同的。不同个体大脑各部位的发展也是不相同的，这种不同导致了个体在认知、运动等方面的差异。脑科学是研究人脑结构及其功能的科学，其研究范围包括脑的生理功能和高级智力功能。由上述脑科学的研究成果我们可以知道，脑结构和脑活动方式的不同，必然导致学习者学习活动的众多差异。为了提高学习效果，应该有"区分"地对待每一个学习者，而不能按部就班，一成不变，用统一的模式、标准和进度要求所有的语文学习者。[1]

三、呼应多元智能理论

以大脑研究、人类进化、不同文化的比较等为基础，哈佛大学的心理学家霍华德·加德纳创造出人类智能多样性、个性化的科学理论。他认为，人和人之间存在很多不同的、各自独立的认知方式，每个人具有不同的认知强项和相对应的认知风格，由此形成了他有关多元智能的理论体系。[2]

人与人之间的差别，主要在于人所具有的不同的智能组合。面对智能组合各异的学生，语文教学应该树立尊重个性差异的学生观，因"材"制宜，保证学生的优势智能得到充分发挥，弱势智能得到适当弥补；语

---

① 参见[美]黛安·弗谷森，[美]拉尔：《个性化学习设计指南》，王玲玲，译，124页，上海，华东师范大学出版社，2009。

② 参见[美]霍华德·加德纳：《多元智能》，沈致隆，译，14～37页，北京，新华出版社，2003。

文个性化教学的有效实施需要个性化的课程予以保障，为此，我们必须摆脱考试为本的学习倾向和语言智能的绝对束缚，整合课程内容，拓展学习主题，链接生活世界，将视野扩大到学生更多的智能领域；我们还应该确立适合每个学生的个性化教学观，根据每一种智能类型，创设与之相适应的教学活动，提供与之适应的教学策略；我们应树立强化学生指向问题解决和创新能力的情境化评价观，为个性化学习的进行和多元智能的发展提供强力支撑。[1]

四、契合建构主义学说

建构主义是 20 世纪 80 年代末 90 年代初逐步在哲学、社会学、教育学等领域兴起的一股思潮。建构主义流派众多，其中影响最大的是认知建构主义和社会建构主义。建构主义是一个庞大的思想体系，如果概括提炼其思想核心，主要在于以下几点：认识并非主体对于客体的被动的、简单的、实在的反映，而是一个主动建构的过程；在建构过程中主体已有的认知结构发挥了特别重要的作用，并且这种已有认知结构处于不断的发展之中；每个人已有的认知结构不同，其建构也就不一样。

按照建构主义观点，语文学习在本质上是学生主动建构的心理表征过程，语文学习不是把外部知识直接输入学生的心灵中去的过程，而是作为学习主体的学生以自己已有的经验、知识、水平为基础，通过与语文学习内容的相互作用而主动建构新的理解、新的心理表征的过程。学生以自己的方式建构对语文学习内容的理解，其理解必然是多元的，其建构必然是多样的，其学习必然是充满个性的。因此，语文教学必须以学生为中心，了解他们的心理需求，关注他们在兴趣、爱好、知识基础和经验背景等方面的差异，植根于他们的"最近发展区"，着眼生成，框架结构，留足时空，以宽容、民主的态度，以灵活多变的手段组织教学，为每一个主体创设开放的、充满选择机会的教学情境，给每一个主体提供主动建构的空间和时间，以语文教学的个性化保证语文学习的个性化。

---

① 参见郅庭瑾：《多元智能理论与个性化教育：诠释、悖离与超越》，载《上海教育科研》，2013(4)。

五、回应接受美学重视读者主体、能动作用的吁求

接受美学兴起于 20 世纪 60 年代的联邦德国，由康斯坦茨大学的姚斯、伊瑟尔等共同创立，持这一观点学者所形成的学派被称为康斯坦茨学派。其后在跨越国界、东进西扩的过程中，又得到众多学者的补充，成为当今世界颇有影响的一种美学理论。与以往把研究重心放在文学作品本身的文本中心论不同，接受美学明确提出"读者中心论"，强调读者不可被低估的能动作用，强调读者不可或缺的、具有决定意义的作用。接受理论认为，唯有当作品成为阅读的对象时，文学才获得其本质性，构成意义。文学的本质存在于阅读过程中，离开了阅读过程，文学的本质就无以依附；离开了读者，就不再是文学。读者被纳入文学作品的构成要素之中，成为本体的一部分，读者使文学作品的意义得以真正的实现。作品不经阅读，只不过是一堆没有生命的印刷纸张，仅仅是一种"可能的存在"。只有读者阅读的具体化，才使它成为现实的存在。正如姚斯所言："一部文学作品，并不是一个自身独立、向每一时代的每一读者均提供同样的观点的客体。它不是一尊纪念碑，形而上学地展示其超时代的本质。它更多地象（像）一部管弦乐谱，在其演奏中不断获得读者新的反响，使文本从词的物质形态中解放出来，成为一种当代的存在。"①姚斯把文学看作读者和文本之间的交流同构，从这个意义上讲，阅读是读者生命意义的自由书写，是个体精神的独特展示。

接受美学对于语文教学具有极其重要的启发意义。在接受美学创立后不久，主要创立者姚斯就指出，这一理论之所以获得意想不到的成功，是因为它"满足了人们在 60 年代由于对语文学科的普遍不满而产生的浓厚兴趣"。如今，当我们用接受美学来研究语文教学时，发现它不仅有认识论意义，也有方法论价值。阅读是学生与文本的心灵对话，是精神性、个体性和私人化的活动；学生是文本世界的意义生成者。每个学生都是从各自的"前见"或"前理解结构"出发去解读文本的。不同的时代背景、文化修养、生活经验、艺术趣味、个性气质和心理情绪，决定

---

① ［联邦德国］H. R. 姚斯，［美］R. C. 霍拉勃：《接受美学与接受理论》，周宁，金元浦，译，26 页，沈阳，辽宁人民出版社，1987。

他们以不同的审美期待和阅读方式赋予文本不同的意义。因此，学生的阅读活动是充满个性色彩的，对文本的理解也是多元的、立体的，而不是单一的、平面的。着眼学生认知结构的独特性、阅读需求的多样性，我们应该自觉摒弃强行灌输的教学方式，放弃所谓的"标准答案"，树立"学为主体"的语文教学理念和个性化语文教学原则，努力激发学生的探究意识，尊重学生个人的理解，鼓励批判质疑，发表不同意见，见人所未见，感人所未感，发人所未发，实现个性化解读。首先，教师要引导学生确立主体化阅读意识，让学生以主人的心态面对文本，把解读视为丈量作者心田的精神劳作，对未来世界的智慧探秘。其次，教师引导学生寻找、发现适合自己的阅读方法，为个性解读创造条件。再次，引导读出个性化的结果。学生努力从自身固有的心理图式及情感需要出发，用自己的心灵与作者对话，用各种感官去触摸、品味、感悟语言文字，从而引发个性化的生活感应，触动个性化的思维过程，引发个性化的情感体验，产生个性化的解读结果。最后，充分利用学生群体阅读"前见"的丰富性，倡导多样化的文本解读，允许"百花齐放，百家争鸣"，让课堂"求同"与"求异"并存，"共鸣"与"争鸣"交织，让学生通过别人的眼睛看到更多的"风景"。

六、顺应心理学对个体气质秉性多样化的认识

心理学研究表明，人的气质主要有多血质、胆汁质、黏液质、抑郁质四种类型。在现实生活中，属于四种典型气质类型的人只是少数，大多数人是属于介于各种气质类型之间的中间类型，气质特点的表现是相当丰富、复杂的；而且，每一种气质类型都会受其他因素如特定的社会环境和教育等的影响。

个体气质秉性的丰富必然决定了语文学习方式方法的多样、教学风格和教学艺术的丰富多彩。因此，语文教学必须认真研究学生个性化的学，尊重受教育者的个性，根据每个学生的气质性格、兴趣爱好、心理需求等灵活进行，注意教学目标的开放性构建，教学内容的人本化处理，教学形式方法的多样化选择，教学评价的多元化实施。语文教学也要认真研究教师个性化的教，积极追求教学艺术的个性化，教学风格的多样化。

七、接应语用学个性、动态、生成的语言观

以阿姆斯特丹 1977 年出版的《语用学学刊》为标志，语用学作为一门学科诞生了，随后引入我国语言教学界。[①] 作为现代语言学理论研究的最新成果，语用学为语文教学开启了一扇新的大门。与语言学静态的、公共的语言视角不同，语用学是从动态的、个性的视角研究语言，它把研究重心置于作为存在主体的言语生成、表达和创造之上，全部语言之"用"聚焦在思维主体置身于特定时代、生活场景和具体语境中独立自主的表达。语用学强调，语用行为的动力源泉来自话题语境中独特、具体的个人主体及其心灵；课堂教学则要顺应人的语用基因，释放个人与生俱来的表达欲望，悦纳多元、自由的个性思维，尊重独立、自主的主体表达。[②]

总之，强调个性化，既是语文教学对传统教育划一性的强力纠偏，对时代要求的能动适应，对语文教学规律和学生、教师人格的自觉尊重，又有其内在必然性，有政治学、脑科学、教育学、心理学、美学和语言学等理论的强大支撑，是马克思主义关于人全面发展理论的灵活运用，是对生命科学研究成果的实践运用，是对多元智能理论的积极践行，是建构主义学说在语文教学领域的具体体现，是对接受美学读者作用的积极回应，是对心理学个体气质秉性多样化认识的主动顺应，也是对语用学个性、动态和生成的语言观的接应和运用。

---

① 参见潘涌：《积极语用：21 世纪中国母语教育新观念》，载《北京师范大学学报》(社会科学版)，2011(2)。

② 参见潘涌，杨培培：《积极语用：为真语文教学注入科学内涵》，载《语文建设》，2015(22)。

第七章 语文个性化教学的实施策略

恩斯特·卡西尔说:"人之为人的特性就在于他的本性的丰富性、微妙性、多样性和多面性。"①苏联教育家沙·阿·阿莫纳什维利指出:"儿童们每天来到学校,并不是以纯粹的学生的面貌出现的,他们是以形形色色的个性展现在我们面前的。"②教学必须正视这一客观存在,努力契合人的特性,尊重人的个性,自觉与自动化生产流水线式的标准化、程序化、同质化的操作手段说再见,主动与千校一面、千师一面、千生一面的语文课堂教学说再见。个性化教学以"珍惜群体中的每一个人"为基本出发点,旨在创设最有利于每个学生得到最好发展的环境。因此,在找寻到语文个性化教学的学理依据、树立了个性化教学的理念之后,我们要在尊重教学基本规律和共性的基础上,针对学生的个体差异,适应学生的个人需求,顺应学科的特质,发挥教师教学的个性、特长,采用个性化的教学方略,运用灵活多样的教学形式和评价机制,提高教学的有效性,促进学生人格的发展,促进教师教学个性和教学风格的形成。一句话,"从个性出发""为了个性发展"而努力"实施有个性的教学"。

一、学情评估精准化

西方研究学习论的学者讲过一个蕴含深刻的故事《鱼就是鱼》。池塘里有一条小鱼和一只蝌蚪,他们是好朋友。后来蝌蚪变成了青蛙,爬出水面,来到岸上。过了很久,青蛙回到池塘,向鱼讲起自己一路的见

---

① [德]恩斯特·卡西尔:《人论》,15页,甘阳,译,上海,上海译文出版社,1985。
② 康万栋:《对儿童的重新发现——阿莫纳什维利的儿童观述评》,载《外国教育动态》,1989(1)。

闻。青蛙首先讲述它所看到的"鸟",鸟有两只翅膀、两只爪子,羽毛五颜六色。听着青蛙的讲述,鱼的脑子里出现了鸟,就像长着羽毛的大鱼在空中飞翔。接着,青蛙讲起它看到的奶牛,牛有四条腿,长着犄角,吃青草,产牛奶。于是,鱼的脑海里出现了奶牛的形象,但奶牛长着鱼的身体。接下来,青蛙又讲述它所看到的"人",无论男人、女人,在鱼的心目中,模样都类似于鱼。这个隐喻告诉我们,"接知"如"接枝",人们总是用他们已知道的和相信的知识去建构新知识。

在这个隐喻中,青蛙是老师,鱼就是学生。要想使自己的教学有效,教师就必须做好学情分析,加强教学的针对性,即了解学生在进行"新学习"之前已有哪些有利或阻碍学习的知识、能力、方法、习惯,发现"最近发展区",依据学生的心理需求和已有经验、基础,合宜地开始教学。[①] 学生的起点就是教学的出发点:起点为零,学生无趣;起点过低,学生无奈;起点过高,学生茫然;起点错位,学生懵懂。精准评估学情,正确把握教学的出发点,如同一位优秀的歌手在歌唱前根据自己的嗓音定好音调,流泻出的歌声才会悦耳动听。

不一样的学习内容,会有不一样的学情;一样的学习内容,因为不同的教学对象,也会有不一样的学情。学情差异巨大,唯有深入了解、认真观察、细致分析,才能科学把握,进而为每一个学习个体选择合适的学习内容,量身定制有针对性的学习方案,设计真正适合他们的学习活动,个性化教学才有保障。学生的差异主要在兴趣经验、学习能力、学习风格、学习速度、学习适应性和潜在状态(可能发生的状况和可能达到的发展水平)等方面,教师可以通过问卷、访谈、作业分析、课堂观察、QQ、微信、家校通等渠道,可以通过大数据等现代平台,对学生的个体差异进行评估、分析,以准确了解每一个学生学习前的状态,把握不同学生的学习需求、不同水平学生的不同起点,做到以学定教、因需施教、因材施教、因势利导。

《自己的花是让别人看的》是人教版国标本小学语文第十册的一篇课文,作者季羡林,入编教材时有改动。课文属于散文,如果从时间轴展开解读,课文结构极为简约,只有两个部分:第一部分讲述其1935年在德国求学的亲身经历,描绘德国家家户户花团锦簇、姹紫嫣红的情景,道出意味深长的哲理——人人为我,我为人人;第二部分写自己

---

① 参见陈隆升:《"学情分析"的学理基础与实践探索》,载《语文学习》,2015(1)。

1980年再来德国，再次看到家家户户窗口开满鲜花，以"做了一个花的梦，做了一个思乡的梦"留给读者隽永的结尾。异域风情、异国文化，是打开这一文本的钥匙。这样一篇解读时凭表面信息极易滑入道德说教泥沼的课文，超出了小学五年级学生的阅读经历、审美基础，对于不解"风情"的他们来说，具有很大的挑战性。凭借丰富的教学经验，全国著名特级教师王崧舟对学情有一个基本的假设：由感受绮丽的风景到感悟奇特的风情之间有较大的距离。具体而言，学生对家家户户窗前都是花团锦簇这一绮丽风景的感受会比较深刻，理解上不会有什么障碍，但是，要将这绮丽风景上升到德国的一种奇特风情却相当困难。因为，学生对"文化风情"缺乏足够的"前理解"。为了证明假设，王崧舟老师做了问卷调查。调查的题目有三个：其一，这篇文章给你留下最深印象的是什么地方？请用波浪线画下来。其二，你是怎么理解"自己的花是让别人看的"？请用简洁的语言写出来。其三，读完全文你还有什么问题或者困难需要提出来吗？请列出1～3个你最想解决的问题。调查结果为：第一题，画了"走过任何一条街……花团锦簇、姹紫嫣红……如入山阴道上，应接不暇"的占了94％。这表明，学生阅读焦点的确聚集在绮丽风景上。第二题，理解为"德国人处处为别人着想、先人后己、品德高尚"的占87％。这表明，学生对文本主旨的理解已经道德化了。第三题，提出"为什么说'人人为我，我为人人'这种境界耐人寻味""为什么作者对德国人爱花之真切感到吃惊""为什么结尾作者说自己做了一个花的梦，一个思乡的梦"等问题的占了72％。这表明，超过三分之二的学生对德国人爱花这一奇特风情的理解存在障碍。正因为王崧舟老师对学情特点和文本特质等有了深切的了解，他的教学方能对症下药，顺学而导，巧妙搭建从风景到风情的三级台阶：第一级台阶，通过对"花团锦簇、姹紫嫣红、应接不暇、耐人寻味"等词语的品读，真切感受"家家户户的窗前开满鲜花"这一奇丽景象，触摸爱花真切；第二级台阶，通过对文中"家家户户都在养花""把花都种在临街窗户的外面""花朵都朝外开""家家户户的窗子前都是花团锦簇""每一家都是这样""又是家家户户的窗口上都开满了鲜花"这六个带有"都"字的句子的咀嚼，解读风景密码，品味爱花真切；在前两个台阶由花到人的基础上，第三个台阶由人上升到文化，领略风情奇特，体认爱花真切。三个台阶拾级而上，引领学生一路风景，收获良多。①

精准的学情分析，可以立足于两个层面，一是某一类学生群体，二是某一个学生个体。相对于其他学习群体、其他学习阶段、其他学习内容，王崧舟老师这样的学情分析是个性化的；但相对于群体中的某个个体而言，这样的学情分析又是共性化的。目前，我们的教学多是以行政班为编制的课堂教学，教学要对四五十个学生同时进行，所以，教师教学时更多考虑的是群体的共同特点。但我们都知道，教学更是一种个体化的行为，学习必须经过学生个体的内化，才能真正成为其拥有的东西。不同年级、不同班级的学生由于构成人员的不同，往往存在很多差异。同一个班级的不同学生，由于家庭背景、学习经历、个体气质和兴趣爱好等不同，学习经验、能力、方法、习惯、动机和速度等也是千差万别的，因此，我们在关注、分析某一类群体与其他群体学情个性（其实是这类群体的共性）的同时，还要研究个体的学情，只有这样个性化教学才能真正落到实处。在实际操作中，我们在对班级共同起点分析的同时，要关注、兼顾个体起点的差异性，只有充分辨识个体的差异性，才能保证教学的针对性。对此，陈隆升老师进行了尝试。在对《胡同文化》进行学情分析、学习起点确定时，陈隆升老师对学生的"理解状况""兴趣状况""困难状况"分别做了调查，对学生的回答除了进行分类统计外，他还提炼出不同的代表性样本。这样，学情分析既获得了共同的起点状况，也获得了个体起点差异性的样本。具体见表7.1②。

表7.1　学情分析调查表

共同起点所占比重	个体起点的差异性样本
60%的学生基本理解作者所写的胡同特征及胡同文化的基本内涵	1. 描写北京胡同文化，以及对当地人心理的影响，感觉文章情感较中性 2. 粗览全文，顿觉文章语言朴实，多用口语，使人读起来倍感亲切；文章从不同方面阐述了胡同文化 3. 描画了一幅生动的北京人画像，让读者真切感受胡同文化和北京人的特有韵味

---

① 参见王崧舟：《例谈"学情视角"下的课堂教学设计》，载《语文教学通讯》（小学版），2014(9)。

② 参见陈隆升：《"起点分析"：有效备课的核心任务》，载《语文学习》，2015(2)。

续表

共同起点所占比重	个体起点的差异性样本
92%的学生对这篇文章感兴趣	1. 北京人独特的待人处世方式、文章平淡而又幽默的语言 2. 北京人的生活和思想受胡同文化的"方正"影响 3. 北京人容易满足 4."忍"字值得推敲
45%的学生难以理解作者对胡同或北京人的性格特点的情感取向，35%的学生难以理解作者的写作目的	1. 作者对胡同文化的真正态度到底是怎样的？ 2. 胡同文化的没落，作者到底是讽刺还是伤感？ 3. 结尾处写了"再见吧，胡同"，为什么不写成"再见吧，胡同文化"？ 4. 为什么作者在感慨完"北京人，真有你的"，就直接写"如今胡同的衰败"，是否有些牵强？ 5."理想的住家是独门独院"与"讲究处街坊"是否前后矛盾？ 6. 文章为什么出现那么多北京方言，还要加括号注释，直接用普通话来写不好吗？ 7. 引用"五味神"是为了表现胡同文化的哪一方面？

　　如此处理，既顺应了班级授课制的实际境况，又在依据群体共同特性确定核心教学内容的过程中，尽可能兼顾到个体起点的差异性，照顾到具体的学情，给了教学更大的弹性空间。但是，与王崧舟老师呈现的群体学情个性分析的样本比较，这个个体学情分析样本还不够典型、精致，个体的差异，不只在于学生所提问题的不同，还有学习基础、风格和方法等的区别。这些，陈隆升老师都没有涉及。另外，了解学情的方法也太过单一。语文个性化教学的研究者和实践者在后续探讨时，对这些都要予以特别注意。

　　目前，信息技术引发了中小学教学方式和学习方式的变革与转型，催生出中小学新课程形态、新教学样式、新学习方式，教室不再是讲堂，而是师生共同探讨问题、教师对学生进行个性化指导的学堂。"翻转课堂"就是这一变革与转型的成果。"所谓'翻转课堂'，就是教师创建视频，学生通过登录互联网在线观看网络视频中教师的讲解，完成任务清单中学习任务，课堂上师生面对面交流、答疑和完成作业的一种教学模式。"①"翻转课堂"不是对传统课堂教学结构顺序的简单调转，而是以学生为中心、以个性化教学为指南的课堂的翻转、角色的翻转、学习的翻转、评价的翻转。较之于传统教学，基于网络教学平台支撑的"翻转课堂"，对个性化学情的把握更为准确、全面。以对互联网思维下新形态课堂颇有研究的江南大学人文学院院原长陈明选教授教学《电视画面构图》为例。课前，学生需围绕专题观看视频、先行学习、思考、研究：第一，电视画面与照片比较有哪些特性？举例说明你对电视画面构图的完整性与不完整性的看法。第二，是否每个画面均要求构图元素的完整性？为什么？第三，自制一个取景框进行构图练习并体会奥妙。画面中如何突出主体？什么情况下需要陪体？第四，学习了画面构图、摄像角度、摄像技巧，你认为应该如何把这几方面结合起来考虑？第五，你认为优秀的电视画面应该是怎样的？结合自己的作品说明。通过蓝墨云班课系统，陈明选教授对班级每个学生的学情进行认真、细致、多角度、多侧面的了解与分析，对每个学生的前学习都了如指掌，课堂答疑、师生互动和拓展练习就很有针对性和实效性了。虽然这是大学新闻与传媒专业的课程，但是从学情评估的精准化角度考量，它与中小学语文教学的原理是相通的，值得借鉴、学习。个性化实际上是精细化、个别化、科学化，它是对症式教学，是对粗放式、大一统教学的逆反与纠正。

通过现代信息技术实现学情评估的精准化、教学活动的个性化，不只存在于人们对未来美好情境的畅想里，不只存在于大学教授的课堂中，它已经惠及苏州近40万处于义务教育学段的学子，成为苏州市中小学语文教学的常态。据2017年4月1日《江苏教育报》发表的题为《教育信息化3.0时代是什么样子？答案就在苏州》的文章报道，集身份认证电子化、师生学习数字化、数据管理信息化、个人成长记录反馈智能化于一体的"教育E卡通"，基于StarC系统的智能"双板教室"，具有8块电子屏和多个摄像头、学生人手一台iPad终端的"未来教室"，"云课堂"架构形式，"云阅卷系统"，让苏州市中小学教学不再是教师一厢情愿的单向灌输，而成了极具针对性、个别化的启发、引导、纠偏。通过云平台、极课大数据，通过现代化的教学媒体，教师可以对学情进行精准、细致的分析，在此基础上，实现学习内容的私人定制化、教学进度

---

① 蔡宝来，张诗雅，等：《慕课与翻转课堂：概念、基本特征及设计策略》，载《教育研究》，2015(11)。

的灵活化、资源匹配的多样化、反馈互动的及时化。现代教育技术让班级授课制条件下的语文教学的"因材施教"成为现实。

二、目标制定针对化

"教学目标是对教学活动预期结果的标准和任务的规定或设想。""教学目标是教师与学生合作实现的共同目标,既是教授目标,又是学习目标,最终表现为教学活动所引起的学生身心的预期变化。"[①]既然学生的学习起点是千差万别的、学情是丰富多彩的,为他们制订的教学目标当然不能整齐划一,而应该是个性化的、有针对性的。班级授课制条件下,一个班级通常有四五十个学生,教学目标私人订制操作难度太大,但我们最起码应该确保目标是多层次的、差异化的,是紧贴学生的"最近发展区"的,是具有生成空间的。

《识字4》是苏教版一年级上册以"认识昆虫"为主题的情境韵语识字课。特级教师许嫣娜在课堂教学的第二环节设计了"识字与说话相结合"[②]的活动,目标是学生能用完整的句子介绍昆虫。

师:小昆虫喜欢你们,你们喜欢它们吗?请挑一个你最喜欢的昆虫朋友介绍一下吧。

生1:我最喜欢小蚂蚁。别看小蚂蚁个子小,却是一个"大力士"。它与小伙伴们团结起来,能搬动比自己身体重得多的食物。

师:原来你喜欢小蚂蚁。

生2:我最喜欢蜻蜓,它眼睛大。

师:哦。

生3:我最喜欢蝴蝶,它很漂亮,翅膀五颜六色的。

师:对呀。

生4:我喜欢螳螂,它的身体是绿色的。

师:还有谁来说?

生5:我的身体是黑褐色的,我常常去田野里玩耍,跳跃是我最拿手的本领。我还会发出响亮的鸣叫声。我是一只神气的蟋蟀。

---

① 王本陆:《课程与教学论》,166页,北京,高等教育出版社,2004。
② 参见许嫣娜:《尊重差异,从目标制订开始》,载《小学语文教学》,2015(4)。

师：非常好！

……

从学生的发言可以看出，他们的表现至少呈现三级状态：第一类学生，只能用简短的句子描述昆虫的外形特点，有的表达还过于口语化，如生 2；第二类学生，能用相对较长的句子介绍昆虫的外形特点，并尝试着用上合适的形容词，如生 3、生 4；第三类学生，具有较丰富的课外积累，能用几句话介绍昆虫，包括外形与习性，如生 1 和生 5，生 5 的表现更为突出，他已完全进入学习的情境，运用的是第一人称。这就是学生之间的差异。面对巨大的差异，许嫣娜老师深刻反思，发现自己缺乏目标上的准备，只是把能说完整的话这一年段目标简单移植到这一教学情境中，心中没有个体的差异性，因此评判的标尺简单、粗略。认识到存在的问题，许嫣娜老师决心做出改变。研究学情从群体转到个体，对每一个学生在学习活动之前的储备做到心中有数；在此基础上，目标制订从统一到分层：基本层，说一句话，表达完整规范；中等层，说一句话，表达完整规范，并能用上一些合适的词语形容昆虫；较高层，说几句话，表达完整规范，能用与他人不同的表达方式。许老师再一次的教学实践，证明上述教学目标的制订是科学的、有效的，能引领每一个学生在倾听与表达中都向着更高一级的目标迈进。

不只识字教学的目标，阅读、写作、口语交际等语文教学的目标都应该如此设定。以《陶罐和铁罐》一文的阅读教学为例。教学目标就必须依据学生不同的语文基础、智慧能力等实际情况具有针对性和层级性：理解课文寓意是每位学生都要达到的保底目标；改写寓言，发展创造思维，是部分学习能力较强、思维较活跃的学生经过进一步努力可以达成的学习目标；有兴趣、有能力的学生还可以朝创编寓言、掌握寓言特点的更高目标迈进。

以上谈的是针对全班不同学生要制订不同的、具有针对性的多层次、个性化教学目标。就同一层次的学生而言，教学目标也应该体现层级化、个别性。例如，《快乐王子》一课，针对中间层的学生，"体会文中的情感"这一目标就可以分成基础性目标"品读课文，感受作者的情感"和挑战性目标"评价作者对'快乐王子'的情感，写出或说出自己对'快乐王子'行为的真实态度"，而对更高层次水平的学生而言，挑战目标可以设为"结合作者对'快乐王子'的情感，分析作者对'快乐王子'的态度"，甚至可以拓展到对《快乐王子》作者王尔德其他童话作品的情感分析。

目标制订的针对化还表现在学习目标的生成性和可变性。"当教学目标转化成学习目标时，它指向于每一个个体。这些个体的学习基础、学习方法、学习步骤、学习条件全都是变量，使得学习过程和学习结果不可能严格按照目标预计的轨迹发展。因此，教师必然要在预设的基础上根据教学过程中发生的情况不断地调整和生成学习目标。所以教师在对学生的学习目标进行预设时，要有一定的弹性，预留出课堂上既定教学目标的共性标准与学习目标的个体差异之间动态平衡的空间。"①

三、内容选择个性化

几个月前，笔者带学生去小学实习。实习学校安排级部主任为实习生开了一节语文示范课，课文是《音乐之都维也纳》。这是苏教版国标本小学语文五年级下册第四单元的一篇课文，作者从历史、城市布置、市民生活等角度说明维也纳的确是一座音乐之都。然后，具体介绍被称为"世界歌剧中心"的维也纳国家歌剧院和被称为"金色大厅"的音乐之友协会大厦的恢宏壮观以及在世界上的影响。课文本身很有个性，材料选择精心（选取最能说明维也纳是音乐之都的素材，内容丰富、角度有别），材料安排精妙（先概括说明，再具体介绍；具体介绍的部分，虽然 2~4 自然段都围绕中心句介绍，但材料呈现的方式、先后及句子的串联、组合，却是各具特色，极其讲究；第五自然段的众多数据，第六自然段的 7 个"金"字，其他内容都只用一个自然段介绍，唯独金色大厅写了两段并被置于文末，这些安排也是匠心独具的），是学生学习语文的好材料。但这位已有二十多年教龄、对语文教学本该有深度理解的老师却无视课文独特的教学价值，把教学的重点定位在认识、了解课文的总分结构上。从第一学段到第三学段，从《北大荒的秋天》《庐山的云雾》到《飞驰在高速公路上》《小镇的早晨》，五年级的学生已经接触过 N 篇总分结构的课文，这个知识点早已纳入了他们的认知体系，学起来当然毫不费

---

① 熊梅，王艳玲，等：《个性化教学设计与实施策略》，载《课程·教材·教法》，2011(8)。

力，自然，也毫无新鲜感、挑战性和学习兴趣。又因为是说明性文章，语言直白、简洁，没有什么微言大义可以挖掘，教师只能用大量的图片和音乐来填充时间，结果语文课变成了图片和视频的荟萃课、音乐知识的普及课。

这样的现象绝非个别！《奶奶的白发》《游子吟》《我的黄油布伞》《第一次抱母亲》《爱如茉莉》《月光启蒙》《背影》《散步》这些涉及亲情的课文，教学内容毫无例外的都是感悟"爱"；教记叙文，肯定是六要素；教说明文，无非是说明方法、说明顺序；学诗歌，就是情景交融、托物言志；学小说，脱不开人物、情节、环境；写议论文，注重的不外乎论点、论据、论证。从小学到中学，今天重复昨天的内容，明天重复今天的东西。由于教学内容僵化、同质化、浅表化，缺少新意、个性、层次，导致语文教学令人心寒的现象出现：缺课几天，没有关系；缺课几个月甚至一学期、两学期，也不见有多少损失。语文教学高耗低效、"少慢差费"，很大程度上是因为我们的语文教学内容出了问题。

"语文教学内容是语文教学层面的概念。一般指语文课堂教学内容，它是教师基于语文课程标准，依据语文教材，根据语文教学目标，在课堂教学过程中指导学生学习和掌握的全部经验的总和。也就是面对具体情境中的具体学生，实际应该教什么，实际应该用什么去教。"①具体而言，它同时面对两个问题："第一，针对具体情境中的这一班学生乃至这一组、这一个学生，为使他们或他更有效地达成既定的课程目标，'实际上需要教什么'；第二，为使具体情境中的这一班学生乃至这一组、这一个学生更好地掌握既定的课程内容，'实际上最好用什么去教'。"②从对概念的界定可以看出，语文教学内容的合宜性、科学性的前提是教学内容的个体性、针对性，即应该依据具体情境中的具体学生确定个性化的教学内容，依据不同的教学板块确定个性化的教学内容，依据文本体式确定个性化的教学内容，依据教师的言语经验确定个性化的教学内容，依据实际情况对国家课程进行人本化处理以确定个性化的教学内容。

---

① 魏本亚：《中学语文教学设计》，151 页，北京，高等教育出版社，2016。
② 魏本亚：《中学语文教学设计》，59 页，北京，高等教育出版社，2016。

（一）依据具体学生的学习需求确定个性化的教学内容

"一篇课文的教学内容，从学生的角度讲，可以归结为三句话：学生不喜欢的，使他喜欢；学生读不懂的，使他读懂；学生读不好的，使他读好。"①也就是说，要根据学生的学情选择教学内容。钱梦龙老师所授的《死海不死》为我们提供了范例。在复习了地理知识之后，具体到说明文的学习，钱梦龙老师和学生商量，哪些是可以不教的，学生认为列数据等说明方法、关于课文中三个"死"的深刻含义、两个难词，他们都懂了，不需要教。这是第一个环节。第二个环节，钱梦龙老师换了一个角度问学生哪些需要教，具体到"知识小品"，在知识性、科学性和趣味性这三点中，依据课文的个性特点和课堂教学的时间限制，钱梦龙老师和学生选择了"知识小品的趣味性"这一内容作为课堂教学的核心。第三环节，在研讨了趣味性之后，钱梦龙老师提出来一个高难度的问题，课文最后一段说死海数百年之后可能干涸，作者推断的依据是什么？综观整节课，学生已经知道的，不教；学生认为需要的，重点教；学生没有发现的，但对培养他们的阅读能力和阅读习惯非常重要的，教师也提出来教。由于教学内容合宜，依据学生的实际情况，针对他们的学习个性，没有泛泛而教，学生学习兴趣浓厚，学习效果良好。

醉心于"教是为了不教"教育思想指导下小学语文"少教多学"策略探究的江苏省苏州市优秀教师蒯威，对此也进行过卓有成效的实践。② 学习《少年王冕》之前，学生已经接触过《三顾茅庐》《林冲棒打洪教头》等小说类课文。为了切中学生语言发展的生长点，开发出符合学生需要的教学内容，蒯威老师设计了三个问题开展课前调查：

（1）你觉得课文中王冕的故事是（　　　）。

A. 真实的　　　　　　B. 完全不真实　　　　　C. 不完全真实

（2）王冕说："我在学堂里也闷得慌，不如帮人家放牛，心里倒快活些。"这话（　　　）。

A. 是王冕真实的想法　　　　　　B. 不是王冕真实的想法

（3）课文主要写的是王冕，所以第五自然段的景物描写（　　　）。

A. 可以不写　　　　B. 可以省略一些　　　　C. 不能减少

---

① 王荣生：《根据学生学情选择教学内容》，载《语文学习》，2009(12)。

② 参见蒯威：《"少教多学"，让文本"教学价值"绽放》，载《教学月刊》(小学版)，2015(11)。

调查结果如下：

项目	A	B	C
第一题	42	0	4
第二题	1	45	—
第三题	0	6	38

第一题指向学生对小说文体特征的熟悉程度，虽然不是第一次学小说，但绝大多数学生对小说虚构这一基本特征仍然不甚了解。学生以为知道却并非真知道的内容，当然是教学的重要内容。了解这一点的价值在于引导学生探讨小说家为什么要虚构、为什么要这样虚构，从而触摸作家表达的意图。第二题是了解学生对课文内容的把握程度，既然情况不错，教学自然不必大费周章。第三题指向文本的表达特点，虽然大部分学生认为第五自然段的景物描写不可少，但不一定真正明白这样写的妙处。文中细腻传神的环境描写，对突出人物形象、推动人物命运的改变都有重要的作用。而且，这样的环境描写在小学阶段的同类作品中也是独具特色的，是这一篇的特有教学价值。鉴于此，蒯威老师以学定教，确定了本篇课文的教学内容：第一课时，朗读课文，整体把握小说情节，初步感受王冕形象，品读其孝敬母亲的内容；第二课时，重点品读学画内容，感受王冕自强不息的形象，聚焦环境描写，体会环境在文中的作用，揣摩并学习作家描写环境的方法。

同一个年级不同班级的学生学习同一篇课文，会确定不同的学习内容；不同年级的学生学习同一篇课文，又该选择怎样的有针对性的教学内容呢？

为通过教研活动给予教师有效的专业引领，启发、引导一线教师对教材丰富的教学价值作二度开发，对教学内容做个性化的处理，江苏省语文特级教师许红琴发挥作为大市教研员的优势，以《鹬蚌相争》为例，组织小学二、三、六年级的教师开展了非常有意义的同题异构教研活动，重点研讨同样的文本面对不同的学生，该选择怎样适切的教学内容，体现个性化的教学价值。① 《鹬蚌相争》是一则浅近的寓言故事，故

---

① 参见许红琴：《以"学"为基点 开掘"本"的价值——不同年级同题异构引发的思考》，载《中小学教师培训》，2016(2)。

事篇幅短小，内容通俗易懂，但故事结构完整，既交代了故事发生的场景、原因，又生动描述了"鹬蚌相争"的对话与相斗的结果，"鹬蚌相争，渔翁得利"的深刻寓意蕴含于有趣的故事中。苏教版小学语文教材将《鹬蚌相争》编排在三年级下册《寓言二则》中。此文"下放"到二年级下学期、"上浮"到六年级，该如何选择教学内容、确定教学价值呢？不同年级的几位教师同中求异，异中求同，认真推敲，反复实践，深刻认识到"适切的才是最好的"，在把握了教材"有什么"的基础上，必须思考"为谁教"，这样才能确定当下的课堂适合"教什么""学什么"。例如，同为"故事力"培养，二年级应定位在"读好故事"，三年级应致力于"讲好故事"，六年级则要求还原到历史背景中机智巧妙地讲述故事。以学为基点，追求的是适切的、个性化的教学，为此，教师心中要有"人"——学生，要寻找到略高于学生又贴近学生现有水平的"最近发展区"，在这样的教学内容前驻足、咀嚼、思辨、对话，学习才有挑战性、新鲜感，学生的阅读能力、理解能力、言语智慧、思维品质等才会真有提高。

从这样的出发点选择教学内容，我们就不会把引导学生体会、学习布局谋篇的艺术这一教学重点、难点，简化为总分结构、起因、经过、高潮、结局等老调重弹的模式化的东西，而会针对学情、文本，细化为个性化的教学内容，切实帮助学生提高篇感：其一，故事不等于课文。有课文小于事情的，课文结束了，故事没有完结，如《穷人》；也有课文大于事情的，如《山谷中的谜底》，故事早就结束了，文章还在往下写。其二，悬念。其三，对比。《林冲棒打洪教头》中林冲与洪教头的对比；《夹竹桃》中夹竹桃与其他花的对比。其四，间隔性的段落匀称。例如，《烟台的海》中第二与第四、第三与第五自然段。其五，相似句。《云雀的心愿》主要段落的起始句。其六，类比。《读书莫放"拦路虎"》把读书遇到的障碍比作拦路虎。其七，曲折感。《半截蜡烛》《彭德怀和他的大黑骡子》一波三折。其八，侧面描写。《黄河的主人》表面看写艄公的话很少，细一琢磨，都为写艄公。其九，点面结合，如《大江保卫战》。点面结合，又可以细化出"点＋面""面＋点＋面""点＋面＋点"等多种。另外，呼应，如《推敲》；倒叙，如《钱学森》；明线暗线，如《游金华的双龙洞》……①

---

① 参见管建刚：《寻找阅读的专业属性》，载《人民教育》，2014(9)。

(二)依据教学板块确定个性化的教学内容

《语文课程标准(2011年版)》按"识字与写字""阅读""写作"(第一学段叫"写话",第二学段、第三学段叫"习作",第四学段叫"写作")及"口语交际""综合性学习"这五个板块来设计语文课程的目标与内容。这五大板块各有各的目标,各有各的任务,当然也各有各的内容。例如,目前语文教学研究界关注的"言语形式",在阅读和写作教学中就应该有不同的归属,"掌握言语形式在阅读教学中是获取文本信息的手段而不是学习的目的。在写作教学中则相反,掌握形式是主要的,而熟悉内容是次要的。其在读、写教学中的要求、方法也不同"①。虽然在强调核心素养培养的大背景下体现出对综合化的追求,注重各板块之间的融合性,以促进协调发展、整体发展、全面发展,但各自的疆界和个性还是非常清楚的。依据教学板块确定个性化的教学内容,后面分论部分的五章会详细阐述,此处不重复。

(三)依据选文类型确定个性化的教学内容

根据对中外语文教材的比较和研究,王荣生教授把语文教材里的选文,分为定篇、例文、样本、用件。② "定篇"是语文课程规定的内容要素之一,指语文教学大纲或课程标准中规定的篇目。③ 所谓"例文",是指说明语文教学(课程)"共同的法则"和"共通的样式"的"例子"。"样本"说,在我国是由叶圣陶先生提出的:"教材的性质同于样品,熟悉了样品,也就可以理解同类的货色。"④将选文的第四种类型命名为"用件",王荣生教授是想表达这样一层意思:定篇、例文、样本,选文都是学生在语文科里的"学件"——在"定篇"中,学习经典的丰厚蕴涵;在"例文"中,学习其生动显现的关于诗文和诗文读写的知识;在"样本"中,学习其阅读过程中形成的读写"方法"。就"文"来说,或者将其看成是内容与形式的紧密结合体,或者更多关心其"形式"的方面。而"用件",关心的主要是其"内容"方面,也就是课文"说了什么",对于"怎么说",则只关

---

① 张心科:《论言语形式在阅读与写作教学中的归属》,载《课程·教材·教法》,2016(8)。

② 参见王荣生:《语文科课程论基础》,261~324页,上海,上海教育出版社,2005。

③ 参见王荣生:《语文课程与教学内容》,27页,北京,教育科学出版社,2015。

④ 叶圣陶:《叶圣陶集》第13卷,104页,南京,江苏教育出版社,1992。

心其说得对不对。学生用它其实不是去学"文",而主要是"用"文里的东西去从事一些与选文或多或少相关的语文学习活动。也就是说,"用件"的主要功能是"触发",教学中的主要作用是提供信息、引起问题、引发活动,一旦完成了触发任务,选文就可以被弃之一边。

近来,王荣生教授又鉴别出第五种类型——"引子"。"引子"是引出与选文相关的其他文本或作品的课文。"把课文当'引子'教特指'由节选引向长篇作品','由选篇引向整本书阅读'。"①节选的长篇作品,其基本的教学指向应该是立足这一节选,引导学生更好地阅读长篇作品或整本书。作为"引子"的这一篇选文,是通向长篇作品或整本书的桥梁,它的主要功能是兴趣激发与方法指导,要让学生通过选文充分体会其个性魅力,激发阅读长篇或整本书的兴趣,同时掌握阅读长篇或整本书的方法。

选文类型不同,其教学功能不同,教学内容当然不一样。对此,王荣生教授有非常清楚的界定和阐述,读者自可去细致研读王荣生教授的专著,我这里只是借用他的成果说明问题。

(四)依据文本体式确定个性化的教学内容

"依据文本体式确定教学内容"是王荣生教授提出的研究和解决语文教学内容确定性问题(更准确地说,是指阅读教学内容确定性)的一种基本理论。文本体式,即文本文体的特定样式,包括体变、体性、体貌等要素。②"体变"中的"体"指的是体裁,即文本的类别,也就是我们平常所说的文类。"每一文类都拥有其特殊标志,被赋予了某种足以使其相对独立的性质;这些标志试图指示出某一种文类独一无二的身份,以便让它的家族成员共享一种相似性"。③文章的体裁虽有常规,但写法却没有定规,它是开放的、变化的,所以某一种体裁中的文本既有文类的共同特征即"体常",也有变化的因素即"体变"。鉴于此,解读文本、确定教学内容,不能只着眼体裁的共同特征"体常",这会遮蔽文本个性的特点,还必须注意"体变"。"体性"指的是作者的个性,不同的作者用同

---

① 王荣生,宋冬生:《中小学和幼儿园教师资格尝试学习参考书系列:语文学科知识与教学能力》(初中版),160页,北京,高等教育出版社,2011。

② 参见魏本亚:《中学语文教学设计》,158～161页,北京,高等教育出版社,2016。

③ 南帆:《文学理论[新读本]》,55页,杭州,浙江文艺出版社,2002。

一体裁，但他们会在这种体裁中投射出自己独特的精神气质、思维方式，等等。同一体裁，甚至同一题材，在不同作家的作品中，体式也各呈异彩。对此，魏本亚教授在教师教育国家级精品课程资源共享课《中学语文教学设计》举出了一个很典型的例证，朱自清、俞平伯的同题散文《桨声灯影里的秦淮河》，两人同游秦淮河，现实中一样的歌吹泛舟，一样的灯光月影，但笔下的世界却呈现不同的风貌。

用这一理论来指导教学内容的选择，会有很多新的发现。仅以说明文的构段方式这一小小的视角考察，就变化多端、个性十足。

对《故宫博物院》一文几种不同构段方式的解析如下。①

【例段一】

太和殿俗称金銮殿，高28米，面积2380多平方米，是故宫最大的殿堂。｜在湛蓝的天空下，那金黄色的琉璃瓦重檐屋顶，显得格外辉煌。殿檐斗拱、额枋、梁柱，装饰着青蓝点金和贴金彩画。正面是12根红色大圆柱，金琐窗，朱漆门，同台基相互衬映，色彩鲜明，雄伟壮丽。

通过段中我们加的一条短竖线可以看出，此段分为两个层次，先略作说明，再详细描述。说明平实，一句话就将事物的特点概括得清清楚楚，描述则是生动的。此为"概说＋阐释式描述说明"的结构。

【例段二】

太和殿是举行重大典礼的地方。皇帝即位、生日、婚礼和元旦等都在这里受朝贺。｜每逢大典，殿外的白石台基上下跪满文武百官，中间御道两边排列着仪仗，皇帝端坐在宝座上。大殿廊下，鸣钟击磬，乐声悠扬。台基上的香炉和铜龟、铜鹤里点起檀香或松柏枝，烟雾缭绕。

此段也分两层。第一层点出说明对象的功用、特点，"是举行重大典礼的地方"，用简洁的语言进行说明；接着是举例描述，说明大典盛况。此为"概说＋举例式描述说明"的结构。

【例段三】

后三宫往北就是御花园。御花园面积不很大，有大小建筑20多座，但毫无拥挤和重复的感觉。｜这里的建筑布局，环境气氛，和前几部分迥然不同。亭台楼阁、池馆水榭，掩映在青松翠柏之中；假山怪石、花

---

① 参见余映潮：《说明文的教学研究奥妙无穷》，载《语文教学通讯》（小学版），2016(9)。

坛盆景、藤萝翠竹,点缀其间。来到这里,仿佛进入苏州园林。

第一层简单说明御花园的面积、建筑,第二层将它与苏州园林进行比较。此为"说明＋比较式描述"的结构。

【例段四】

从御花园出顺贞门,就到紫禁城的北门——神武门,对面就是景山。景山是明代修建紫禁城的时候,用护城河中挖出的泥土堆起来的,现在成了风景优美的景山公园。│站在景山的高处望故宫,重重殿宇,层层楼阁,道道宫墙,错综相连,而井然有序。这样宏伟的建筑群,这样和谐统一的布局,不能不令人惊叹。

第一层次是说明、介绍,第二层次是观感。观感表现了故宫的惊人之美,又丰富了说明的结构。此为"说明＋观感式描述"的结构。

由上面的分析可以看出,文本的类别本就丰富多彩,各具个性;每一种文本又常中有变,千变万化。这就要求我们应该深入钻研,依据文本体式精心选择个性化教学内容。

(五)依据教师个体的言语经验确定个性化的教学内容

教学内容是与课程内容、教材内容区别而言的。"从语文教学内容与语文教材内容的关系来看,语文教学内容是语文教师处理教材的结果。"①它是教师依据学情,从课文中寻找、发现、确定的本课言语学习的内容。

说到这一点,就不能不触及当下教学界与研究界态度明显不一的"同课异构"。在教学界,同课异构轰轰烈烈,它已经成为中小学校本教研的重要方式之一,语文教师通过同课异构活动交流教学经验、发现教学问题、共商教改策略。但研究界对此却是忧心忡忡,贬多于褒。专家的焦虑和担忧差不多集中在一点——语文教学本来就充塞着不少乱七八糟的内容,同课异构会使语文教学内容的不确定性这一问题更加突出。上海师范大学王荣生教授在《语文教学内容重构》一书的序言《语文教学的内容与目标的完成》中说:"任何听过由不同的语文教师教授同一篇'课文'的语文课的人,都会震惊:这些课实际是个体教师凭自己的语文个人知识(亚里士多德称为'臆断')在从事教学;学生在学的,完全是不同的语文教师随意择取或任意制造的不同的东西,这些东西有些甚至叫不出应该是什么名称。"云南师范大学张承明教授在向2015年"海内外母

---

① 李山林:《语文教学内容辨正》,载《语文建设》,2006(2)。

语教育高峰论坛"提交的论文《基于 PCK 的语文学科"同课异构"实践反思》中，也表达了相似的观点。对此，我们应该辩证分析、对待。首先，同课异构活动对教师学习共同体的建构、对教师教学个性风格的形成、对教师的专业发展是有促进作用的，不能简单否定。其次，教学内容的随意确实是语文教学最主要的问题之一，的确应该花大力气解决，但这个问题不是或不必然是由同课异构活动引起的。这里，笔者的用意不在讨论需不需要同课异构，而是借同课异构讨论被它凸显的问题——同一篇课文的教学内容是否必须是确定的、唯一的？不同的教师面对同一篇课文能不能选择不同的教学内容？因为恰恰是在 2016 年下半年"千课万人"小学语文"发展课堂"的研讨现场，恰恰是一次同课异构活动，引发了我们对这一问题的新思考。

三位在全国有影响的青年名师李伟忠、张学伟、鱼利明，同教《地震中的父与子》一课，呈现出教学共识与教学个性的美妙协奏。《地震中的父与子》是一篇微型小说，三位教师不约而同地关注小说文体、聚焦人物语言、感受人物形象，不约而同地对人物对话中"无论发生什么，我总会和你在一起"进行重锤敲打，但切入点、用力点却明显不同。李伟忠老师围绕两个主问题"这是一位怎样的父亲"和"这是一位怎样的儿子"阅读感悟，感受形象；张学伟通过多种形式的对话朗读，思考故事，感知人物；鱼利明老师更关注语言的运用，关注课文的写法。即便三人都重点研读的第十二自然段"他挖了 8 小时，12 小时，24 小时，36 小时……"，三位老师的教学内容也完全不一样。李伟忠老师用它教语言叠加表达的妙处，张学伟老师用它教朗读中的停顿，鱼利明老师用它教标点符号的用法。三节课都非常精彩，学生的收获也都非常大。成功的教学实践昭示我们，同一篇课文的教学内容不是唯一的，它可以依据教师个人的言语经验确定。对此，山东师范大学林志芳博士在"千课万人"活动的书面评课时有很专业的阐述："语文教学的过程就是教师言语经验之于学生传递、影响、启迪与引领的过程。这一过程当然与文本解读密切相关，但是相对于研读文本的各种方法与角度而言，此处更重要的是教师的言语敏感、直觉以及经验。"她进一步指出，"阅读教学水平的高低首先体现在语言学习与训练内容点的发现与选择上。新手教师的教学内容往往是粗线条的，教学力气往往花费在文章结构、写作手法等大的方面，教学点的确定主要来自教参的提示或借鉴其他优秀教师的经验。在一定意义上，一位语文老师阅读教学成熟的标志，就是拥有了独立发现与选择合宜教学内容的能力。"目前，我们的语文教材都是文选型，由于教材编写的粗疏，教学内容往往不甚明了，依据言语经验选择个性化教学内容的能力，对教师来说是非常重要的；即使将来真的做到了课程内容教材化、教材内容教学化，语文教材编得非常科学了，如何将教学内容教到实处，教师个人的言语经验也依然是非常重要的，其个性化运作的空间也依然是非常大的。

（六）依据实际情况对国家课程进行人本化处理以确定个性化的教学内容

国家课程标准以及据此编纂的语文教科书，规定或建议了语文课程的内容，但这只能是一种宏观的、方向性的规定或建议，它应当富有弹性，留有空间。正如多尔所说："一般的指导思想无论来自何处——课本、课程指导、州教育部、专业组织或过去的传统——都需要具有如下特点：一般性、宽泛性、非确定性。"[①]这就为师生依据实际情况对国家课程内容的改造、增删和重构等人本化处理提供了空间。

"人本化"的教学强调以人为本，强调从学生的实际出发，从教师的实际出发，以尊重学生、教师的人格为基点，以培养良好的个性、促进潜能的发展为旨归。人本主义的教学观认为，教材是重要的课程资源，但不是唯一的课程资源；教材是有用的，但不是万能的、固化的。教师既是课程资源的利用者，也是课程资源的开发者，不能神化教材，必须对教材进行二度开发，进行个性化、人本化处理，使教学内容顾及学者、教者的个性特长，符合学生的兴趣要求，贴近学生的生活经验，适应本地区、本学校、本班级的特点。教学内容的人本化处理，包括对教材的遴选、调整、改编、整合、补充、拓展等。

1. 整合

个性化教学强调学生学习的自主性、选择性和研究性，这就需要可供自主选择和能够探究的学习内容作支撑。为此，应该允许教师根据学生的认知规律和本班学生的实际水平，适当调整教材内容的先后顺序，或与其他学科整合，提高教学资源的利用效度，扩大个性化教学的空间。致力于大成教育研究的语文特级教师朱爱华，就此进行了深入的、富有成效的探索，总结出几种整合的路径：一是不同版本教材内容的整

---

① ［美］小威廉姆·E. 多尔：《后现代课程观》，231～232 页，王红宇，译，北京，教育科学出版社，2000。

合。春天学完苏教版第一单元的课文《走，我们去植树》《第一朵杏花》《燕子》《古诗二首》，与北师大版相关的课文《三月桃花水》《春潮》整合，展开比较阅读和写作方法指导。二是不同文体教材内容的整合。将几千年前的选自《诗经》的诗歌《蓼莪》，与节选自当代作家梁晓声小说《母亲》中的《慈母情深》，还有时文《地震中的母亲》，组合成以"母亲"为主题的教学内容。三是不同层面内容的整合。学习《猴子种果树》，课前交流故事《小猴子下山》，课上比较两个故事的异同，课后拓展仿写《小猴子学本领》，由一个故事引出另一个故事，再创造出一个故事，三个故事分别属于阅读、写作或认知、实践等不同层面。四是不同学科内容的整合。例如，关于国旗的内容，语文课本中有《升国旗》，音乐课本中有《国旗国旗真美丽》，美术课本里有《画国旗》，教学完全可以打破学科之间的鸿沟，以语文教学为龙头进行整合。①

2. 本土化改造

教材中涉及的具体事例、情景，如果远离本地学生的生活，可以对其进行本土化改造，找准教材内容与学生生活实际的"连接点"，使教学内容更贴近学生的生活，调动学生学习的兴趣与参与的积极性。《春到梅花山》描写了南京梅花山的美丽景色，一年级的学生绝大部分未曾到过梅花山。但无锡有梅园，苏州有香雪海，无锡、苏州的老师就可以预先布置学生去赏梅，课始安排学生汇报。如此对教学内容进行本地化改造，不仅可以消除陌生感，而且贴近学生的生活，沟通了书本知识与现实生活的联系，使学生真切感受到语文就在身边，从而强化在生活中学语文的意识。

四、方法运用灵活化

"教学方法是指向特定课程与教学目标、受特定课程内容所制约、为师生所共同遵循的教与学的操作规范和步骤"②；是"教师和学生为了

---

① 参见朱爱华：《大语文：主题整合下的微课程》，8～13页，南京，江苏人民出版社，2015。
② 张华：《课程与教学论》，210～211页，上海，上海教育出版社，2000。

完成一定的教学任务而在教学过程中采用的方式和手段的总称"①。

教学方法是一个泛指的概念，既有普适性的教学方法，如讲授法、谈话法、练习法、实验法、研究法；也有只适用于某一学科的教学方法。语文教学常用的方法有以读促悟法、涵泳品味法、圈画批注法、对比参读法、读写结合法、静思默想法、质疑问难法、对话研讨法、活动体验法、戏剧表演法、多媒体辅助法，等等。

每一种教学方法都有其优势，也有其局限，只适用于一定的范围和场合，没有"包打天下""医治百病"的教学方法。因此，我们应该依据特定的教学对象、特定的教学内容、特定的教学目标、特定的教学情境，灵活自由地选择个性化的教学方法。离开具体的教学，无法讨论方法运用的灵活化。所以，下面结合具体课例和内容进行阐述。

先看浙江省王自文老师在全国第五届青年教师教学观摩活动中执教《古诗两首》的过程。②

（一）整体诵读，把握诗境

1. 自由读两首古诗，要求读正确，读通顺。读后借助课文注释，试着说说两首诗的大概意思。（板书诗题）

2. 指名朗读古诗，一人读一首，听听是否读得既正确又通顺。

3. 全班齐读两首古诗，边读边想：这两首古诗有哪些相同的地方？读后交流：

（1）作者都是南宋的诗人。学生说对南宋的了解，教师补充有关南宋王朝的史料。

（2）都有景物描写。设疑：写景只为写景吗？对此我们需要认真体会。

（3）都写到了人。追问：此处的"游人"指哪些人？（南宋权贵）此处的"遗民"又指哪些人？（北宋遗民）"遗民"的"遗"在这里当什么讲？（遗留）

（二）分步解读，品悟诗情

第一步：学习《秋夜将晓出篱门迎凉有感》。

1. 过渡：一边是南宋的权贵，一边是北宋的遗民。当把他们如此鲜明地摆在一起的时候，我们会有何种感受，又有何种感想呢？

2. 指名朗读《秋夜将晓出篱门迎凉有感》，读后说说题目的意思。

---

① 王本陆：《课程与教学论》，215 页，北京，高等教育出版社，2004。

② 参见王自文：《〈古诗两首〉教学设计》，载《小学语文教学》，2005(1)。

3. 指名说说诗的大意，疏通诗意后追问：

(1)这里的"胡尘"，写出的难道仅仅是金兵战马所扬起的尘土吗？

(2)听音乐展开想象：在金兵战马啾啾的嘶鸣声中，在金兵战马嗒嗒的践踏声中，你仿佛看到了一幕幕怎样的场景？(学生想象后说)

(3)哀声遍野，生灵涂炭。老人在流泪，小孩在流泪，妇女在流泪，北宋的遗民在流泪啊！(板书：泪)这滴滴流淌的是怎样的泪啊？(痛失亲人的泪、家破人亡的泪、流离失所的泪、充满仇恨的泪、苦苦期盼的泪……)

(4)金兵横行，遗民泪尽，国破家亡，生灵涂炭，这是何等凄凉、何等悲惨的生活呀！当你面对这一切的时候，你的心情怎样？

(5)国家破碎，山河依旧。不同的是，奔腾咆哮的黄河已经成了金兵的饮马之槽，巍峨高耸的华山已经成了金兵的牧马之地。黄河向大海悲泣，华山向苍天哭诉。引导学生反复诵读古诗，读出凄凉，读出悲愤。

4. 参读陆游的《示儿》，深化感悟。

(1)"南望王师又一年"，你知道，这"又一年"是多少年吗？诗人陆游写这首诗的时候，中原已经沦陷整整 65 年了。同学们，65 年啊，780 个月啊！

1 年过去了——引读"遗民泪尽胡尘里，南望王师又一年。"

10 年过去了——引读"遗民泪尽胡尘里，南望王师又一年。"

65 年过去了——引读"遗民泪尽胡尘里，南望王师又一年。"

(2)又一个 10 年过去了，遗民们苦苦盼望的南宋王师来了没有呢？补充陆游《示儿》，齐读。他们盼到南宋王师没有？你是从哪儿体会到的？(但悲不见九州同)此时此刻，你还体会到了什么？

(3)古诗读到这里，你觉得"遗民"的"遗"仅仅是"遗留"的意思吗？(遗忘、遗弃)

第二步：学习《题临安邸》。

1. 过渡：那些令人心凉的南宋王师干什么去了？(男生齐读《题临安邸》)

那些令人心凉的南宋权贵干什么去了？(女生齐读《题临安邸》)

那个令人心凉的南宋皇帝干什么去了？(全班齐读《题临安邸》)

2. 讨论：王师、权贵、皇帝，他们干什么去了？你是从哪儿读出来的？在对话交流中相机进行以下引导和点拨：

(1)"暖风熏得游人醉",这是一种怎样的醉态呢?读着这个"醉"字,你的眼前仿佛出现了怎样的画面?(学生想象说话,教师相机点拨:这是烂醉如泥的"醉",这是纸醉金迷的"醉",这是醉生梦死的"醉"。那一杯杯琼浆玉液,灌入一个个酒囊饭袋之中,倾倒在一具具行尸走肉的体内。教师引导学生有感情地诵读古诗的后两句。)

(2)在这帮酒囊饭袋的眼中,杭州还是杭州吗?(课件出示《清明上河图》,教师解说:汴州又称汴梁、汴京,是北宋的都城。据史书记载,汴州当时的人口超过百万,是当时世界上最发达、最繁荣的城市。北宋画家张择端的这幅《清明上河图》,生动地再现了一个王朝的兴盛和一座都城的繁华。大家看——街道纵横,店铺林立,人来车往,川流不息,好一派繁荣昌盛、国泰民安的气象啊!但是,这一切的一切,从城门被金兵攻破的那一刻起,从两个皇帝沦为阶下囚的那一刻起,就不复存在了。山河破碎,城市萧条,金兵肆虐,遗民泪尽,锦绣河山就这样无情地断送在这批酒囊饭袋的手中。是啊,无论是汴州还是杭州,那些权贵们还不都是朝朝寻欢、夜夜作乐吗?他们已经断送了一个繁华如织的汴州,难道就不会再断送一个锦绣如画的杭州吗?)

(3)想到这些,我们怎能不焦急?我们和诗人一起问问他们——指名朗读:"西湖歌舞几时休?"

想到这些,我们怎能不担忧?我们和诗人一起问问他们——指名朗读:"西湖歌舞几时休?"

想到这些,我们又怎能不愤慨?我们和诗人一起,指着鼻子问问他们——指名朗读:"西湖歌舞几时休?"

(三)整体参读,体察诗蕴

1. 当这两首诗同时摆在你的面前,当"权贵寻欢"和"遗民泪尽"两幅截然不同的画面同时出现在你的眼前,你有何感受?又做何感想?(自由畅谈)

2. 交替互读两首古诗。

(1)北方的壮丽河山沦陷了,西湖边还是一派歌舞升平、纸醉金迷——齐读《题临安邸》。在"西湖歌舞几时休"的质问声中,在"直把杭州作汴州"的痛恨声中,你感受到了诗人那一颗怎样的心?

(2)杭州的权贵们在歌与酒的沉醉中昏昏度日,中原的百姓们却在金兵的铁蹄下苦苦期盼,度日如年——齐读《秋夜将晓出篱门迎凉有感》。迎凉有感的背后,是诗人一颗怎样的心在跳动?

（3）这是两首场景不同、人物不同、情绪不同的古诗。但现在，我们却再次发现了它们的相同之处，（板书：忧国忧民）那颗忧国忧民的心是完全相同的。

3. 面对醉生梦死的南宋权贵，面对水深火热的北宋遗民，面对忧国忧民的爱国诗人，你想对谁说些什么呢？（自由选择，自由练笔。畅谈体会，随机点评。）

4. 沉沦的是无道昏君，堕落的是无耻佞臣。（课件播放 MTV《满江红》）随着悲壮的歌曲响起，教师动情言说：面对破碎的河山，面对苦盼的人民，抗金名将岳飞喊出了"精忠报国，还我河山"的豪言壮语。他的抗金事迹连同他的千古绝唱《满江红》，如同黑夜中一道犀利的闪电，划破长空，光照千秋。

针对古诗的特点和第三学段学生的学情，王自文老师巧妙灵活地运用了借助注释自学法、师生合作探究法、不同文本对比参读法、课外资源拓展法、情境教学法、想象体验法、引读感染法、读写结合法，等等，以诗人"忧国忧民"的情怀为主题，大胆整合相关资源，综合运用多种策略，知人论诗，整体观照，异中求同，铺垫史实，融情想象，含情解说，激情诵读，感同身受，悟遗民之"泪"，解权贵之"醉"，然后整体参读，异中求同，整体升华，引领学生由"意思"到"意味"再到"意蕴"，一路层层推进，不断深入，将知识与能力、过程与方法、情感态度与价值观这三个维度整合在一起，达到了水乳交融、浑然一体的境界。

诗歌的教学，应用与诗歌个性匹配的方法；戏剧的教学，当然应该选用适合戏剧特点的个性化手段。

笔者二十多年前教学《雷雨》注意了这一点。①

一是演《雷雨》。

演出前两周，我布置学生利用活动课准备，并对"导演""演员"提出两点要求：认真阅读剧本，在较深入理解有关内容的基础上写出人物分析，得到老师肯定后方可排演；表演力求把握住人物性格，符合剧情，为课堂教学服务。

由于赋予了学生实践的权利和机会，因此他们自觉探索的主动性大大增强，其智慧潜能得到充分的发挥。参加排练的学生不仅通读了全剧，而且找来评论文章，认真研究，每个人都写出了上千字的角色分

---

① 胡海舟：《我这样教〈雷雨〉》，载《中学语文教学》，1997(1)。

析。没有分到角色的学生也常凑在一起讨论，不仅读老舍、曹禺的剧作，甚至找来了易卜生的《群鬼》。为准确表现出人物的内心世界和戏剧的矛盾冲突，他们细心揣摩，请教老师，认真准备，反复排练，每个细节都不肯放过。他们将旧尼龙衫的袖子拆掉，加上布扣，便成了鲁大海的背心；他们把宿舍的窗帘卸下来挂在教室门上，便算隔开了客厅与书房；坐椅子的不同姿势直至手帕、扇子的使用，都力求让观众看出周朴园内心世界的微妙变化；尽管有的演仆人的学生连一句台词也没有，但他们神情举止都尽量做到符合剧情需要。

二是议《雷雨》。

精彩的演出、充分的预习为课堂教学的深入进行奠定了基础，创造了气氛。学生提出 30 多个有思考价值的问题，经过讨论，他们自己解决了大部分问题，对《雷雨》矛盾冲突的形式、性质等的认识是深刻的，但对人物对话的作用理解还较肤浅。于是，我抓住这一教学难点，引导他们了解对话在戏剧塑造人物形象方面起的作用，将讨论、学习引向深入。

在分析周朴园这个人物时，有同学提出这样的问题：周朴园保留"纪念"鲁侍萍的旧物、在开头表露出的对侍萍的怀念是否全属做作？我启发他们利用课外阅读获得的知识从这样的角度分析：他是如何对待过去的侍萍的？如何对待"死去"的侍萍的？又是怎样对待眼前的侍萍的？同学们打开了思路，发言颇有见地。孙月明同学说：周朴园对侍萍的怀念不能说都是故意装出来的，有意识做给别人看的，这样就把一个人复杂的心理面貌简单化了。有的同学说：当年周朴园对侍萍确实动过真情，因为侍萍很美也很善良。现在周朴园已走向老年，后来的两个女人又都不中意。因此，对侍萍的怀念便成了他自欺欺人、经常咀嚼的一种情感。这既可填补他空虚的灵魂，又可显示他的多情，荒唐于前，却能补过于后。更主要的是侍萍死了，对他再也没有妨害了。在不损害其利益的前提下可以有人的感情，一旦这感情影响到自身利益时马上抛弃，这是对周朴园丑恶本性更深层的揭露。戴鸿宾同学说：其实，周朴园貌似矛盾的行为是可以理解的。傅立叶说过："侮辱女性既是文明的本质特征，也是野蛮的本质特征，区别只在于：野蛮以简单的形式所犯下的罪行，文明却赋之以复杂的、暧昧的、两面性的伪善的存在形式。"周朴园正是这样一个活生生的"伪善的存在"。通过反复讨论分析，同学们对周朴园的性格有了较全面深入的了解，对剧中人物对话的作用也有了实实在在的认识。

三是仿《雷雨》。

课上完了，同学们却还沉浸在新鲜感、满足感带来的乐趣之中，欲罢不能。我利用他们跃跃欲试的心理，趁热打铁，布置写话剧片断或改编课本剧，要求把课堂上学到的知识运用到创作中去，做到情节完整，冲突紧凑集中，通过对话刻画人物性格。从学生的习作看，这一单元知识要点的掌握是扎实而灵活的，学生的视野也较开阔，认识生活有一定的深度。小品《黑衣老人和白衣天使》通过几个年轻过客在困难面前的不同表现，反映了作者对青年应选择什么样的人生之路的哲学思考。童话剧《有个孩子叫"明天"》，批评"明天"小朋友做事拖拉，不求上进。作者别出心裁，让"作业本""脏手帕"等与小主人公对话。此外，还有不少同学改编了课本剧，如《项链》《祥林嫂》《促织》等。我鼓励他们争取机会排练演出，以丰富语文学习手段，丰富学校生活。

五、组织形式多样化

班级授课这种组织形式是在文艺复兴之后教育开始走向大众化的历史背景下确立起来的，目前，班级授课依然是占据主导地位的教学组织形式。这种教学组织形式之所以经久不衰，是因为它把年龄相仿的学生组织在一起，让教师同时教很多学生；是因为教学按规定的课时来完成，可以有条不紊地进行，有利于教学目标的达成。很大程度上，它是为满足现代工业文明提高效率的需求而产生的，容易走向"效率驱动，控制本位"的极端，容易导致"一刀切""同质化"，不利于照顾学生的个别差异，不利于学生自主性和创造性的发挥，不利于个性的发展。

"任何教学组织形式都有其优势与不足，选择怎样的教学组织形式要看教学基于什么样的教育目的、教授什么样的内容、教学的对象是谁。某种教学组织形式也可以根据特定的教育价值观和实践的需要进行一定的变化。"[①]按照我们的国情，班级授课仍是目前乃至今后相当长的时间内我国中小学教学必须面对的客观存在，我们不可能超越时代、超越社会与经济发展的条件，也不应该怨天尤人，而要认真研究它。班级授课之所以具有强大的生命力，除了它适应机器大生产时期的要求外，

---

① 张华：《课程与教学论》，318 页，上海，上海教育出版社，2000。

它本身具有弹性，并非一成不变，也是重要的原因。因此，我们要充分利用这一点，在班级授课条件下，大胆改造、积极丰富教学组织形式，为个性化教学赢得必要的空间。

宏观层面的教学组织是指师生进行教学活动的比较稳定的外部组织形式，可分为班级授课制组织和个别化教学组织两种形式；微观层面的教学组织指具体教学过程的组织，可分为"同步学习""分组学习""个别学习"①三种形式。要实施以尊重学生个性差异为取向的个性化教学，我们就必须在班级授课制的基础上，强化个别学习，优化分组学习，深化同步学习，同时大力推行走班制，尝试导师制，积极探索小班化教学，让多种教学组织形式有机结合、优势互补，既提高教学效率，又促进学生个性的发展。

（一）强化个别学习

所谓"个别学习"指每个学生自己独立进行的学习，即根据自身的认知特点、学习基础、学习能力和学习习惯，运用自己喜欢和擅长的学习方法，就选择的学习任务，自主学习。过去的教学，一味强调速度、效益，因而以教为主，以集体灌输为主，无视差异，忽视个性，很少甚至不给学生个别学习的时间、机会，这是非常不科学、不人文的。个性化教学重视、强调学生的个别学习，认为"当共同探讨的问题需要引出多样化的、个性化的、异质的思考时，当需要将集体思考和探讨所得的成果内化为每个学生的财富时，当每个学生通过自己的练习掌握能力、提高技能时，当个别学生出现与多数学生学习速度不一致时，都需要用个别学习的方式，使学生在一定时间内能潜心钻研，独立思考，将所学的知识统一、同化于自身的知识系统中，或者以自己的速度，用适用于自己的方法真正掌握技能"②。

为保证学生个别学习的正常开展、有效进行，教师除了要摸清学生语文学习的起点，了解学生语文学习的类型，提出可供学生自主选择的个性化的学习任务，要给予学生必要的时间、提供多样化的学习资源，进行有针对性的个别指导外，在班级授课制条件下，还要注意以下

---

① ［日］佐藤正夫：《教学原理》，385页，钟启泉，译，北京，教育科学出版社，2001。

② 熊梅，王艳玲，等：《个性化教学设计与实施策略》，载《课程·教材·教法》，2011(8)。

两点。

一是教学预案要以人为本，力求弹性设计。编写教学预案的目的在于帮助学生学习，为学生的个性化学习服务，而同一班级不同学生的学习兴趣、学习基础、学习能力、学习习惯等并不完全相同。我们预设的方案就不能千人一案、一个模式，不能总是步调一致，统一操作，统一行动，而应以人为本，因人施教，努力为不同的学生，最起码是不同群体的学生设计出几套符合他们需要的、切实可行的"学案"。教学目标有弹性，顾及学生之间的差异，上不封顶，下要保底；学习计划、学习方式、学习进度等有弹性，努力增加学生的个别学习、自主探究，尽量贴近每一位学生的实际，实现每一位学生的有效学习；教学预案要注意框架结构，留足空间。北京教育科学研究院文喆先生在《关于教学设计的若干思考》一文中指出："教师不是工程师（他要按图纸施工），也不是电视导演（他们一般要按分镜头剧本去工作），而是节目策划，是与学生共同创造未来的人，创造是没有蓝图的，策划只抓大方向、大轮廓"①。学习是学生的自主行为，是发生在学生头脑中的事，无论我们如何深入，也不可能完全把握。所以，即便我们是为同一群体的学生设计预案，也不能精细地规定其全部的细节，而只能弹性处理，预设粗线条、框架式的教学方案，以便为学生的主动参与和个性发展留下充裕的时间和广阔的空间，为教学的动态生成创造条件。特级教师孙双金设计的《林冲棒打洪教头》教学预案就大开大阖，留有空白，充满弹性。他没有串讲串问，给学生的学习框定一条僵化的路线，而且紧扣语文学科的特点，聚焦课文重点，非常巧妙地提出"你觉得林冲是个怎样的人""你认为洪教头又是个什么样的人"两个极具开放性的大问题让学生自主探究，七嘴八舌话人物，满怀兴趣读文本、品语言。由于只抓了大方向，划定了大轮廓，学生的个别学习、多元理解、个性对话就有了充足的空间和可能，课堂教学因此而自由、自在，腾挪自如，左右逢源，丝毫没有"牵着学生鼻子走"的弊端。

二是课堂教学要减少统一要求、统一安排、统一行动，以学定教，注意随机应变。布卢姆说，没有预料不到的结果，教学就不能成为艺术。课堂教学活动是一个富于变化的群体活动，教师、学生和文本之间的关系处在不断转换之中。这种不断转换的关系，使课堂教学具有很大的灵

---

① 文喆：《关于教学设计的若干思考》，载《人民教育》，2003(13-14)。

活性和很强的现场性。因此，我们就不能一味地执行教案，完全拘泥于预先设计的固定程序（哪怕这种程序留给学生的空间是很大的），而应用心搜集、筛选教学活动中学生反馈出来的有利于他们进一步学习建构的信息，开放性地纳入直接经验、弹性灵活的成分及始料未及的体验，鼓励学生发表个性化的见解。《第一朵杏花》教学的第二个课时，师生双方共同品读欣赏"春风吹绿了柳梢，吹绿了小草，吹皱了河水，吹鼓了杏树的花苞"一段，很多同学都对"绿、皱、鼓"三个字大加赞赏，一位学生却突然对教材发难："第二个'绿'不仅与前文重复，且明显是从'春风又绿江南岸'中'借'来的，不如用'醒'字好。"话音未落，教室里吵成一片。虽然课堂秩序大乱，但教师却敏感地意识到来自个性发现的"不同的声音"中蕴含极其宝贵的教学资源，于是他果断改变教学进程，变品读欣赏为探究辩论。几分钟后，全班同学逐渐形成统一意见：用"醒"的确比用"绿"好，但句序要变，应改为"春风吹皱了河水，吹醒了小草，吹绿了柳梢，吹鼓了杏树的花苞"。因为春天来了，河水解冻，小草萌生，杨柳吐绿，杏树绽花，用"皱—醒—绿—鼓"不但可以避免重复，写出春天景物的特征，还可以展现时间的推移、变化……由于教师顺应了学情，增加了弹性机制，改变了教学方案，允许学生个性张扬、畅所欲言，学生思维活了，语言活了，因此不仅用更为有效的方式更深入地感悟了语言的精妙，而且还在相互碰撞中迸发出智慧的火花和批判、创造的热情！

（二）优化分组学习

"小组学习作为个性化教学组织形式中的主要形式，在个别学习与集体学习之间起着非常重要的中介载体作用，它是在充分的'因学而导·独立自主'的个别学习基础上，充分彰显'生生交流·共享差异'的过程。"[①]

将个体差异作为宝贵的课程资源加以利用，是个性化教学的重要特点，也是个性化教学实施的方略。面对同样的学习内容，不同个体间的差异决定了学习方法的多样性、研究思路的独特性、资源运用的丰富性、见解答案的多元性，为了促进个性化学习的深入进行，可以充分利用不同个体之间的差异，组织交流分享型的小组学习。例如，阅读课上，在个别学习之后，可以让学生在小组内分享各自的阅读感受和心

① 刘艳平，艾庆华，等：《个性化教学组织形式中的小组学习类型》，载《中国教育学刊》，2014(7)。

得。这些感受和心得可能涉及文本内容、言语特点、谋篇艺术、他人相关评论和其他资源等方方面面，组内交流后，学生不但了解了小组其他成员的想法，吸取了其他成员的智慧，而且开启了自己的思维，拓宽了自己的思路，使自己对课文的个性化理解更加深入。

学生在学习过程中会碰到各种各样的任务，有的可以独立完成，有的难度大、任务重，个人难以完成，在这种情况下，可以组织分工协作型的小组学习。小组构成既可以由相同兴趣的同学有意组成，也可以由成员随机组成。在个性化教学中，分组学习是以组为单位进行的小团体的自主性学习，必须发挥团队智慧。为此，要合理分工，充分考虑每个人的个性特长，要密切协作，发挥每个人的独特优势，并将每个人的优势融合，产生类似化学变化式的反应，提升小团体的能量，圆满完成学习任务。

个性化教学强调对班级中每个学生的关注。在班级授课制条件下，要让具有不同基础、不同能力、学习速度和类型的学生都达到学会、会学的目标。这除了要发挥教师的指导作用外，还可以建立帮助扶持型学习小组，让组内成员诊断该学生的学情、剖析问题、发现障碍、对症下药。

目前，便于学生思考与探究的项目型课程，注重学习共同体的构建，本质上也是一种小组学习。

（三）深化同步学习

语文个性化教学强化个别学习、优化小组学习，并不是要拒绝同步学习、集体学习，而是要在个别学习、小组学习的基础上深化同步学习，让以班级为集体的教学成为提升个性化教学成效的舞台。当个别学习、小组学习的成果需要在更大的范围交流、展示时，当个别学习、小组学习碰到的难题需要通过全班师生的探讨进行解决时，当教师需要对某一教学重点、难点进行讲解时，集体形式的同步学习是不能缺少的，只是在同步学习过程中，教师要特别注意"是否所有学生都在参与教学，此时段同步学习的内容对各层次学生的要求是否过高或过低"①。

---

① ［日］佐藤正夫：《教学原理》，390 页，钟启泉，译，北京，教育科学出版社，2001。

（四）推行走班制

传统的班级授课制实行一个班级一张课表的固定模式，所有的学生按照规定的课程、统一的计划、一样的内容、同样的进度、固化的程式进行学习，课表是上帝，教师是领导，学生只能被动接受，没有选择的余地，缺乏学习自主权，个性化学习空间较窄。

"走班制"是对传统班级授课制的改造和优化，它充分尊重学生的自主选择权，最大程度地促进学生的个性发展，提升学生的自信心和成就感，使学习过程成为学生自主发展的过程。[①] 在走班制中，学生可以选择自己感兴趣、想学的内容，课表由"一班一表"变为"一生一表"，学生到不同的教室、跟不同的老师、伴不同的同学、学不同的内容，其积极性、自主性大大增强。对此，李希贵老师对北京十一学校有很形象的介绍，"我们的学校已经形成了一种面向个体的教育生态。4000 多名学生有 4000 多张课表，他们组合成 1430 个教学班，因材施教的命运从过去教师的手上转到了学生自己的手上。选择之下，孩子们慢慢生长出了责任心和使命感；选择之下，他们发现了自我，唤醒了自我"[②]。

"在学校教育体系下，学生的个性发展最终是通过课程的实施来实现的，课程体系的丰富性、多样性是实现学生个性发展的最终保障。'走班制'的实施通常是与'选课制'同时展开的。"[③]当前，我国语文教学的走班制之所以在高中进行得轰轰烈烈，是因为《普通高中语文课程标准（2017 年版）》规定高中语文课程包括必修课程、选择性必修课程和选修课程三部分，设计了整本书阅读与研讨、当代文化参与、跨媒介阅读与交流、思辨性阅读与表达、中国现当代作家作品研习、中华传统文化经典研习、外国作家作品研习、跨文化专题研讨、学术论著专题研讨等 18 个任务群，学校根据本校的课程资源和学生的需求，有选择地设计模块，让学生选课。

走班制在小学、初中语文教学的常态化程度远远不及高中，但也有一些敢为人先的教师在积极探索，江苏省溧阳市外国语学校的彭峰老师

---

① 参见郭华：《"走班制"：从"班"到"个人"》，载《中国教育报》，2014-05-21。

② 李希贵：《面向个体的教育》，自序，2 页，北京，教育科学出版社，2014。

③ 郭方玲：《"走班制"——让课堂教学唤醒学生的尊严》，载《当代教育科学》，2015(21)。

就是其中的一位。他以《渔父之歌》的教学为例，向我们介绍了语文走班教学的基本策略。一是自主选班。学期之初，向 103 名学生说明，有 A、B、C、D 4 个班可供选择。从 A 班到 D 班，学习难度越来越大，其中 D 班是自学班，课堂上没有教师。最初两周，学生可以去自己觉得合适的班体验。当学生再次选择后，班级就固定下来。以后，每两个月有一次重选机会。二是参与"备课"。班级不同，教学内容也不同。A 班内容为《渔歌子》，B 班为《渔歌子》"西塞山前白鹭飞"和《渔歌子》"寥廓蓝天彩云飞"，C 班为《渔歌子》《和答弟志和渔父歌》《江雪》《题秋江独钓图》，D 班为学生自选的四五首关于渔夫的诗词。预习的要求是提出问题，并将自己和小组成员的问题记录在学习任务单上。比较 A 班提出的"《渔歌子》为什么有那么多关于颜色的词"和 C 班"《题秋江独钓图》为何用了那么多'一'字"两个问题，可以发现难度相差很大。前者要结合诗词所描写的季节和所传达的感情来思考，较易得出结论；后者则需要从诗词表达的意蕴来解读，意蕴与"一"的关系显然比"季节"与情感的关系复杂许多。三是主动探究。提出问题后按独立思考、小组讨论、大组交流的流程学习。

各班交流的问题及部分问题"结论"如下：【A 班】白鹭的纯白、箬笠的草青、蓑衣的碧绿、桃花的粉红，等等，这么多颜色集中在一起，很美，充满春天的气息，也反映出作者惬意的心情。重点研究的问题：第一，天下雨了，词人为什么还说"不须归"？第二，词反映了作者怎样的心情？【B 班】两首《渔歌子》分别反映了词人怎样的心情？两首词有什么相同、不同处？【C 班】《题秋江独钓图》之所以用了那么多"一"字，因为符合事实，船、渔翁等都只有一个；而且用"一"更能表现"独钓一江秋"的得意。重点研究的问题：第一，为何每个渔夫的心情很不相同？第二，为何弟弟说"不须归"，哥哥却说"且须还"？【D 班】《和答弟志和渔父歌》第一句与第二句似乎毫无联系，作者为什么把它们放在一起？你最喜欢哪首诗词中的渔夫？为什么？四是自选作业，落实基础，彰显个性。【A 班】必做：补充习题。选做：改写《渔歌子》；摘录并背诵另一首写渔夫的诗词。【B 班】必做：补充习题。选做：修改自己改写的作品；自学一首写渔夫的诗词。【C 班】必做：补充习题一、习题二。选做：你最喜欢哪个渔夫？写出理由。【D 班】选做：有感情地朗诵自己选择的一首诗词，尝试配乐；仿作一首诗词；阅读海明威《老人与海》，看看这个渔夫具有怎样的特点？从上面的介绍可以看出，彭峰老师在因材施教、分层教学等方面进行了有益的尝试，但也有新的问题产生：两个月一次的重新选班，依据是什么？D班的课堂没有老师，学生完全靠自主学习，这与有教师组织、引导的效果有什么不同？这些，都需要继续探索，深入思考。①

（五）尝试导师制

推行走班制，必须配合实行"导师制"。学生自选导师，导师针对个体学生的实际，指导完成个人学习规划，选择适合的课程，安排合理的学习任务，采用适合自己的学习方式，科学合理地确定自主学习的时间和进度。在自主学习过程中，导师要同步跟进，在重要的时间节点和学习的关键环节，给予有效指导，使学生的个性化学习能够深入展开。对此，以"课程规划和个性化实施"为办学特色的北京中学进行了积极的探索，他们以效率手册为载体，让学生与导师有效对话、深度交流，教师成为学生语文学习过程和成长进程中的陪伴者、服务者、指导者。② 而在李希贵担任校长的北京十一学校，这样的探索则更有力度和实效。实行走班制，使同一个行政班的学生上课去了不同的教室，同一个课堂则汇聚了不同班级甚至不同年级的学生，教师的工作随之发生变化，办公区鲜见教师的身影，教室成了他们的主阵地，他们在教室上课、备课、辅导学生。在这样的形势下，学校"在年级里推行分布式领导方式，将年级的各项工作予以梳理，让适合的教师分别担当不同工作的领导……同时，班主任也被转变为主任导师，和其他几位担任导师的相关老师组成一个教育团队，分别负责学生的人生导航、心理辅导和学业指导"③。

（六）探索小班化教学

"只要站过讲台的人都心知肚明：只有适当的班额，才有可能实现因材施教；只有因材施教，才有可能关注不同个性孩子的不同成长"。④ 教育规律人人都懂，可实际情况如何呢？据新华社报道，"目前部分城

---

① 参见彭峰：《语文走班教学：让教更适应学——以〈渔父之歌〉教学为例》，载《江苏教育研究》（A版），2015（7-8）。

② 参见刘军伟：《为了每位学生全面而自由的成长——北京中学课程规划与个性化实施》，载《教育文摘周报》，2015-05-27。

③ 参见李希贵：《面向个体的教育》，85页，北京，教育科学出版社，2014。

④ 李希贵：《教育，何时才能现代化》，载《人民教育》，2014（13）。

镇中小学大班额现象严重一个班 150 名学生，老师上课用小喇叭。有老师感叹，'因材施教的教育理念很好，但在现实面前却苍白无力。讲台下七八十个小脑袋瓜，真心照顾不过来。课堂上能获得机会和老师互动的，连五分之一都不到'"①。随着国家计划生育政策的调整，出生人口增加，随着城镇化进程的加快，农村学龄儿童向城镇流动，城镇学校的大班额情况越来越严重，原来在我国一些地方出现的小班化教学改革则出现了停滞和倒退迹象。

从西方发达国家和我国北京、上海、南京等城市推行小班化教学的经验来看，相比大班化教学，小班化教学对学生的学习，尤其是个性的发展，具有很大的优越性。美国联邦教育部发表的一份名为《缩小班级规模：我们知道些什么》的研究报告，分析和归纳了美国 20 多年关于中小学班级规模的研究成果，成果显示，小班化不但能确保每个学生都获得更多的关注，还能改善课堂管理。由于学生人数减少，教师能够对每个学生独特的学习风格和方式进行深入的了解。②

"从世界基础教育改革的历程来看，缩小班级规模是国际通行的做法，也是当前我国基础教育由规模扩张阶段转向质量提升阶段，实施素质教育和培养创新人才的必然选择。"③21 世纪，传统的关注知识技能的大班化教学已经无法适应现代社会对培养学生核心素养的要求，小班化教学是实现教育现代化、个性化的必然趋向。在宏观的政策层面，我们呼吁各级政府和教育行政部门要正视现实，克服困难，通过经费支撑、制度规范来积极探索、迅速推进小班化教学，为个性化教学提供基本条件；而在微观的操作层面，我们则应该通过教学规程，将教学理念转化为教学行为，让语文个性化教学落到实处。

南京师范大学吴永军教授研究制订的"南京市小班化教学规程"对个性化教学很有启发和指导意义，供教师们教学时参考，见表 7.2。

① 新华社：《部分城镇中小学大班额现象严重——一个班 150 名学生，老师上课用小喇叭》，载《南京晨报》，2016-03-24。
② 参见陶青：《我国小班化教育的历史演进及其深层思考》，载《广西师范大学学报》(哲学社会科学版)，2010(3)。
③ 王淑芬，吴永军：《小班化教育：是权宜之计，还是长久之策?》，载《教育发展研究》，2016(8)。

表 7.2 南京小班化教学规程①

教学过程	板块	具体要求
预习导航	个性化预习	授新课前，教师应设计不同层次的学生课前自主学习任务，通过预习作业了解学生学前自学情况
		预习作业为学生个性化表达对新授内容的理解提供空间。鼓励学生尝试用文字、图示等多种方式表达
	二次备课	教师在课前必须批改所有学生的预习作业，或抽批不同层次有代表性的作业，分析学情，对处于不同层次的学生做到心中有数
		根据学生的预习情况，在二次备课中基于学情需要进行课前调整，重点设计有针对性的提问和学习活动，为每一层次的学生在课堂上获得机会和更好发展提供可能
课堂支持	小组学习	每节课尽可能运用小组合作学习的方式，合作学习的任务应呈现多种类型，避免单一；恰当运用二人组、四人组、多人组等合作规模
		保证有效合作学习时间，教师尤其要与各组不同层次的学生互动。充分利用互动，掌握信息，及时调整教学
	课堂提问	针对学情反馈结果，问题设计要有难有易，避免一直问同一层次的问题，使不同层次的学生得到适合的被问机会，课堂发言率要达到100％
		每节课至少有1个深度思维问题，每个深度思维问题点叫3个左右学生回答，学生回答前，要给候答时间；特别关注中、低层次学生的达成度
	有效训练	课堂训练的内容必须反映在备课本上，设计的题型要尽可能丰富且有层次。针对不同层次的学生应当有一定量的可供选择的作业
		每节课至少安排不少于10分钟的课堂训练时间
	及时辅导	课堂训练内容需当堂面批1/3以上学生的训练，对作业中的问题及时纠错
		每节课下课后，教师要在教室停留一段时间，了解或解决学生的疑问，要主动询问后进生的内容掌握情况

---

① 参见吴永军：《教学规程：将教学理念转化为教学行为的指南》，载《课程·教材·教法》，2015(5)。

续表

教学过程	板块	具体要求
反思提升	评价反馈	重视对学生学业评价的质量分析，对学困生的分析一定要落实到个人。基于质量分析，调整自己的教学
	个别关照	对学习优秀和困难的学生有分别提升的方案。引导学生学后反思，及时帮助学生回顾总结学习过程，使学生逐步掌握总结、回顾学习的各种方式

六、教学评价多元化

"所谓评价，就是主体对客体于人的意义的一种观念性掌握，是主体关于客体有无价值以及价值大小所做的判断。"[①]教学评价，是对教学有无价值及价值大小的判断。

我国传统的教学评价体系存在不少问题：评价功能不全，过分强调甄别与选拔；评价内容偏颇，过于注重学业成绩；评价方法单一，过于注重量化和传统的纸笔测试；评价主体遗漏，只有管理者和老师。而评价是课程实施的重要组成部分，"在课程改革中起着导向与质量监控的重要作用"[②]。课程实施的成败，评价往往起着关键的作用。鉴于此，我们必须深入研究个性化教学的评价标准，体现评价的多种功能，充分发挥多元评价主体的作用，恰当运用多种评价的方式，促进语文个性化教学的深入进行。

（一）体现评价的多种功能

《语文课程标准（2011 年版）》在"评价建议"中指出："语文课程评价具有检查、诊断、反馈、激励、甄别和选拔等多种功能，其目的是为了考察学生实现课程目标的程度，检验和改进学生的学习和教师的教学，改善课程设计，完善教学过程。应发挥语文课程评价的多种功能，尤其应注意发挥其诊断、反馈和激励的功能，有效地促进学生的发展。"语文

---

① 袁贵仁：《价值学引论》，207 页，北京，北京师范大学出版社，1991。

② 钟启泉，崔允漷，等：《为了中华民族的复兴 为了每位学生的发展 〈基础教育课程改革纲要（试行）〉解读》，301 页，上海，华东师范大学出版社，2001。

个性化教学应树立正确的评价观，合理运用诊断性评价、形成性评价、终结性评价等多种评价方式，弱化甄别、选拔和评优功能，强化导向、诊断、反馈、激励等功能。

1. 导向功能

导向功能指评价对语文教学活动具有一定的指向和调节作用。教学评价能直接显示出个性化语文教学的效果，引起社会各界敏锐的反应，像一根"指挥棒"支配或引导着教师教学和学生学习的方向。教师和学生要根据反馈信息，修订教学计划，调整教学行为，保证个性化教学沿着正确的方向奋力前行。

2. 诊断功能

诊断功能指评价可以了解语文个性化教与学的各种情况，从而判断其质量和水平、成效和缺陷，为改进教学提供依据。

3. 激励功能

激励功能指评价能够激发和维持教师、学生的动机水平，使之保持在一种兴奋状态之中，不断向语文个性化教学更高的目标迈进。

（二）针对评价的内容特点

课程标准将语文教学内容分为识字与写字、阅读、写作、口语交际、综合性学习五个板块，并确定了知识与能力、过程与方法、情感态度与价值观三个维度的目标。因此，对语文个性化教学的评价，既要统筹安排，交融整合，又要针对不同的内容突出重点，体现个性。

下面结合《语文课程标准（2011年版）》的"具体建议"简要阐述。①

1. 关于识字与写字的评价

汉语拼音学习的评价，重在考察学生认读和拼读的能力，以及借助汉语拼音认读汉字、说普通话纠正地方音的情况。

识字的评价要考察学生认清字形、读准字音、掌握汉字基本意义的情况，以及在具体语言环境中运用汉字的能力，借助字典、词典等工具书查检字词的能力。第一、第二学段应多关注学生主动识字的兴趣，第三、第四学段要重视考察学生独立识字的能力。

写字的评价，要考察学生对于要求"会写"的字的掌握情况，重视书写的正确、端正、整洁，在此基础上，逐步要求书写流利。

---

①　参见中华人民共和国教育部：《义务教育语文课程标准（2011年版）》，28～32页，北京，北京师范大学出版社，2012。

2. 关于阅读的评价

阅读的评价，要综合考察学生阅读过程中的感受、体验和理解，要关注其阅读兴趣与价值取向、阅读方法与习惯，也要关注其阅读面和阅读量，以及选择阅读材料的能力。重视对学生多角度、有创意阅读的评价。语文知识的学习重在运用，其概念不作为考试内容。

3. 关于写作的评价

写作的评价，应按照不同学段的目标要求，综合考察学生写作水平的发展状况。……写作的评价，要重视学生的写作兴趣和习惯，鼓励表达真情实感，鼓励有创意的表达，引导学生热爱生活，亲近自然，关注社会。……评价结果的呈现方式，根据实际需要，可以是书面的，可以是口头的；可以用等级表示，也可以用评语表示；还可以采用展示、交流等多种方式。

4. 关于口语交际的评价

口语交际的评价，须注重提高学生对口语交际的认识和表达沟通的水平。考察口语交际水平的基本项目可以有讲述、应对复述、转述、即席讲话、主题演讲、问题讨论等。口语交际的评价，应按照不同学段的要求，综合考察学生的参与意识、情感态度和表达能力。

5. 关于综合性学习的评价

综合性学习的评价，应着重考查学生的语文综合运用能力、探究精神、创新意识与合作态度。教师要鼓励学生运用多种方法，从不同的角度，进行多样化的探究。这种探究，既有学生个体的独立钻研，也有学生群体的讨论切磋。因此，除了教师评价之外，要多让学生开展自我评价和相互评价。评价的着眼点：在活动中的合作态度和参与程度；能否在活动中主动地发现问题和探索问题；能否积极地为解决问题去搜集信息和整理资料；能否根据占有的课内外材料，形成自己的假设或观点；语文知识和能力综合运用的表现。在评价时，要充分注意学生在解决问题的过程中所采用的思路和方法。对不同于常规的思路和方法，尤其要给予足够的重视和积极的评价。综合性学习的评价，应着重考察学生的语文综合运用能力、探究精神与合作态度。主要着眼于学生在综合性学习过程中的表现，如是否能积极参与活动，是否能主动提出问题，还有搜集整理资料、综合运用语文知识探究问题、展示与交流学习成果等方面的情况。评价要尊重和保护学生学习的自主性和积极性，鼓励学生运用多种方法，从不同的角度进行探究。要充分注意学生解决问题的思路和方法。对有新意的思路和表达以及有特点的展示方式，尤其要给予足够的重视。除了教师评价之外，要多让学生开展自我评价和相互评价。

（三）注意评价方法的灵活多样

评价学生语文个性化学习和教师语文个性化教学的方法是不尽相同的。

1. 语文学习评价的方法

语文学科是人文学科，学生语文学习评价难以完全量化，而且没有放之四海而皆准的万能的评价方法。因此，要依据实际需要灵活选用。

（1）书面测试法

教学管理部门或教师根据教学目标，将要考查的内容以选择、填空、默写、问答、写作等形式展现在试卷上，要求学生以纸笔的形式回答。这是传统语文教学质量评价最常用的方法。运用这种方法评价学生的个性化语文学习情况，要注意客观性试题和主观性试题比例的合理，题目要有较强的信度和区分度，覆盖面要广，不能只注重知识维度的检查，还要涉及能力、过程、方法和态度等维度的检测，要给学生个性的理解和独创的表达留下空间。

书面测试法不止可以用于单元、期中和期末对学生语文学习的评价，也可以用于了解学生课业情况的评价。我国香港地区使用的"工作纸"评价，采取的就是书面测试的方法。香港出版单位邀请知名语文教育专家设计，每课都有一个工作纸，学生学完之后可在课内，也可在课外完成。

民生书院小四国文科工作纸①

姓名：＿＿＿＿＿＿＿＿

排句成段：

1. 是因为有人罔顾公德，乱抛烟蒂

2. 焚毁了一个大型屋村

3. 而酿成这场惨剧

4. 据闻起火的原因

5. 昨天，本市北区发生了一宗罕见的大火

（　　　）→（　　　）→（　　　）→（　　　）→（　　　）

---

① http://www.munsang.edu.hk/primary/sars/worksheet/1st/p4Chi.doc，访问日期：2017-01-09。

句子改写：

例句：他跑得比我还快。

改写：难道他跑得比我还快？

1．原句：他知道的比我还多。

改写：＿＿＿＿＿＿＿＿＿＿＿＿＿＿＿＿

例句：你不参加，我还有什么兴致呢？

改写：你不参加，我没有兴致了。

2．原句：你不相信我，我还有什么话可说呢？

改写：＿＿＿＿＿＿＿＿＿＿＿＿＿＿＿＿

标点符号(每句填上两个标点符号)

①还没做好功课，就看电视妈妈大声责骂弟弟。

②这篇铅笔的自述是你写的吗写得真不错呢！

(2)口头测试法

口头测试是一种古老的测试方式，唐代吏部举行的考试就有"身、言、书、判"的"四才"考试，其中"言"就是口头测试。旧时私塾中"对对子"、当堂作诗便是口头考试。在彰显语文教学个性化、强调语文课程实践性的今天，口头测试更有不可忽视的价值。

"在语文教学中有许多教学目标其实是不可能通过书面测试进行测量的，例如倾听别人发言捕捉信息的能力、朗读技巧、会话技能、公众场合从容回答问题的能力、临场应变的能力等，这些能力都具有很强的情景性特征，只能通过口头测试才能观察到，也只有通过口头测试才能促进学生在这些方面作出努力，推动口语交际能力的发展，促进语文素养的全面发展。"[1]口头测试形式很多，如复述材料、现场交流、即席演说等。

(3)观察评价法

按照评价要求，在自然状态下，通过持续的观察，了解学生的学习、生活情况和行为表现，例如，学生完成语文作业的态度、准备功课的情形、课外阅读的状态、学习的方法、与同学交流与合作的情况，等等。

下面是一份可资参考的评价表样例，见表7.3[2]：

---

① 杨九俊，姚烺强：《小学语文课程与教学》，753～754页，南京，南京大学出版社，2013。

② 周卫勇：《走向发展性课程评价——谈新课程的评价改革》，45页，北京，北京大学出版社，2002。

表 7.3　课堂观察检核表

学生姓名：＿＿＿＿＿＿

项　目	1	2	3	说　明
观察学生是否认真(听讲、作业、讨论)				1＝认真，2＝一般，3＝不认真
观察学生是否积极(举手发言、提出问题并询问、讨论与交流、阅读课外读物)				1＝积极，2＝一般，3＝不积极
观察学生是否自信(提出和别人不同的问题、大胆尝试并表达自己的想法)				1＝经常，2＝一般，3＝很少
观察学生是否善于与人合作(听别人意见、积极表达自己的意见)				1＝能，2＝一般，3＝很少
观察学生思维的条理性(能有条理地表达自己的意见、解决问题的过程清楚、做事有计划)				1＝强，2＝一般，3＝不足
观察学生思维的创造性(用不同的方法解决问题、独立思考)				1＝能，2＝一般，3＝很少

总评：

(4)问卷评价法

采用专家或教师设计的各种问卷对学生进行分析评价。它能测查出学生表面上显示不出来的有关语文个性化学习的知识、能力、情感、态度、意见以及长期以来的行为等。

(5)当面交流法

这是以师生相互间的交流为特征的一种评价方法。它既能够详细、深入地了解学生语文学习的主观动机、情感态度以及其他客观存在的因素、问题，并据此对学生的语文学习作出正确的评价，以便采取有针对性的对策；另一方面，它也能够评价学生的口语交际水准。

(6)档案记录法

以档案袋为载体对学生进行评价。档案袋由学生在老师的指导下收集，它是能反映学生学习过程、努力程度、进步情况、学习成就的一系列相关记录与资料的汇集，包括代表性的作业、试卷、日记、作文、作品以及学生的反思，等等。"要注意的是，档案袋不是无所不包的超大容器，并非越多越好，也不是随便找几个样本就能了事，它必须能表明学业成就的特征、记录学生的进步与发展、表明学生的才能与兴趣。"①

2. 语文教学评价的方法

语文教学评价的方法也是多种多样，语文课程与教学论专家魏本亚教授对此有系统深入的研究。在其专著《语文教育评价》一书中，魏本亚教授将语文教学评价方法归纳为以下 7 种。②

（1）教学反思型评价

这种评价方法是教师对自己教学实践的内省活动，它往往是教师在授课之后或阶段性教学之后，对自己教学活动、行为的理性、自觉的反思，"反思自身主体性的合理性和目的合理性，以及物质工具合理性"③。

上海市徐汇区教师进修学院的陈友勤老师为我们提供了自我理性反思教学的典型样本。围绕"怎么会这样来想问题"和"怎么会这样设计教学"等关键，陈友勤老师深度反思自己六次教学《荷塘月色》的成败得失。其中，对自己第二次教学的反思型评价尤为深刻。④

1980 年，我接手新一届高一学生，开始第二次教学《荷塘月色》。这次我没有改动教学目标和教学重、难点，而是把工夫花在了创设情境上，力求让学生在语境中获得体验感受，加强学生的交流活动，进而读懂课文。对教学过程作了较大的调整，变为三个环节：第一，第一天学生预习后，教师分段精讲课文，学生分步朗读重点段落（第 1、2、3 段和第 4、5、6 段）；第二，第二天组织学生夜游青浦"曲水园"，在园中荷塘边赏月，听音乐，读课文（重点为第 4、5、6 段）；第三，第三天，课内朗诵课文，分组交流，讨论并完成作业题。

在课堂讨论时和其后作业中得到的反馈信息让我十分沮丧。学生对

---

① 王云峰，马长燕：《语文教学基础》，290～291 页，北京，教育科学出版社，2007。

② 参见魏本亚：《语文教育评价》，182～198 页，上海，华东师范大学出版社，2012。

③ 熊川武：《反思性教学》，154 页，上海，华东师范大学出版社，1999。

④ 陈友勤：《问有道 教无涯——以〈荷塘月色〉的六次教学为例》，载《语文学习》，2016(10)。

课文内容、文思结构和语言运用的理解，基本上是再现教学参考书上的论述（当时，教学参考书是限量发行，我为了利于学生自习，把书放置在教室，公书于众）；特别是在随笔本上，少有对课文的真正品读，多的是对夜游曲水园的描述。看来，这次教学，我让"形式"取代了内容，外在手段的丰富，难以掩盖实际"学习"内容的贫乏。

教学实践中的挫折，让我深切地认识到，文化知识可以靠个人阅读积累逐渐丰厚。而教师，不是有了文化知识就能上好课的。教师的知识结构中，更为重要的是教学理论知识和学科教学知识，而这些恰恰是我最缺乏的。一方面，"先天不足"，因社会变化之故，我只在大学读了两年的书，1965 年 7 月后，脱学参加农村社会主义教育运动，1966 年 6 月后，停课参加"文革"。其后，又到部队农场"战天斗地"，接受"再教育"，天天"汗水洗私心，劳动除修根"。除了读社论，就是读语录。另一方面，自 1970 年正式走上教育岗位以来，我把主要精力放在了管理学生、让学生有兴趣听课上，在整个社会弥漫着"读书无用"的氛围中，保持课堂的"安静"。对于教什么、怎么教、为什么教这些和为什么这样教考虑较少，更不要说从理论的视角来观照自己的教学了。

（2）同伴对话型评价

所谓同伴对话型评价，指教学同行使用对话形式进行的教学评价。不同的教师，其气质秉性、才情学识、文化背景和人生经验等都是不同的，这使他们教学的理念、目标、方法和途径都各具特色。如果不同的教师能经常就同样的文本、教学现象进行认真反思、深入研讨和专业对话，他们必能在相互启发、碰撞中拓宽思路，丰厚认识，获得创意，让课堂对话的深度与广度都上升到一个新境界。

（3）专家剖析型评价

在语文课程改革中，高校的专家纷纷走出"象牙塔"，深入教学现场，精心推敲，深入思考，发现教学问题，提出解决问题的策略。这样的教学评价活动往往具有以下几个特点。一是专家冷静分析教学事实；二是剖析教学事实背后的东西，由表及里，提炼教学规律，给执教者和听课的一线教师极大的启发。全国最具影响力的小学语文教学研修活动"千课万人"，就聘请了巢宗祺、孙绍振、王荣生、潘新和、潘庆玉、陈国安等教授担任现场评课和课后书面深度评课专家。专家们剖析型的评价，往往鞭辟入里，极具理论价值和实践价值。

(4)课堂观察型评价

课堂观察是一种行动研究活动。观察者通过观察了解课堂教学事实，并在观察了解的基础上对事实作出价值判断。"它包括课前会议、课中观察与课后会议三个阶段。从课前会议的讨论与确定，课堂中的观察与记录，到课后会议的分析与反馈，构成了确定问题—收集信息—解决问题的工作流程。基于课堂观察，教师认识、理解、把握课堂教学事件，澄清教学实践的焦点问题，并在数据分析的基础之上反思教学行为，寻求新的教学改进策略与方式。"[①]下面是崔允漷教授设计的课堂观察的两个量表(表 7.4、表 7.5)[②]。

表 7.4　学生在突破教学难点中的表现和效果

教学步骤	学生的表现			
	倾听 （倾听/回应）	互动 （回答/提问）	互动 （讨论/汇报）	自主 （计算/书写）

表 7.5　各种教学行为的时间分配

行为类别	时间(分钟)	百分比
教师讲解		
学生讲解		
师生互动		
小组讨论		
学生自学		
非教学时间		

---

① 沈毅，崔允漷：《课堂观察：走向专业的听评课》，74 页，上海，华东师范大学出版社，2008。

② 沈毅，崔允漷：《课堂观察：走向专业的听评课》，108、112 页，上海，华东师范大学出版社，2008。

（5）甄别型评价

对被评价者课堂教学进行甄别的评价活动称为甄别型评价。语文教学大赛、语文教师招聘考试等，运用的都是这种评价方法。

（6）"复盘式"评价

这是魏本亚教授借助围棋的"复盘"手段生发出来的一种评课方法，旨在帮助执教者、评课者合作认定教学事件，进行深度反思。"复盘式"评价以"学生发展"作为评课的核心，以"目标""教的活动""学的活动""效果"为维度，执教者与观课者共同"复盘"并深入研讨，反思教学的成败得失，寻找解决的新方略，是一种扎实、有效的教学评价手段。

（7）"追问式"评价

"追问式"评课是借助追问的方式，探究教学事件背后故事的评价范式。最早提出这一概念并付诸实践的是李海林先生，真正将其作为一种研究范式进行实验研究的是魏本亚教授领衔的团队。追问式评价以"教师成长"这一点为核心，以"教什么""怎么教""学习效果"为追问的三个维度，按"认定事实""深度反思""总结规律"这三个步骤进行追问。

下面引用的是魏本亚教授就教学目标展开的追问式评价的片段：[①]

魏本亚：你今天围绕《水》设计了两个目标，第一个目标是"找出有关语句，体会水的珍贵"，第二个目标是"体会表达方式"。请问这两个目标如果作为《青海高原一株柳》的目标，你觉得合适吗？

张茜：合适，应该是合适的。我觉得大的方向应该是一致的，《青海高原一株柳》这篇课文有一些关键性的词句也是非常值得学生去揣摩和品味的。如果我上《青海高原一株柳》的话，我应该把第二个教学目标定位在"虚实结合"这样一个写作方法上。

魏本亚：你刚才说可以把《水》的这个目标当作《青海高原一株柳》的目标，现在为什么又要改了呢？

张茜：我的意思是说，抓住关键词句去体会文章的情感，要注意不同的文章有它不同的情感；抓写作方法也要因文而异，《水》的写作方法主要是反衬的写作方法，《青海高原一株柳》的写作方法主要是虚实相结合。文章不同，具体的学习目标就要有所变化。

刘春：就是说我们在确定一篇课文的教学目标的时候，一定要体现出这篇课文教学的特性。这篇课文的目标一定不可能移植到另一篇课文

---

① 魏本亚：《语文教育评价》，198页，上海，华东师范大学出版社，2012。

中去，如果能够移植到另一篇课文中去，这个目标就是没价值的。

（四）突出评价主体的多元与互动

语文个性化教学评价，要突出评价主体的多元，注意评价主体之间的互动。对学生语文个性化学习的评价，要改变以往教师单一主体的格局，让教师的评价、学生的自我评价、学生之间的相互评价、家长的评价、社会的评价有机结合起来，使评价广泛而全面。通过多视角、多方面评价的互动、碰撞，进一步激发学生语文学习的热情，强化学生语文学习的动机，提升语文个性化学习的能力和品质。对教师语文个性化教学的评价，也应注意主体的多元与互动，可将教师的自我评价、同行的互相评价、专家的剖析评价、管理者的检查指导评价、学生以及家长的测评建议结合起来，让评价真正发挥提高教学效果、促进教师专业发展的作用。

（五）强调评价尺度与方式的因人而异

因为各自的个性禀赋不一，不同的学生语文学习过程中呈现的状态、语义学习产生的结果，可能会有很大的差别，有的学得快，有的反应慢，有的领悟深，有的理解浅，有的三分钟热度，有的擅长打持久战，有的能言，有的善写，有的长于抒情，有的精于议论。面对这种种情况，我们不能用一个尺度、一种模式、一个思路进行评价，而要因人而异，并且指向语文学习兴趣、态度、方法、能力、习惯、结果和发展态势等各个方面。通过评价，让每个人都认真反思，学生找到自身的长处、不足，教师发现每个学生的生长点，从而形成合力，将语文个性化教学推向新的高度。

（六）注重作业设计的弹性分层

"设计弹性分层的作业目的在于促进学生发展的诊断和评价不能终止于课堂教学的结束，应该延伸到课堂教学之外。"[①]作业是学生语文个性化学习的延伸，为学生设计具有弹性、可供选择的作业，不仅可以巩固课上个性化学习的成果，强化学生个性化学习的意识，还可以将作业完成的评价、反馈情况作为后续的语文个性化教学的出发点。

应该注意的第一点是弹性分层作业的设计必须与个性化课堂教学接轨。要依据不同学生语文课堂学习的不同情况，对应他们显现出来的不同水准，精心拟题，细心编排，涵盖所有层次，让每个学生都能在课堂

---

① 熊梅，王艳玲，等：《个性化教学设计与实施策略》，载《课程·教材·教法》，2011(8)。

学习的基础上通过练习有所进步，达成弥补、巩固、提高的目标。

应该注意的第二点是弹性分层作业的设计必须是多样的、丰富的、灵活的、可供自主选择的。它应该像一个好的自助餐厅，不仅要提供必不可少的主食，还要提供适合个人口味的菜肴、水果。它应该让学生发现自己的兴趣、倾向和特殊才能。如《陶罐和铁罐》一课的课后延伸作业，就可以学习特级教师靳家彦的创意，依据不同学生的语文基础、智慧能力等实际情况分层设计：第一层级是讲故事；第二层级是演好这个故事，虽然第一和第二阶层同属"解读文本、运用文本"，目的都在深化对课文内容的理解、对人物情感的体验，都在吸收、积累和内化课文语言，但难度明显不同；第三层次是"重构文本"，改写寓言《铁罐和陶罐》，反向思维，放飞思路，逆向表达，赞扬铁罐，批判陶罐，赋予它们跟课文里的形象相反的性格，发展创造思维；第四层次是学习课文的写法，"超越文本"，朝创编寓言、掌握寓言特点的更高目标迈进，如创编《手机与小灵通》《大树和小草》《白猫与黑狗》《沙子与石子的对话》等寓言故事。这样，每个学生都能选择到适合自己的作业，富有创意、彰显个性地完成。①

---

① 参见周一贯：《小学语文名师课堂教学经典设计》，404～408 页，上海，上海教育出版社，2004。

第八章　汉字汉语的个性与汉语文教学的个性

1978 年 3 月 16 日，语言学家吕叔湘在《人民日报》发表《当前语文教学中两个迫切的问题》，针对中小学语文教学，发出著名的"吕叔湘之问"："十年的时间，2700 多课时，用来学本国语文，却是大多数不过关，岂非咄咄怪事！"虽然"吕叔湘之问"有特定的话语背景，它是一种言说策略，但长期以来，语文教学"少、慢、差、费"却是不争的事实。为什么会出现这样的状况？个中原因当然十分复杂，但我以为最根本的问题在于套用西方理性的思维方式，在于借用科学分析的教学方法，在于照搬印欧语法的条条框框，抛弃传统，全盘西化，重分析轻感悟，重法则轻积累，加上学科标的不清，用力不准，加上应试教育题海战术等教学方式的干扰，语文教学高耗低效，毫无生气。

就语言文字本身而言，不同种类的语言文字有其自身的规律和特点；就母语教学而言，不同民族的母语教学有其鲜明的人文特征和民族特色。这就决定母语教学的发展，虽然可以借鉴其他民族的经验，吸收先进的教育理念，但却不能抛弃自身的传统。发轫于 19 世纪末、20 世纪初的汉语文及汉语文教育变革，100 多年来之所以处处碰壁，就是因为背离了汉字汉语特点和汉语文教学传统，走了一条全盘西化的弯路。

前车之覆，后车之鉴。

教学应该依据教学对象的差异，设计个性化的学习目标，选择个性化的学习内容，选用个性化的组织形式，进行个性化的教学评价。除此之外，与其他学科教学相比，语文教学还得注意一点——我们学习的是母语，必须注意母语的个性，必须体现母语教学的特质。这一部分本可作为"实施策略"的一节呈现，为示重视，我们在"语文个性化实施策略"之后列出专章，专门论述语文教学该如何走出异化误区，针对汉字的特点教学汉字，按照汉语的规律教学汉语，努力契合汉语文化思维方式，让母语教学的个性明朗化。

一、针对汉字的特点教学汉字

海德格尔说："语言是存在的家。在其家中住着人。"①马林诺夫斯基说："语言是文化整体中的一部分，但是它并不是一个工具的体系，而是一套发音的风俗及精神文化的一部分。"②语言是所有人类活动中最能表现人的特点的东西，是打开人类心灵深处奥妙的钥匙。任何一种文字都不是苍白的符号、空洞的外壳，而是思想的依托、文化的载体，其中蕴含着他们祖先的精神、灵魂，潜藏着那个民族的智慧、情感。

被著名学者饶宗颐称为"中国精神文明的旗帜""造成中华文化核心"的汉字，当然也不仅是用以交际的符号体系，它更是一种意义体系、价值体系。这就要求我们必须从文化的视阈审视和实施识字教学，不应只关注识字的数量与速度，指导学生正确熟练地认识、运用汉字，更应从中华文化传承的高度，充分挖掘汉字的文化特性，揭示汉字的文化意味，充分利用汉语的文化资源，注重汉字文化的渗透，丰富学生的人文精神，提高学生的人文素养，这样才能真正体现语文课程"工具性与人文性统一"的理念，才能真正体现汉字教学的个性，才能用汉字的特点教学汉字。③

（一）汉字特质揭示

作为世界上唯一保存下来并仍在使用的表意文字，汉字与西方的拼音文字区别很大，它具有鲜明的个性。

1. 形象性

"山"是三座山峰并列在一起的形象，"雨"是天下落下来的水滴；手在树上摘东西是"采"，两人一前一后紧紧跟随是"从"。一个汉字就是一幅赏心悦目的画，一首意味隽永的诗。与"声入心通"的表音文字不同，汉字是一种"形入心通"的文字，即能够见形知意，触目会心，具有很强

---

① ［德］海德格尔：《人，诗意地安居——海德格尔语要》，32页，郜元宝，译，上海，上海远东出版社，1995。

② ［英］马林诺夫斯基：《文化论》，7页，费孝通，译，北京，中国民间文艺出版社，1987。

③ 参见胡海舟：《文化视阈中的识字教学》，载《教育评论》，2008(5)。

的形象性和直观性。汉字造字法中的六书，首当其冲的便是象形，虽然象形字在汉字中占的比例很小，但是后来的指事、会意、形声等都是在象形的基础上发展起来的。古人谈到象形的造字方法时说："远取诸物，近取诸身，观鸟兽之行迹，察山川风雨之演相，体类象形而造字。"可见，汉字的主要手段是观物取象，依类象形。从感性出发，由自然之"象"到文字之"形"，汉字的造字方法和结构正体现了汉民族感性、整体的认知方式和直观、形象的思维特征。

尽管汉字的形体在几千年的时间里不断演变，今天的汉字已写成"方的日""长的月""一只角的牛"，成了不象形的象形字，但它的形象性和表意性仍很突出，仍能够触发后人具体的直觉和形象的联想。汉字充满形象、趣味和审美的特性，一方面它为我们创造性地进行直观、生动的教学创造了条件，另一方面它也能使学生很快循着汉字表现性的因素，进入汉字提示的文化语境，在意象的诉求、境界的融合中获得心灵的神会、情感的震荡、思维方式的体认，从而缩短与先人的距离，产生民族认同感。

2. 系统性

汉字字数众多，形体千变万化，但构字部件却有限。据研究学者统计，在常用字中，义符不足 200 个，声符也只有 400 多个，这其中不少义符、声符具有很强的构字能力，这就形成了汉字内部结构的系统性。

首先，以共同义符为中心构成的系统，系统内部的汉字具有内在的意义联系。例如，义符"酉"可以组成"醉""醺""酣""酗""醒"等字，它们都与饮酒后的生理反应有关；酝酿发酵过了头，就会发酸，所以"醋""酸"等也与"酉"有关。

其次，以共同的声符为中心构成的系统，系统内部的汉字具有内在的语音联系。例如，表音度较高的声符"青"可以组成"清""蜻""睛""情""请""精""晴""菁"等字。

最后，汉字具有多义性，一个汉字往往有多个义项。它们存在不同程度的差异，有些看起来甚至毫无联系，但如与本义联系起来，则是一个具有内在勾连的意义系统。如"理"的本义是"治玉"，"纹理""条理""事理""合理""治理""理顺关系"等都与"理"的本义有内在的联系。

由此可见，汉字是一个复杂的"系统"、一个亲密的"家族"，它们在音、形、义方面有着密切的联系，往往你中有我，我中有你。如果我们善于将单个汉字放到整个汉字的系统中去学习，那么我们就能执简御繁、触类旁通、发现规律，从而提高学生独立识字的能力和积极性，提高教师教学的效率。

3. 人文性

语言学家申小龙说："几乎每一个古汉字都可以从字形、字音、字义、字能解读一部分文化史。"①一个方块字，就是一个世界、一段历史、一段民族情感的记忆和一份民族灵魂的寄托。汉字是中华民族文化的地质层、中华民族文化的活化石。

汉字反映了中华民族的组织结构、风尚习俗等制度文化。例如，姓氏就绝不仅仅是一个代号，而是一枚代代相传的文化徽章、一面生生不息的文明旗帜。许慎的《说文解字》这样释"姓"："姓，人所生也。古之神圣，母感天而生子，故称天子。从女从生，生亦声。春秋传曰天子生以赐姓。"除去其中的神话因素，我们发现"姓"最初是母系社会的产物，"姜""姚""姬"等姓氏都与"女"有关，这就是姓氏起源于母系氏族社会的明证。"邵""邹""郎""郑"等姓氏都与"阝"有关（"阝"是"邑"的简写），这反映出古代分封建制社会的组织特点。在学这些姓氏字的过程中，在对自己姓氏来源的了解中，学生自然会产生崇敬感、神圣感和自豪感，产生自己是炎黄子孙的亲切感。

汉字体现出中华民族的道德准则、价值观念等思想文化。例如，"孝"在金文中的形态像老人扶子。由字形可以看出，它的意思是对父母的赡养、照顾。对此，《说文解字》的注释是："善事父母者，从老省，从子，子承老也。"百善孝为先，我们民族讲究孝道、重视人伦道德的价值取向渗透进了汉字的创制、使用过程中。

（二）按汉字的特点教学汉字

既然汉字有如此鲜明的文化个性，蕴含如此丰富的文化内涵，我们当然必须站在传承中华文明的高度，充分挖掘汉字的文化意味，充分利用汉语的文化资源，努力用汉字的特点教学汉字，努力彰显汉字的个性特点，发挥识字教学的文化功效。

1. 激发兴趣，唤醒内驱

"要让儿童牢记的东西，首先必须是有趣的东西。"②兴趣是最好的

---

① 申小龙：《汉语与中国文化》，430 页，上海，复旦大学出版社，2008。
② ［苏联］瓦·阿·苏霍姆林斯基：《给教师的建议》，203 页，杜殿坤，编译，北京，教育科学出版社，1984。

老师，识字教学效率的高低很大程度上取决于学生对识字的兴趣。很多教师喜欢用贴小红花、插小红旗，甚至物质刺激等外在手段间接调动学生学习汉字的兴趣，这是不足取的。学习心理学研究表明，学生对学习的不竭动力主要源于学习的内驱力。在识字教学中，我们应该把开掘汉字文化内涵作为培养学生识字兴趣的直接动因，即通过揭示汉字本身携带的趣味性来促使学生"喜欢学习汉字"，培养"主动识字的愿望"，"养成主动识字的习惯"。

首先，教师利用汉字的形象性激发学生的兴趣。对于"木""本""末""果""燕""鱼""网""停""寒"等象征意味明显的汉字的教学，我们应采用字形溯源法，展示古文字字字形及相配的图画，通过演示古文字形演变到楷书的过程，教师引导学生分析字形与字义的关系，从而化无意记忆为有意记忆，变抽象、枯燥的机械教学为形象、生动的教学，让学生充满趣味地识记、理解。学生容易混淆"冠"与"寇"等形近字，对于这类结构复杂的形近会意字，我们则可以引导学生分解字符会其意，通过形象的理解记忆法化难为易，轻松区分：先看"冠"的图画和小篆字形并分析"冠"字，"冖"表示帽子，"元"是人头，"寸"指的是手，整个字形象用手给人戴帽子，现在的意思指帽子；而"寇"的古文字形象人手持武器（即"攴"）入室（即"宀"）袭击主人的头部（即"元"），现代的意思泛指强盗、入侵者。

其次，教师利用汉字的系统性激发学生的兴趣。霜雪霖霰、雷雹霹雳、霞霁雾霭……祖先对自然的观察是何等的准确，表达是何等的精妙，而学习起来又是何等的有趣有味！正如余光中先生《听听那冷雨》的形容："凭空写一个'雨'字，点点滴滴，滂滂沱沱，淅沥淅沥淅沥，一切云情雨意，就宛然其中了"，"一入'雨'部，古神州的天颜千变万化，便悉在望中"。

最后，教师利用汉字构形的人文性激发学生的兴趣。例如，"突"字从"穴"从"犬"，是根据犬从穴中猝然而出的事实来造字的；"默"字从"犬"，是根据猎犬见到猎物不叫的事实来构字的。这些都是古代畜牧生活的写照。

只有意会了汉字的这些奥妙并能自如运用，学生对汉字的热爱才是发自内心的，学习中产生的兴趣才是强大的、恒久的。

2. 启迪创造，发展思维

人的大脑左、右两半球既有分工又有合作。其中，大脑左半球主要掌管逻辑、理性思维，大脑右半球则主要负责直觉、创造力和想象力。脑科学研究表明，拼音文字是偏向大脑左半球的"单脑文字"，而汉字则是左右两半球并用的"复脑文字"。拼音文字的认知过程中语音编码起主要作用，而汉字认知过程中则是字音、字形、字义多重编码兼用。因此，学习汉字可以开发右脑，发展想象，启迪创造，挖掘大脑潜能。鉴于此，教育部前部长陈至立在 1998 年 11 月 25 日《中国教育报》撰文强调："汉字的学习十分有利于开发右脑，而右脑又是管创造性思维的。"她要求我们充分发挥汉字的这一优势，通过汉字教学发展学生思维、培养创造能力。

3. 引导发现，掌握规律

人对符号系统的把握是在个体符号积累基础上达到的，这种积累可以是无序的增多，也可以在不断的梳理中达到系统化。

汉字是一个亲密的"家族"，汉字之间在音、形、义方面有着密切的联系。因此，在教学一定数量独体字的基础上，我们一定要有意识地利用汉字内部的系统性，利用字与字之间在形义、形声、声义等方面的联系，加强梳理，精心点拨，引导学生发现规律，从而举一反三，降低识记难度，提高学习效率，培养独立识字能力。

汉字绝大部分是形声字，掌握了形声字就掌握了学习汉字的主动权。学习形声字的重点之一是把握好形旁，如果真正理解了形旁，那么就能自主地析形索义，因义记形，自动迁移，达到"学一个识一串"的功效。特级教师黄亢美教学以"攵"为偏旁的一组字就巧妙利用了汉字的系统性。与一般教师不管构形与含义，不管字与字之间的内在联系，只让学生知道其名称是"反文旁"的做法截然不同，黄亢美老师先出示"又"字，让学生理解"又"是手的变写，然后问学生："在'又'上加一撇的'攵'表示手持何物？"学生以小组为单位，合作探究，发现多多：表示手持鞭子在"放牧"，表示手持镰刀在"收割"，表示手持武器在"进攻"，表示手持教鞭在"教学"，表示手持物件在"救人"。在此基础上，黄亢美老师又启发学生对"攵"这个偏旁的形义用顺口溜进行了概括总结，并且要求学生回忆学过的带"反文旁"的字加以体会。联系、比较、探究、分析、总结、迁移，如此教学，学生找到规律，悟到诀窍，触类旁通，成批识字，减轻负担，加快速度，知其然又知其所以然，自主识字的能力和发现学习的能力也就逐渐形成了。

4. 增强底蕴，提升素养

汉语言文字用它自己的形体来表达人的思维活动、认知活动和情感活动。当人们写一个(汉)字的时候，目的在写他的思想而不仅是写语言文字；当人们看到(汉)字的时候，也只看到它所包含的内容，不一定把它当作语言文字。[①] 汉字与中国人的自然观、社会观、人生观和价值观的联系如此密切，与中国人的生活习性、思维方式、历史文化是如此水乳交融，它绝不是冰冷的符号，而是信息丰富的文化代码，我们教学时当然必须揭示其文化内涵，让学生在学习汉字的同时也接触和了解中华文化。

"女"在甲骨文中是一个跪踞的人形，造字时之所以突出其跪踞之姿，与当时的社会分工及女子的社会地位有关。由于退出生产领域而专事家务，女子就不得不依赖男子为生，她们的社会地位也就发生了变化。《白虎通·嫁娶》中说："女者，如也，从如人也。"这也是父系社会形成后的家庭特征。在父系社会，女子的主要任务是从事家务，并且要服从男子的役使(所谓"三从四德")。"女"字的形状正是女子卑微地位的反映，这样的地位在"妾""奴""婢"等含有"女"这个构字部件的字中也得到印证。不仅如此，一部分表示贬义的字如"奸""佞""妄""妖""妒""妓""娼"等都与"女"有关，体现了对女性的歧视。如果我们在教学时能充分利用汉语文化资源，充分揭示汉字包含的文化内涵，那么我们不但可以使学生形象识记，而且能让学生从历史发展的角度，认识到社会的变化与进步，从而开阔视野，增加底蕴，提高文化素养。

二、按照汉语的规律教学汉语

汉语有哪些特质和规律？如何针对汉语的特质、规律教学汉语，体现母语教学的特色与个性呢？[②]

---

① 参见曹明海：《树立"语言文字运用"的教学观——读〈义务教育语文课程标准(2011 年版)〉》，载《语文教学通讯》(小学版)，2012(5)。

② 参见胡海舟：《按汉语的特点教学汉语——语文教学民族化的思考与探索》，载《江苏教育研究》(B 版)，2009(2)。

（一）汉语的特质与规律

汉语的特点非常复杂、深奥。我们试着从下面耳熟能详的诗、曲入手来破解这一难题吧。

"松下问童子，言师采药去。只在此山中，云深不知处。"贾岛《寻隐者不遇》只有区区 20 个字，而且平白如话，但诗中的意趣、韵味却是"神龙见首不见尾"，可以意会难以言传。诗歌寓问于答，笔简情繁，将隐者身居深山超凡脱俗的气度、作者对他高山仰止般的钦慕以及钦慕却不遇的怅然等复杂情感表现得曲折微妙，耐人寻味。言浅意深，言简意丰，我们的汉语表达是这样的含蓄、艺术，意蕴是这样的丰富、复杂！

"枯藤老树昏鸦，小桥流水人家，古道西风瘦马。夕阳西下，断肠人在天涯。"马致远《天净沙·秋思》头三句句式奇特，没有动词缩合，9 个名词性词语并列铺排。9 个词语展示的 3 组 9 种事物貌似没有必然联系，其实似断实连，合成一条密集、丰赡的意象河流，充满想象空间和情感张力。借助后两句，我们惊奇地发现，它们仿佛电影中的 9 个镜头，全都笼罩在"西下""夕阳"如血的背景下，定格在飘泊天涯游子多情的目光里，荡漾在"断肠人"善感的心灵间，由此也贯注到千百年来无数读者生命的河床中。随意碰撞、融情于景、借景抒情、情景交融，我们汉语的组合是如此的自由灵活，手法是如此的高超精妙！

窥一斑而知全豹。由对以上诗和曲的研读，我们已经能够大略感受汉语独特、鲜明的个性了。

1. 辞约意丰，削尽冗繁——简约性

与西方力求言能尽意、表达精确、关系外露、结构严谨的、写实的语言不同，汉语是一种诗性的、写意的非形态语言，重意轻言，有无相生，言少意多。汉语语词往往言简而意赅，汉语的行文讲究辞约而意丰。为此，汉语的句子组织大多是虚实相间的。所谓"虚"，即只要能依据说话当时的语言环境以及语言结构内部的相互衬托等条件意会的，词语的安排和句子的成分就可以"人详我略""精兵简政"、削尽冗繁、务求经济，使之疏通传神。汉语的这种结构特点与中国画"以简驭繁，以少胜多，无画处皆成妙境"的结构特点颇为相似，启功先生曾就此做过有趣的比较：中国古典绘画中画一个茶壶，一个茶杯，画面上便可题写"陆羽高风"；画一个酒壶，一个酒杯，画面上便可题写"陶潜逸兴"。画中没有人，很像句中省略主语；没画茶或酒流入杯中的过程，很像句中省略谓语；杯中不画各色的茶和酒，很像句中省略了宾语。壶口并不一

定向着杯，甚至壶柄向着杯也不要紧，很像句中的词汇不妨颠倒。①

2. 充满弹性，富于变化——灵活性

"由于尚简，汉语语词单位的大小和性质往往无一定规，有常有变，可常可变，随上下文的声气、逻辑环境而加以自由运用。语素粒子的'随意'碰撞可以组成丰富的语汇。词组块的'随意'堆叠、包孕，可以形成千变万化的句子格局。"②

汉语是一种单音节占优势的语言，出于语言节奏、修辞协调性的要求，它能单复相合，短长相配，伸缩自如，充满弹性。汉语语词不受形态成分的束缚，只要语义搭配，事理明白，就可以粘连起来，而且语词的意义往往又是可以虚实转换的，这就为词语运用的艺术化提供了很大的余地。因为汉语基本语词单位的灵活性与能动性，所以汉语句子组织的建构就显得生动活泼了。它不像西方语言的句子以动词为中心搭起固定的框架——以"形"役"意"，而是以意义的完整为目的，用一个个语言板块（句读段）按逻辑事理的流动、铺排的局势来完成内容的表达要求，圆润灵动，不为枝节末叶所卡，有极强的可塑性、伸张性。

3. 以神统形，以意运法——意合性

由以上分析我们可以看出，汉语语法的"形"的因素不是主要的，"神"的因素倒是更主要、更显豁的。如果说西方的语法是以形摄神，那么，汉语的语法则是以神统形，为文造句强调主体意识，重视个人语感经验，讲究心营意造、以意运法、意在言外。正如王力先生指出的："西洋语言是法治的，中国语言是人治的。"③"法治"就是形式第一，形式控制意义，形式本身相对独立且自足；"人治"就是意义第一，意义控制形式，形式本身不自足且不独立，只是意义的化身。

因此，汉语的单位，在很大意义上，不是一个论证单位，而是一个意义支点，即一个意义的触发机制，便于作者在意会中进行各种搭配组合，便于蕴含丰富的内容，便于暗示、启迪，利于读者展开丰富的联

---

① 参见启功：《古代诗歌、骈文的语法问题》，载《北京师范大学学报》（社会科学版），1980(1)。

② 申小龙：《汉语与中国文化》，329 页，上海，复旦大学出版社，2008。

③ 王力：《王力文集》第 1 卷，53 页，北京，中华书局，1954。

想，利于拓展无限的领悟空间，利于体会言外之意。①

（二）按汉语的规律教学汉语

这样的语言，靠西方形式主义的解剖刀是触及不到灵魂的，靠教师条分缕析的讲解是讲不清楚的，它需要阅读主体心的投入、情的融合和智的参与，需要学习者的直觉、灵性、意会和顿悟，需要数的累加和量的积淀。

从汉语的本质出发，从母语教育的规律出发，我们一定要按汉语的特质教学汉语，注重感悟体验，注重熏陶感染，注重吟咏诵读，注重广采博览，让学生在对母语的品味揣摩、涵泳咀嚼中积累语感经验，提高语言品质。

1. 引导体验感悟

即让学生直接接触阅读材料，从自己的生活经验、内心需要出发，调动自己的各种感官，动眼、动口、动手、动心，凭借直观直觉，入情入境地对作品进行切身感受，全身心投入文本之中，将平面的语言符号转化为立体鲜活的意象，在境界的融通中获得情感的震荡和心灵的意会，从而感受汉语言文字的内蕴，领悟汉语表达的奥妙。陆游《秋夜将晓出篱门迎凉有感》和林升《题临安邸》蕴含深刻且距学生的生活经历、情感世界都很遥远。为了帮助学生体验感悟，前面提到的全国第五届青年教师阅读教学观摩比赛一等奖获得者王自文老师，除了引进陆游的另一首古诗《示儿》和古画《清明上河图》，强化时间上的纵向对比和空间上的横向比较，拓展《古诗二首》解读的文化背景外，更注意通过音乐渲染、图画再现、语言描述、范读启发等方式创设情境，引导学生身临其境，以悟遗民之"泪"，解权贵之"醉"："遗民泪尽胡尘里"，这泪是痛失亲人之泪、家破人亡之泪、流离失所之泪、充满仇恨之泪、苦苦期盼之泪；"暖风熏得游人醉"，这是纸醉金迷的醉、烂醉如泥的醉、醉生梦死的醉。由于进入了课文情境，进入了诗歌的内在天地，学生与作者产生了情感共鸣，与千年前的人物进行了跨越时空的心灵对话，因此他们的体验多么入情入理，感悟多么丰富深刻！

2. 注重涵泳品味

"学者读书，须要敛身正坐，缓视微吟，虚心涵泳，切已省察"，理学大师朱熹将"涵泳"作为语文教学的一种重要方法提出。"涵者，如春

---

① 参见申小龙：《汉语与中国文化》，236～354 页，上海，复旦大学出版社，2008。

雨之润花，如清渠之溉稻。雨之润花，过小则难透，过大则离披，适中则涵濡而滋液；清渠之溉稻，过小则枯槁，过多则伤涝，适中则涵养浡兴。泳者，如鱼之游水，如人之濯足。……善读书者，须视书如水，而视此心如花、如稻、如鱼、如濯足，则涵泳二字，庶可得之于言意之表。"(《谕纪泽》)曾国藩不但把这一传统教学经验解释得十分形象透彻，而且强调涵泳必须沉浸其中，细细品味，用心揣摩。涵泳品味的方法与我们民族的具象思维方式是十分吻合的，这种品味方法是合乎汉语虚实相生、灵活自由、辞约意丰、意在言外的特质的。德国语言学家洪堡特说得好："在汉语的句子里，每个词排在那儿，要你斟酌，要你从各种不同的关系去考察，然后才能往下读。由于思想的联系是由这些关系产生的，因此这一纯粹的默想就代替了一部分语法。"①在语文教学中，我们应该引导学生凭借丰富的言语经验，含英咀华、虚心涵泳，细心斟酌，用心品味，潜心化解，将课文中的知情意内化为自己的认知结构和情感结构，形成敏锐的语感能力，获得深刻的认识和言语运用的经验。教学冰心的《只拣儿童多处行》，我们就可以在整体感知的基础上，启发学生就课文关键处涵泳品味，咀嚼揣摩。例如，当作者问玉澜堂前的海棠开得怎么个好法时，有个小男孩说："就是开得旺嘛！"为什么不说开得"好""多""艳"？"旺"字实在包含了太多耐人寻味的意思。课文写小朋友一群一群，闹闹嚷嚷，匆匆来匆匆去，生气勃勃；写海棠花开得密密层层，从树枝开到树梢，不留一点空隙。这些，都是"旺"。更传神的是这样的文字："春天，竟会这样地饱满，这样地烂漫！它把一冬天蕴藏的精神、力量，都尽情地释放出来了。"是的，花是旺的，小朋友是旺的，春天也是旺的，冰心反用古诗，以"只拣儿童多处行"为题，要表现的正是春天的这种精神！如此悉心研读、斟酌，学生对文本的精彩、语言的精妙才能心领神会，知其意，得其趣，悟其神。

3. 注意广采博览

汉语是一种诗性的、写意的非形态语言，形式本身不自足且不自立，因此，必须引导学生广采博览、大量阅读，让学生在对母语的品味揣摩、涵泳咀嚼中积累语感经验，建构言语模型，开阔学习视野，提升运用能力，提高语文素养。

---

① 参见徐志民：《欧美语言学简史》，转引自申小龙：《汉语与中国文化》，251页，上海，复旦大学出版社，2008.

"文化语文"的实践者祝禧老师教学《孔子游春》时就注意拓展升华，启发学生广采博览。仁者乐山，智者乐水，孔子遇水必观，从奔腾不息的泗水身上更是感悟良多：水有德行，有情义，有志向，善施教化，是真君子。面对如此精辟之说，祝禧老师鼓励学生多元解读，在理解文本关于水的意象的基础上拓展开去，要求联系古代文化中寓情于景、借物喻人、托物言志的例子，寻找自身生活中习以为常的比兴现象，获得认识的升华。从陈毅"大雪压青松，青松挺且直。要知松高洁，待到雪化时"谈到柳宗元的"千山鸟飞绝，万径人踪灭。孤舟蓑笠翁，独钓寒江雪"，从"君子兰的清雅"说到"耕牛的勤奋"，从"日出的蓬勃朝气"说到"落花的恋恋不舍"，学生旁征博引，课堂气氛热烈。由于在已知与未知之间架起桥梁，在文学与生活之间铺出道路，既有感性的支撑，又有理性的点化，学生视野开阔，联系广泛，在拓展中产生心灵的融合，领略了孔子高雅的志趣、敏捷的情思、不俗的精神、博大的灵魂，认识了"取景为譬，取物为喻"的手法和汉语学习的神奇魅力、巨大张力，积聚了大量语言材料。

4. 强化诵读积累

在中国古代语文教学的传统经验之中，就方法而言，"读"是第一大法，可谓"读"占鳌头。中国语文教学以诵读为本，这是由汉字汉语的特点决定的。汉字具有声韵之美、节奏之美，只有读之于口，方能"声与心通，声可求气，亦可传情"，体验到言语作品内在情绪的起伏。正如苏联诗人吉洪诺夫的形容："只有用音乐才能传达出中国语言的声音，只有用音乐才不会把它损伤；从这声音里，可以隐约地听见钢铁的沸腾，猛虎的低啸，奔流的浩荡。"①汉语具有以神统形、以意运法、灵活自由的特性，只有诵读于口，闻记于耳，默会于心，才可领悟言语作品的意趣韵味，达到"言皆若出于吾之口，意皆若出于吾之心"的程度，达到"心悟"的境界，形成对言语的分寸感、畅达感、情味感等的感应能力。这里的读，不只是默读，不只是朗读，更应当是熟读乃至诵读（能够背诵），即不是读一遍、两遍，而是读好多遍，所谓"熟读成诵"。为什么要读这么多遍？古人说得好，读书百遍，经义自见。朱熹对此也有过精辟的解释："大凡读书，须是熟读，读熟了自精熟，精熟后理自见

---

① 转引自倪宝元：《语言学与语文教育》，111～112页，上海，上海教育出版社，1995。

得。如吃果子一般，劈头方咬开，未见滋味便吃了；须是细嚼嚼烂，则滋味自出，方始识得这个是甜、是苦、是辛，始为知味。"

诵读积累，对于基础教育阶段的学生而言，更有特别的意义。学习语言的目的在于运用，而运用的前提是要有积累。"凡人有记性，有悟性。自十五以前，物欲未染，知识未开，则多记性，少悟性。自十五以后，知识既开，物欲渐染，则多悟性，少记性。故人凡有所当读之书，皆当自十五以前使之熟读。"中小学阶段是人一生记忆的黄金时期，学生记忆力强，多诵读积累，可以终身受用。因而《语文课程标准(2011年版)》多次提到"积累"，如"丰富语言的积累""积累自己喜欢的成语和格言警句"等，足见"诵读积累"这一传统语文教学经验在今天仍有充沛的时代活力。

三、语文教学必须契合汉语文化的思维方式

语文教学是民族母语的教学，而母语记录着民族的情感经验，潜藏着民族的灵魂密码，搏动着民族的思维脉络。语言文字和民族思维方式作为民族文化凝聚沉淀和氤氲化生的"表层结构"和"深层结构"，共同体现着民族的文化心理，折射着民族的文化精神。因此，要真正了解汉字汉语的规律，灵活自如地运用母语教学的策略，将母语教学个性明朗化，我们还必须更进一步，深切把握汉语文化的思维方式和精神特征，知其然又知其所以然。①

汉语文化具有哪些主要的思维方式？它们对我们的汉语文教学和基础教育语文课程改革又提出了什么要求呢？

(一)汉语文化的思维方式

1. 天人合一——汉语文化的整体思维

在我国哲学史上，"天人合一"一直是占主导地位的哲学思想。具体在宇宙观上，它视"天"与"人"为不可分割的统一整体；在政治观方面，它强调"内圣外王"，把高尚的人格修养和"仁政"的道德关怀统一了起来；体现在思维方式上，则是一种整体观照，强调对事物整体的直接体

---

① 参见胡海舟：《语文教育应契合汉语文化思维方式》，载《教学与管理》(理论版)，2011(1)。

验和感受。①"从《周易》在巫术性外衣束裹下的'天人合一'整体观，到儒、道、佛突出人性的'天人合一'的整体观，在认识上一脉相承的特点，都应采取直觉与体悟的方法，其认识目的都主要是为了打通整体内部的关系，或者说是为了把握整体内部的关系。这种认识，是从整体观照局部，又从局部观照整体。其出发点与归宿点都是整体。"②古人的读书方法就是建立在这种朴素系统论和混沌整体观基础之上的，所谓"读书百遍，其义自见"，涵泳玩味，无一不是"天人合一"整体观的体现。

2. 观物取象——汉语文化的直觉思维

"汉民族在心理上是注重直觉与形象的，有较强的非理性成分，这与西方民族擅长理性与抽象恰成对比。"③

中国传统直觉思维首先表现在对宇宙人生的把握上。由于古代科学技术水平较低，对宇宙人生的认识不可能进行定量分析研究，因而古人更多采用整体、直观的猜测与把握的办法。《周易》的作者就是以直觉的方式，借助具体的形象符号，通过对"日月之道普照周天"这一自然景象的直观观察，进而演化、猜测出"一阴一阳之谓道"，把事物发展变化的根本规律概括为阴阳对立面的相互作用。《老子》对宇宙发生学的朴素猜测，既是对小国寡民式的自然经济条件下所谓混沌未分的原始自然状态的直观反映，又是对社会、人生经验的感悟。西汉扬雄的"盖天说"，东汉张衡的"浑天说"，都是直观与体悟相互渗透的产物。另外，像阴阳五行说、天人感应说等，也无一不体现出直观具象的思维特性。

中国传统直觉思维还表现在它是一种审美的艺术思维。以"老庄"为代表的道家文化，尤其是庄子，善于通过多种形象的类比和寓意，表达对宇宙人生超脱的审美态度，这对中国美学产生了重要影响。受禅文化的启示，中国传统美学还特别讲究"妙悟"。严羽《沧浪诗话·诗辨》就谈到"大抵禅道惟在妙悟，诗道亦在妙悟"④。以禅喻诗，以妙悟来揭示诗

---

① 曹明海，陈秀春：《语文教育文化学》，100 页，济南，山东教育出版社，2005。

② 王树人，喻柏林：《传统智慧再发现——精神的现实与超越》下卷，204 页，北京，作家出版社，1996。

③ 曹明海，陈秀春：《语文教育文化学》，103 页，济南，山东教育出版社，2005。

④ [南宋]严羽：《沧浪诗话校释》，12 页，郭绍虞，校释，北京，人民文学出版社，1983。

歌的创作、解读心理机制，这说明妙悟具有直观的性质，是在直观后的领悟。传统文化中的格言警句，以及文学作品中的"文眼""诗眼"，都是古人对人生、艺术的豁然开朗、大彻大悟，是一种创造性的发现、体悟，是灵感思维的结晶。

3. 相反相成——汉语文化的辩证思维

中国哲人观察宇宙人生，运用的是"统观""会通"的方式，即着眼于天地人我、人身人心都处在不同的系统或"场"，肯定各系统、要素之内外的相互依存、密切联系。人体小宇宙是一个有机联系的整体，天地大宇宙也是一个有机联系的整体。这个整体即"一体"又分为阴阳、乾坤、形神、心物、动静等"两面"，所谓"一体两物""一体两面"；"两面互动"，相反相成，因为两面并不是均衡的、平行的、平等的，"动静无端，阴阳无始"。这样，既不把矛盾对方的对立看成僵死的、绝对的，亦不把矛盾的统一看成双方的机械相加，或一方吃掉另一方，而是在互相补充、互相渗透的前提下，由矛盾主动方面作用于矛盾被动方面，从而构成新的均衡稳定、动态和谐的统一体。

(二)汉语文化思维方式对汉语文教学的诉求

汉语文化天人合一的整体思维方式、观物取象的直觉思维方式、相反相成的辩证思维方式，要求语文教育依据、契合汉民族的文化心理，把握汉民族的精神特质，自觉遵循母语教育本身的规律，注重整体把握，引导体验感悟，防止矫枉过正。只有这样，语文教学才能解决目前碰到的各种矛盾与问题，才能彰显母语教学的个性，也才能促使课程改革顺利进行并深入下去。

1. 注重整体把握

为体现"学为主体"的新课程理念，将自主、合作、探究的学习方式落到实处，为运用多媒体课件，以显示教学手段的先进，为彰显语文教学的人文性，以突出语文开阔眼界、熏陶感染的作用，课程改革出现了很多的怪异现象。

学生才将课文匆匆读了一遍，对文本全貌尚未留下清晰的印象，教师便迫不及待地让学生发挥自主性：自主选择学习内容，喜欢哪一段就研读哪一段；自主选择学习方式，想怎么学就怎么学。教室里热闹非凡，学生学习热情高涨，学习手段丰富，可惜没有相对统一的目标，缺乏共同探讨的基础，汇报交流只能"各自为政"，结果将课文内容搞得七零八碎，对文本缺乏整体的感受。

不少老师喜欢用屏幕出示重点句子，或在某些段落着重标出重点词语，引导学生朗读、理解。课堂大部分时间都用在对脱离了课文大语境的词句、语段的品味、诵读上。

很多老师阅读教学"注重内容，忽视语言"。只注重课文内容的深究，注重课程内容的拓展，却忽视了语文的本体训练，结果将说明性课文的学习探究成了"科学课"，将记叙性课文的学习演化成了"故事课""思想品德课"。

用汉语文化"天人合一"的思维方式来观照，上述现象都违反了汉语文化整体思维特性和阅读教学规律，割裂了文本，损害了整体。

文本是一个科学系统的有机整体，环环相扣，互为贯通。从整体出发去解读文本，才能把局部和整体联系起来；从整体的角度去考虑问题，从上下文的联系中找到解决问题的途径，从全局体会立意、结构、遣词造句的妙处，对文本的感悟理解才是正确的、全面的、深入的。当然，注重整体把握并不排斥对重点内容的感悟、研究，但对重点部分的感悟、研究应在了解整体的基础上进行，要加强前后内容的联系，要强化局部与整体的关系。总之，要始终立足并着眼于整体。

把握整体不只是把握文本内容。从阅读学的角度看，把握文本内容固然是阅读教学的应有之义，但文章是内容与形式的统一，作者在文章中表现的思想内容，是通过词语、句子、段落、篇章等语言结构和恰当的表达方式来显现的，所以，阅读教学不仅要关注课文的内容，而且必须理解、把握课文的语言、形式，即要引导学生认真揣摩、体会、领悟这样的语言、形式表现了什么思想内容，为什么这样的思想内容必须以这样的语言、形式来表现，要着眼于内容，着力于语言。只有这样，才能既体现阅读教学的人文性，也体现阅读教学的工具性；只有这样，整体把握才真正是整体的、全面的，语文工具学科的特性才能真正得到彰显。

用汉语文化"天人合一"的思维方式来观照，语文课程改革除了应该树立文本阅读整体观和教学整体观外，还必须树立"大语文教学整体观"：着眼学生核心素养的发展，语文教学必须以学科为依托，但又不囿于学科，要打破语文学科与其他学科之间的壁垒，拓宽学生学习、运用语文的渠道，让学生在不同内容和方法的相互交叉、渗透和整合中开阔视野，提高效率；语文教育应加强课内与课外的联系，以课堂为中心向学校生活、家庭生活、社会生活延伸拓展。

2. 启发主体领悟

汉字起源于古人的"比类取象""观物取象"，摄取自然万物或人类自身的种种现象，将其概括为汉字。从感性出发，由自然之象到文字之形，正体现了古人直觉的、形象的、感性的认知方式和思维特征。

汉字汉语直觉、具象的特点隐性地对学习主体提出了悟性的要求。《语文课程标准（2011 年版）》"注重情感体验""形成良好的语感""与他人交流自己的阅读感受"等要求就是对这一思维特点和精神气质的回应。从汉民族具象思维方式出发，从汉语文教育的体悟观出发，我们一定要自觉与烦琐分析、机械训练、题海战术告别，努力利用汉字的特点教学汉字，按汉语的规律教学汉语，激发学生的主体意识，调动多种教学手段，引领学生进入主客同一、物我交融的学习状态，循着汉字汉语表现性因素，在意象的诉求、境界的融通中获得情感的震荡、心灵的神会，在生命化人的品读中领悟文本的情理意义，感受汉语言呼吸的芬芳，体味潜隐其中的汉民族的生命律动、精神意味、文化意趣，享受发现的愉悦，产生艺术的顿悟。

3. 防止矫枉过正

语文课程改革是一个系统工程，内容众多，涉及面广，需要我们以"统观""会通"的观点灵活对待，以联系的方式谨慎处理，以辩证的思维准确把握。尤其处理学生主体与教师主导、多元感悟与尊重文本、改革与继承等一系列复杂关系，更需要我们运用互补的观点正确处理，把好尺度。

新课程语文学习的价值取向是素养本位。这就要求教学的主要方式不再是知识本位的灌输，而应充分发挥学生的主动性、积极性，努力让他们自主建构。为此，必须讲究民主，牢固树立学生是语文学习的主人、教服务于学的思想，尊重学习主体的独立性，重视学习方式的自主性。一些习惯了主宰课堂、贩卖知识的教师，一下子不能适应师生角色的巨大转换，无法辩证处理师生之间的新型关系，以为强调学生的主体作用就必须放弃教师的主导作用，鼓励学生自主学习，就意味着教学放任自流、教师无所作为，于是师生关系失衡，将自主学习演化成自由学习、自己学习、自愿学习。学生的自由度看似很大，自主性貌似很强，但由于缺乏明确的目的，缺乏教师精心组织、参与、引导，该深化的得不到及时深化，该提高的得不到有效提高，学习和认识活动过于肤浅、散漫，参与度低，效率不高。其实，学生主体、教师主导看似矛盾，实则统一。教学论认为："教学的本质是学，教要转化为学。教学就是在教师的支持下，激起、强化、优化学生的自主学习的过程"[①]。学生当然是学习的主人，应该发挥他们的主体作用；但强调学生的主体性，并没有否定教师的主导性，自主学习若想上升到更高层次、更为有效，绝对离不开教师的支持、鼓励，离不开教师精心的诱导、引导、指导、辅导。这对教师来说，是提出了更高的要求。

接受理论认为，文本的意义只有通过读者的阅读才能得以建构，它的生成与存在离不开读者的阅读创造，必须由读者来实现。只有重视读者阅读对文本意义的创造与建构作用，才能赋予文本以生命和活力，揭示文本的潜在意义。为此，《语文课程标准（2011年版）》强调"阅读是学生的个性化行为"，要求"尊重学生的独特感受、体验和理解"，倡导多元解读。一些人由于缺少辩证思维，曲解了个性、多元、创造，以为个性解读就是随意解读，多元释义文本就是无限衍义文本，解读的创造性无需顾及文本的规定性，于是有了五花八门的惊人发现和感悟：没有最好，只有更好，《渔夫和金鱼的故事》里老太婆的贪婪被解读成了对理想的不懈追求；阿Q的"精神胜利法"因为可以使其在精神满足中忘却痛苦，因此被解读成一种乐观的生活态度；《背影》里翻越栅栏的父亲违反了交通规则；《水浒传》中打虎的武松触犯了野生动物保护条例。如此解读，的确独特、多元，可是却很难被认同。文本是个潜藏着巨大可解释性的主体，但读者在对它做出解释之前必须先要听听文本向自己说了什么，这样才能找到对话的"话题"，读者与文本才会有"视域融合"。像以前那样唯书是从，以为解读就是复制文本的意义，显然不是对话；但像这样"唯读者是尊"，以为解读只不过是将自己的主观意愿投射到文本中，也不是对话。对话是存在于读者与文本之间的，它同时受着读者与文本的制约，一切解读的创造性，当然必须以文本的规定性为先决条件。

本次课程改革声势之大、影响之巨是前所未有的，广大语文教师投身课改，"洗心革面"，陈腐的思想得以冲刷，落后的观念受到荡涤，僵化的模式遭遇冲击。在气势磅礴的改革大潮面前，不少人自然而然产生了这样的想法：课程改革就是对以前教育观念、教学方式的否定，应该

---

① 郭思乐：《以生为本的教学观——教皈依学》，载《课程·教材·教法》，2005，（12）。

充分学习、借鉴国外先进的理论和成功的经验，勇于自我批判，割断与传统的联系，将一切推倒重来。因此，舆论上，他们将我国传统语文教学理论批驳得体无完肤，将传统语文教学实践说得一无是处；行动上，他们摒弃以前用过的所有方法和手段，刻意求新，怪招频出。显然，如此革新是不理智的行为，如此对待传统是民族虚无主义的表现。辩证思维要求我们对待一切事物都要采取科学的态度，既不能肯定一切，也不能否定一切。因为传统的东西不一定落后，新鲜的事物不一定先进，国外的经验不一定完全适合我们的国情。改革是抛弃以往不合理的东西，而不是要与传统划清界限，一切从头开始。我们要以联系、发展、辩证的眼光对待与古老文明相伴共行了数千年的传统语文教学，认真总结，耐心梳理，将不适应现代社会需求、不符合学生身心特点的东西大胆祛除，将宝贵的、行之有效的经验认真继承，并根据时代的新情况加以改进，融入新的思想与方法，不断地丰富，促进其创造性发展。要以良好的心态对待国外的教育理论和教学经验，既不顶礼膜拜，照单全收，也不故意排斥，而是在不违反母语特点和母语教学规律的前提下积极借鉴，合理吸收，为我所用。

德国语言学家洪堡特说得好："民族的语言即民族的精神，民族的精神即民族的语言，二者的同一程度超过了人们的任何想象。"[1]语言与文化具有同构性，汉字、汉语是我们的精神符号，显现着汉民族的个性和灵魂，联通着汉语文化的血液和命脉。汉语文教学必须依据汉民族的文化心理，符合汉民族的精神特质，契合汉语文化的思维方式。因此，本章既可以看成是语文个性化教学的一种实施策略，也可以视作下面按语文教学五大板块具体展开的识字写字、阅读、写作、口语交际、综合性学习个性化的一个总前提，一个共通点。

---

① ［德］威廉·冯·洪堡特：《论人类语言结构的差异及其对人类精神发展的影响》，52页，姚小平，译，北京，商务印书馆，1999。

第九章 识字教学的个性化

识字是阅读和写作的基础，是第一学段的教学重点，也是贯穿整个义务教育阶段的重要教学内容。识字教学必须根据《语文课程标准（2011年版）》的要求，按汉字本身的特点，遵循学生的认知规律，顺应教材的编排个性进行。在前一章，我们已经了解了汉字的个性，本章着重谈课程标准确定的识字教学的目标特点、学生学习汉字的认知特点、识字教材编排的个性特点，由此明确识字教学的个性特点。

一、识字教学的目标特点

《语文课程标准（2011年版）》如何定位汉语拼音教学？对识字教学提出了哪些目标要求？弄清这些问题，识字教学方能做到有的放矢，彰显个性。

认真研读《语文课程标准（2011年版）》，从总目标到学段目标，课标提出的识字教学目标呈现出这样几个特点。

（一）注重培养学生热爱祖国语言文字的思想感情

"总体目标和内容"强调"培育热爱祖国语言文字的情感"，阶段目标具体提出"喜欢学习汉字，有主动识字、写字的愿望"，"对学习汉字有浓厚的兴趣"，要让学生"感受汉字的形体美"，《语文课程标准（2011年版）》之所以在识字教学目标中如此重视情感态度方面的要求，体现了工具性与人文性的统一。学生学习识字，不只是为了掌握一种交际工具，还要了解汉字中蕴含的丰富的文化信息。因此，我们必须从全面育人和文化传承的高度实施识字教学，不应只关注识字的数量与速度，指导学生正确熟练地认识、运用汉字，还要充分挖掘和揭示汉字的文化意味，充分利用汉语的文化资源，注重汉字文化的渗透，丰富学生的人文精神，提高学生的人文素养，用汉字的特点教学汉字，激发学生热爱祖国语言文字的情感，将教人以知识、育人以文化的教学目标落到实处。

（二）注重培养学生独立识字的能力

"学习独立识字""有初步的独立识字能力""有较强的独立识字能力""能熟练地使用字典、词典独立识字"，在每个学段反复强调，足以看出《语文课程标准(2011 年版)》非常注重培养学生独立识字的能力，重视可持续发展。因为只有具备了独立识字能力，学生才能自主识字、大量识字，发现规律，提高智慧，为阅读和写作打好基础。要培养学生的识字能力，必须依据汉字的构字规律、个性特质，引导他们细心观察，主动探究，积极思考，大胆发现。掌握独立识字的能力，必须注重情感、态度、习惯等方面的要求，使学生有自主识字的不竭动力；必须引导学生利用课本以外的学习资源和课堂以外的自主识字渠道，增强时时、处处识字的意识。

（三）准确定位汉语拼音的功能，适当降低汉语拼音教学的要求

较之以往的语文教学大纲，《语文课程标准(2011 年版)》关于汉语拼音学习目标的提法有了很大的不同。

首先，功能定位的变化。《语文课程标准(2011 年版)》总结半个多世纪汉语拼音教学的经验和教训，从尊重儿童的认知规律和教学实际出发，降低汉语拼音教学的地位和要求，将汉语拼音的功能定位于"帮助识字"和"学说普通话"，减少了汉语拼音教学的头绪，减轻了学生的负担。

其次，设计思路的变化。以往的《语文教学大纲》大都把汉语拼音作为小学语文教学五大块任务之一，与识字写字、听话说话、阅读、写作一起贯穿于小学语文教学的各年级、各阶段。而《语文课程标准(2011年版)》则把汉语拼音放在第一学段(一年级、二年级)的"识字与写字"板块中，作为第一学段"识写与写字"教学内容的一部分来设置。这样的设计与其功能的变化是吻合呼应的，突出了汉语拼音帮助识字的作用，即"能借助汉语拼音认读汉字"。

最后，目标要求的变化。与汉语拼音教学定位与功能的变化相一致，课程标准降低了汉语拼音记忆的要求、拼读的要求和书写的要求。

(四)强调多认少写、识写分流，提出"认识"和"会写"两种学习目标

所谓"识写分流"，是指将生字分为两类：一类是能识会写，另一类是只识不写。这样既可以避免字字要求"四会"，造成学生识字、写字负担过重，又可以防止"识""写"相互掣肘，导致既认不快又写不好的结果。

所谓"多认少写"，指多识字少写字。"多认"，有利于学生尽早尽快地识字，及早进入阅读阶段，这无论对他们获取信息能力的培养、知识面的开阔，还是对精神的发育、情感的熏陶、思维的发展，都有重要意义。"少写"，既考虑到低年级学生手部肌肉不发达，少写一些，有利他们身体的正常发育和健康成长，也有利于教材编写者由易到难地编写写字教材，便于教师循序渐进地进行写字指导。

二、学生识字的认知特点

(一)学生学习汉语拼音的特点

其一，初入学儿童，形象思维占优势。这种思维的特征是思考的内容必须与具体的事物、形象相联系。汉语拼音学习的内容，从单韵母到声母，到拼读音节，意义都比较抽象，一个字母本身只表示一种读音，一般不表示实在的意义，更与具体形象无关，因此学生学习起来会感到困惑。针对学生的思维特点，教材编写应多采用形象生动的表音表形图，教学也必须多运用直观形象的方法。

其二，低年级学生感知能力没有充分发展，观察事物笼统，精细辨别能力、方位知觉能力差。他们常常将两个音近字母读音混淆，将两个形近字母、字形混淆，以至于书写时把字母左右调向、调位。针对学生的这一心理特点，教学时要注意多分析、比较。

(二)学生识字的特点

汉字是音、形、义的统一体，掌握汉字不仅要分别掌握音、形、义这三个要素本身，还要建立起音、形、义三者之间的联系，儿童识字的过程是一个复杂的思维和技能活动过程。

据朱作仁、祝新华研究，"小学生在掌握汉字的形、音、义时，掌握字形是最难的。这既与汉字本身的特征有关系，也与小学生心理发展水平有密切联系"①。汉字字数众多，有数万个形体；而且字形结构复杂，类似性大，笔画长一点短一点、在外面还是在里面、出头不出头、封口不封口，就是完全没有关系的两个字。而初入学儿童对客观事物的大体轮廓的知觉占优势，精细辨别能力不高，他们的空间知觉虽有了相当大的发展，能感知物体的大小、长短、高低、方位、距离，但是，空间知觉的精确性和分化性发展水平不高；再者，低年级学生手部小肌肉不发达，视动不协调，动作不连贯，书写往往力不从心。形体繁杂的汉字，对于分化能力和运动技能不高的小学低年级学生来说，要他们一笔一画辨认清楚，而且精确记住、正确书写，难度很大。从读音的角度看，汉字既有多音现象，又有方言干扰。从字义的角度看，汉字意义复杂，表达精细，往往存在多义性，在不同的语境中更是变化多端，意义具有动态性。因此，无论掌握字音还是字义都有一定的难度。

了解了学生学习汉语拼音、识字的心理特点，注意遵循学生的认知规律，识字教学才有针对性、科学性。

三、识字教材编排的个性特点

为了揭示汉字的构字规律、独特个性，顺应学生学习的心理特点，激发学生识字的兴趣和热情，教材编写者殚精竭虑，积极借鉴，大胆创造，巧妙编排，使识字教材呈现出鲜明的个性特点。目前，识字教材往往采用以下几类形式编排。

（一）看图会意识字

通过形象化的图画揭示用象形、指事等方法构造的汉字的规律，并附上为识字提供语境的相关短文。例如，编写"舟、竹、石、泉、川、燕"等字的教材，编者巧妙地运用图画法、溯源法和链接生活法，将"实物—古文字—今文字"的演变过程揭示出来，将汉字观物取象、依类象形、形入心通的特点揭示出来。苏教版一年级下册《识字 7》：

---

① 朱作仁，祝新华：《小学语文教学心理学导论》，68 页，上海，上海教育出版社，2001。

人、从、众、木、林、森，为"人、从、众"配了一个、两个、三个小朋友的图画，为"木、林、森"配了一棵、两棵、三棵树的图画。学生看到图，就能悟到这两组字的构字原理，再通过诵读为识字提供语境的韵文加以巩固与深化："二人从，三人众。众人一条心，黄土变成金。""二木林，三木森。单丝不成线，独木不成林。"①

（二）词串韵语识字

吸收传统蒙学教材（如《三字经》《百家姓》《千字文》）合辙押韵的编写经验，将表示同类事物的词语组合在一起，如"春天　春风　春雨/柳树　小草　嫩芽/布谷　燕子　蜜蜂/梨花　杏花　桃花"。分别看，它们是排列整齐的几组词语；连起来读，押韵上口，便于记诵。词串识字以准韵文的形式，围绕一个中心串起有内在联系的一组词语。这些词语或再现某个画面、场景，或表现某种意境、事件。这样，将原本孤立的汉字置于具体的语言环境之中，使其成为合辙的韵语，念起来顺口，听起来悦耳，提高了学生的识字兴趣。而且，词串韵语识字还具有提高学生审美水平的审美功能、在识字中认识事物的认知功能和拓宽学生阅读视野的铺垫功能等多种作用。②

（三）转转盘游戏识字

形声字占到汉字的 80％ 以上。怎么样让学生发现形声字的构字规律，从而举一反三，提高学生的独立识字能力呢？针对学生爱玩好动的心理，教材编写者创造出寓教于乐的转转盘游戏识字这一形式。例如，声旁"青"不动，转转盘换形旁，带出一串字。学生发现，这组字声旁相同，故读音相近；形旁不同，所以表示的意思不一样。"清"表示水的清澈透明，所以从水；"晴"表示天气晴朗，所以从日；"睛"是眼睛，所以从目；"请"是请求，请求与说话有关，所以从言；"情"是感情，人的喜、怒、哀、乐等情绪表现的都是人的心理状态，所以从心；"蜻"，蜻蜓是昆虫，所以从虫。如此识字，学生知其然又知其所以然。

---

① 张庆：《面向未来的母语教育——献给奋战在课改第一线的语文老师》，179页，南京，江苏教育出版社，2003。

② 参见张庆：《我的小学语文观》，105页，南京，江苏教育出版社，2000。

四、识字教学实施的个性特点

汉字本身的个性，学生学习汉字的个性，识字教材编排的个性，必然带来识字教学实施策略的个性。

（一）汉语拼音教学的实施策略

1. 增强趣味性，激发学生的学习热情

低年级学生思维以形象为主，而拼音符号抽象枯燥，学生学习起来会感到困难。针对学生的思维特点，在教学过程中，我们要增强趣味性，注意激发他们的学习热情。

（1）组织游戏

刚从幼儿园进入小学的儿童，其实还不知道什么是真正的学习。在他们眼中，学习就是一种游戏，或者说游戏就是他们的学习。根据儿童活泼好动的天性，我们应该有意识地把游戏引入课堂，引导学生在玩中思、乐中学，使认知过程和情感活动融为一体，在游戏中练习、巩固，学生可以快快乐乐地学，轻轻松松地记。例如"摘果子"游戏：画上一棵大树，挂上写有音节的"水果"，学生读对了就摘下来。这样，学生不仅可以在趣中获得汉语拼音知识，还能获得成功的愉悦感，学习热情很高。"开火车""猜一猜""啄木鸟治病""辨别真假孙悟空"等都是行之有效的练习拼读、辨别正误音节的游戏。

（2）编写儿歌

儿歌教学是儿童喜闻乐见的形式，这能够帮助他们轻松识记枯燥抽象的汉语拼音知识，教学中宜多多采用。形近字母的区分和拼音方法的掌握是学生学习汉语拼音的难点，教学时都可以用儿歌轻松化解。例如，"伞把儿朝下 t，伞把儿朝上 f；高背椅 h，小板凳 n。""前音轻短后音重，两音相连猛一碰。""三拼音，要记牢，中间介音别丢掉。"

（3）讲述故事

针对学生喜欢故事的特点，教学中，我们可以把深奥抽象的知识要点编成有趣的故事，化难为易，帮助学生熟记拼音知识，培养想象力和创造力。有位教师教学整体认读音节"ye、yue"时，就编了这样的故事："ie 这个复韵母和 ai、ei、ui、ao、ou、iu 的脾气可不一样，它总是想自成音节，去给汉字注音。一天，ie 对它的一个成员说：

'你的语音和 y 差不多，你变动一下，我不就可以成为音节了吗?'于是，小 i 把身子一晃，变成了大 y，ie 成为 ye，变成名副其实的音节了。üe 看到 ie 变成了整体认读音节，可急坏了，它也想成为音节。可是 ü 没办法啊，怎么办呢? 热心的大 y 说:'别急别急，我来帮你。'于是，大 y 就站到 üe 的前面。üe 连忙叫 ü 把帽子摘下来，感谢大 y。"这样把知识化为生动有趣的故事，学生对整体认读音节 ye、yue 接受得快，理解得深，记忆得牢，并能对韵母 ü 跟在声母 y 后面时要去掉两点引起重视。

2. 讲究灵活性，丰富拼音教学的方法手段

由于汉语拼音抽象枯燥，刚入学的小学生活泼好动，注意力容易分散，因此教学形式要生动活泼，方法手段要灵活多样。除上面提到的游戏活动法、歌诀法、故事法外，常见的还有以下 6 种教学方法，教学时要根据具体教学内容和具体学情灵活选用。

（1）演示法

教师运用手势、图片和多媒体等手段演示，以表示发音器官的动作或发音特点，给学生比较直观形象的印象。例如，为了帮助区分平舌音与翘舌音，教学时可辅以手势，平舌音手掌向上平伸，翘舌音四指向内卷曲。

（2）分析综合法

教师可以分析发音、拼音的过程，分析字母的笔画，分析音节的构成等，在分析综合过程中让学生理解、掌握。

（3）比较法

教师把两个或两个以上的声母、韵母或音节放在一起，可以比较读音，也可以比较字形，在比较中提高学生的识别能力。

（4）引导法

以学生已经学会的容易发音的声母、韵母或音节为引导，带出教学的内容。

（5）观察法

教师示范发音或板书字母或出示课文插图，让学生仔细观察发音或书写的过程，从而掌握要领。

（6）模仿法

教学声母、韵母的发音及四声读法时，为了强调、突出一些发音特点，教师在示范时可适当夸张，如发翘舌音、鼻音、边音，待学生掌握这个音以后，再作纠正，使学生体会深，掌握好。

3. 强化实践性，拓宽汉语拼音学习的渠道

《语文课程标准（2011 年版）》指出：汉语拼音教学"应与学说普通话、识字教学相结合，注意汉语拼音在现实语言生活中的运用"。学生的汉语拼音能力是在模仿、训练的实践中逐渐形成的，汉语拼音的教学内容应与识字、学说普通话和进行初步的语言训练相结合，在语言实践中训练、提高学生的汉语拼音能力。

为强化汉语拼音教学的实践性，体现大语文观，教师必须拓宽学习渠道，将汉语拼音教学与现实生活和学生的基础挂钩，引导学生在生活中学习、运用汉语拼音，让学生感到生活中处处都可以学拼音。为此，教师要积极创设学习氛围，鼓励学生在教室、家里的物品或学习用品上贴上音节词卡片，让学生感受到随时随地都可以学习和巩固拼音知识；可以让学生把自己的名字用拼音写在书皮和本子封面上，学以致用；可以引导学生用本子记下音节词，把课内外学到的音节词积累起来，定期评比；还可以鼓励学生用拼音写话，巩固拼音知识，尽早开始读写。

（二）识字教学的实施策略

1. 科学安排教学内容

（1）合理确定识字教学的重点难点

汉字是音、形、义三维合一的文字，教学时要将音、形、义有机地统一起来，使学生见其形而知其声、晓其义，建立起音、形、义之间的联系。但这并不意味着平均用力，面面俱到。不同的汉字，在教学时应各有侧重，各有特点。有的汉字，字音很重要，如前后鼻音、平翘舌音的区分，多音字的区别，教学就应该把读音作为重点难点；有的则重在辨清字形或理解字义。要根据每一个汉字的特点和学生的具体情况，合理确定教学的重点难点。

一般而言，多音字和同音字是难点。

多音字和不同的字结合成词时，或在不同的语言环境中表达不同的意思时，随着意义的变化，读音也发生变化。如"差"，当它组成"差别"一词时，读 chā；组成"质量差"一词时，读 chà；组成"出差"一词时，读 chāi；组成"参差"一词时，读 cī。因此，教学多音字，要把它们放到具体的语言环境中，依靠字义作为分化字音的手段，指导学生据词按义定音。

汉字中有许多同音字，这些同音字分为两种类型：一种是音同形异，如"在"和"再"，"带"和"戴"，"长"和"常"。教学这类同音字时，要结合词句，着重从字义上分析、比较，使学生建立不同字形与不同字义的联系。另一种是音同形近，如"飘"和"漂"，"跟"和"根"。教学这类同音字，要根据形声字形旁表义、声旁表音的特点，利用同音的熟字带出生字，利用形旁帮助学生理解字义，着重辨析、比较字形。同音字是识字教学的难点之一，也是造成学生写别字的主要原因之一。教学要在"比较"上花力气，在"分析"上做文章。要经常运用组词、填空、造句等不同的练习方式，把同音字放到一定的语言环境中去比较、分析，引导学生在运用中掌握同音字的不同意义和不同用法。

(2)协调识字教学与其他语文训练的关系

初入学儿童正值语言和思维发展的最佳期，口头语言和思维水平、认识能力远远超过识字能力，这就产生了识字跟不上语言和智力发展的矛盾。如果我们的识字教学单打一，一味注意识字的数量与进度，而不注重语文的其他训练，那么这不仅挫伤儿童识字的积极性，影响识字教学的效果，而且将影响儿童语文素养的提高和智力的全面和谐发展。为此，我们必须加强识字与听说读写的联系、与学生前期经验的联系、与生活世界的联系，使识字教学与语言能力提高、智力发展、意识强化、习惯培养同步。

要注意把识字与表达紧密结合起来，与思维训练结合起来，与语文学习方法的渗透结合起来。要注意把识字与生活紧密结合起来，充分利用母语学习资源，激发学生识字的内在动力，扩大学生识字的天地，强化学生的自主识字意识，培养他们的独立识字能力，促使他们养成在生活中识汉字、用语文的良好习惯。

2. 灵活选择识字教学的方法

字音教学、字形教学、字义教学方法各有不同，下面分别介绍。

(1)字音教学的方法

字音教学的基本方法是让学生利用拼音读准字音。具体做法一般是先把生字的拼音直接板书或电脑出示，让学生联系拼音和汉字进行认读；然后去掉拼音，让学生看字形读字音，以建立音、形之间的联系。

随着学生对汉语拼音掌握的熟练程度的提高，特别是学生学习了查字典以后，应逐步培养学生利用字典自学字音的能力，并养成在课内外阅读中查字典学字音的习惯。

许多汉字在学生认识字形以前就已经在口头语言中运用了。但是，由于方言的影响，有些字的读音是不准确的。字音教学时一定要认真正音，克服方言音的干扰，并注意引导学生在以后的学习、运用中坚持用汉语拼音正音。

（2）字形教学的方法

字形教学是小学识字教学尤其是低年级识字教学的关键与难点所在。字形教学要根据汉字构字规律和学生掌握字形的心理特点，教给学生识记字形的方法，培养学生独立分析、辨别字形的能力，提高学生的识记水平。

字形教学常用的方法有以下几种。

①笔画分析法

笔画分析法就是用数笔画、分析笔画的方法来识记字形。教学的一般步骤是先按字的笔顺说出笔画名称，然后读字音，组词语。这种方法适用于独体字的教学。

②部件分析法

部件分析法就是通过对汉字组合的各个部件的分析来识记字形。部件分析法的一般步骤是先说字的间架结构，再顺次说出各部件的名称，最后合起来读字音、组词语。这种方法适用于合体字的教学。

③形近字比较法

形近字比较法就是引导学生通过对形近字字形差异的比较来识记字形。"人"和"入"、"己"和"已"、"要"和"要"、"钓"和"钩"、"比"和"此"、"卷"和"券"，这几组字形体大部分相同，个别地方不同。对这些字形差别细微的形近字，要注意引导学生认真比较它们的异同点，要把每个字的不同点和这个字的整体结合起来，着重比较差别细微的部分，这样有利于提高学生精细辨认和识记字形的能力。斯霞老师教学花朵的"朵"字，先引导学生发现这是一个上下结构的字，然后聚焦上半部分即容易混淆部分，启发学生注意上面是"几"字少了一钩，如此比较，可帮助学生识记，提高仔细观察能力。

在字形比较中，教师可以运用知觉的差异律，用彩色粉笔把难以辨认或需要区别的笔画标出来，有利于在区别部分形成优势兴奋中心，能吸引学生的注意。

④造字分析法

造字分析法就是根据汉字的造字特点和规律来识记字形。用这种方法教学，不仅可以变无意识记为有意识记，而且可以激发学生热爱汉字的思想感情，了解汉字背后的文化意蕴。这一教学方法在前面已经详细讲述。

⑤儿歌字谜法

儿歌字谜法就是利用编儿歌、猜字谜的方法帮助学生识记字形。为了使学生牢记容易写错的字形，提高学生学习的兴趣和积极性，可以根据学生的认知特点和汉字的构字规律，编一些生动形象的口诀、字谜、顺口溜等，帮助学生识记。如，"中间有点仔细辨，中间有言来分辩，中间有瓜长花瓣，中间丝线扎成辫。"

编儿歌、猜字谜是形象、简便、有效的帮助识记字形的方法，既有趣味性，又有思考性，学生喜闻乐见，识字效率高。需要注意的是，编写的儿歌、字谜要简短、准确，紧扣字形特点，要防止毫无根据的胡编乱造，不能只图趣味性，不讲科学性。"一个小日本，拿了一把刀，杀了一口人，流下四滴血。""照"字"从火昭声"，是个形声字，可为了教学的生动有趣，教师启发学生大胆联想，结果胡编乱造、生拉硬扯，将它变成了会意字。这样教学汉字似乎很有趣味性，但是讲了一个，乱了一串，这是违反汉字的造字规律和汉字教学的科学性的，应该坚决杜绝。

⑥直观形象法

直观形象法就是通过动作、表情、神态的直观演示来帮助识记字形。例如，一位教师教"看"字时，手搭凉棚放在眼上方，向远处望，问学生："老师在干什么?"学生纷纷说："老师在学孙悟空看远方呢。"老师边写边告诉学生：这是"看"字，上面是一个"手"字，下面是一个"目"字。这位教师抓住字形的特点，用自己的肢体动作直观表演，集趣味性与形象性于字形教学之中，使学生轻松识记。

(3)字义教学的方法

①联系法

所谓联系法，就是引导学生联系生活实际或联系上下文理解生字的含义。

"祖国"一词的意思比较抽象，小学生不容易理解接受。斯霞老师联系学生的生活经验、已有知识，启发诱导，融知识能力、过程方法、情感态度于一体，不仅引导学生正确地理解了词义，而且使学生学到了方法，潜移默化地受到了热爱祖国的思想教育。

下面是斯霞老师的教学案例。①

师："祖国"是什么意思呢？什么叫"祖国"？

生：祖国就是南京。（好多学生笑了，知道祖国不是南京）

师：不要笑，祖国是南京吗？不对！南京是我们祖国的一个城市，像北京、上海一样。大家再想想，什么叫"祖国"？

生：祖国就是一个国家的意思。

师：噢！祖国就是一个国家的意思，对吗？

生：不对。（答声中也有说对的）

师：美国是一个国家，日本也是一个国家，我们能说美国、日本是我们的祖国吗？

生：不能！

师：那么什么是"祖国"呢？谁能再说一说？

生：祖国就是我们自己的国家。

师：讲得对，祖国就是我们自己的国家。我们的爷爷、奶奶、爸爸、妈妈，祖祖辈辈生长的这个国家叫祖国。那么，我们的祖国叫什么名称呢？

生：我们的祖国叫中华人民共和国。

师：对了，我们的祖国叫中华人民共和国。我们大家都热爱祖国。

②直观演示法

直观演示法是运用实物、标本、模型、图片、幻灯、录像、动作、表情等来解释、说明生字的含义，帮助学生理解。

例如，教"珊瑚"可以让学生观察实物，教"恐龙"可以让学生看模型。有些表示动作、状态、形状、表情和抽象意义的字，教学时可以用适当的动作、手势、表情演示来帮助学生理解。特级教师马淑珍教学"逢"字，巧妙创设情境，先讲述儿子出国留学的故事，然后师生一起表演，不仅让学生深入理解了"逢"的意思，而且意会到什么是"相逢""久别重逢""每逢佳节倍思亲"。

③选择法

选择法就是让学生查字典并联系上下文，选择正确的义项，从而理解词义。

---

① 参见斯霞：《〈我们爱老师〉课堂纪实》（节选），载《小学语文教学》，2004(7-8)。

④注释法

注释法就是用浅显易懂、生动形象的语言解释字义，或者让学生查字典了解字义，或者用近义替换法理解字义。例如，"昔"可以换成"从前"。

⑤比较法

比较法又叫比较辨析法，就是让学生利用熟悉的同义、反义字来帮助理解生字的意思。可以用同义字替换的方法，如"攀"就是"登"的意思；可以利用感知的对比律，把反义字如"黑"和"白"、"深"和"浅"等放在一起教学，引导学生联系生活实际比较它们之间的关系，在比较中理解意思。

⑥造句法

造句法又叫组词造句法，就是让学生用要学的字先组成词语，然后用这个词语造一个句子，在实际运用中理解字义。

五、当代个性化识字教学成果

新中国成立以后，识字教学改革成就斐然，先后出现集中识字、分散识字、注音识字提前读写、字族文识字、字理识字、听读识字、字根识字、双脑识字、多媒体电脑辅助识字等30多种识字教学实验。它们各有所长，给识字教学提供了手段，开拓了思路。现简要介绍几种影响深远的个性化识字教学成果，以便我们站在巨人的肩膀上，更快更好地探究个性化识字教学的方略。

（一）集中识字

1958年，辽宁省黑山县北关实验学校率先进行集中识字教学实验，学生在两年中识字量能达到2000个以上，词汇量在5000个左右。两年后，中宣部、教育部在该校召开现场会，肯定了集中识字实验。不久，人民教育出版社出版了采用集中识字体系的小学语文教材。1960年，北京景山学校也采用集中识字教学法，进行全面的教学改革。文化大革命结束后，实验得到中央教科所的支持、帮助，形成"两山一所"的识字教学流派。20世纪80年代初，在实验教师和教科人员的共同努力下，形成了"集中识字，大量阅读，分步习作"的完整的语文教学体系，出版了教科书、教学参考书和课外阅读教材，实验学校涉及27个省、市、自治区。[①]

集中识字的基本设想是小学一、二年级每学期先集中认识一批生字，再读一批课文巩固所学生字；然后再集中认识一批生字，再读一批课文加以巩固。识字时把生字按音、形、义归类，以充分利用汉字的规律帮助记忆。读课文时集中力量训练阅读能力并巩固识字成果。

集中识字主要特点是先学好汉语拼音和 150 个基本字，以此作为集中识字的基础。在学好基本字的同时，注意基本笔画、偏旁部首、笔画笔顺等，提供识字的工具。教学主要采用"基本字带识"的方法归类识字，即通过给基本字加偏旁部首的办法引导学生用熟字记生字，使学生在掌握汉字字形的基础上，理解汉字的形音关系、形义关系、音义关系，建立汉字音、形、义之间的统一联系。对于那些"基本字带识"不能解决的字，辅之以"比一比""认一认""看图识字""分解合体字"等方法解决。例如，"田、牛、刀"等字，用与"由、午、力"等字比一比的方式学习。再有，坚持"音形义统一、字词句联系、认读写结合、记比说兼用"的原则，在集中识字的同时，进行听说读写的综合训练。

这种识字教学方法之所以能产生比较好的效果，是因为在"基本字带识"的过程中，主要依据汉字形声字的构字规律，以字形为中心组织识字。由于有一个共同因素（基本字），因此有利于在识字过程中产生迁移。从主观方面说，它是根据学生的识字经验，以熟字带出生字，基本字成了学习生字的支柱，因此可以化难为易。这样识字就不是一个一个识字，而是一串一串识字。当然，集中识字也有值得商榷的一面。集中识字的主要对象是小学低年级学生。"无论怎样设法弥补，集中识字总要在很大程度上使汉字的教学脱离具体的语言环境，这使儿童的识字活动变得较为单调和枯燥，使新学的汉字不易巩固。""集中识字策略与汉字的特征也有一定的矛盾。汉字中只有部分单字适宜集中起来，在比较中识别和学习。如果都搞集中识字，拼组和归类时势必牵强附会。"[②]

---

① 参见张田若，陈良璜，等：《中国当代汉字认读与书写》，309～322 页，成都，四川教育出版社，1998。

② 季银泉：《语文教育：让实验说话》，49、50 页，上海，上海人民出版社，2002。

（二）分散识字

1958 年，南京师范学院附属小学斯霞老师在使用通用教材的基础上，采用"多读课文多识字"的方法，使学生两年识字超过 2000 个。斯霞老师这项改革被称为"分散识字"。所谓分散识字，指的是识字时分散教，集中练，边识字边阅读，生字随课文分散出现，结合课文进行教学。它强调字、词、句、文的联系，把生字放在语言环境中进行教学，把识字和阅读紧密联系起来，寓识字于阅读之中。

随课文学习生字词，就是既要识字，又要学课文。课文中的生字词如何出现？如何讲解呢？斯霞老师认为，既要掌握字不离词、词不离句、句不离文的原则，又要使识字、阅读、写话三者有机结合起来。

课文中的生字词大致以如下几种方式出现。其一，按课文内容顺序出现；其二，结合课文讲读提出生字词；其三，在课文中占重要地位的生字词优先出现；其四，理解课文内容后提出生字词。识字的关键是认清字形、理解字义，在头脑中建立音形义的联系。随课文分散识字讲究生字词的出现方式，在一定程度上也是为了使学生头脑中某个汉字的第一印象能正确、鲜明地建立起来，提高识字教学的效率。

分散识字有这样几个特点：一是边读边识，边学边用，重视在语言环境识字，在语言实践中巩固、发展识字教学的成果，有利于培养语感，提高语文素养；二是多读课文多识字，有利于学生接受新知，开阔视野，促进儿童言语和智力的发展。但是，所有生字都要依赖课文才能出现、学习，局限较大，使低年级大量识字的目标难以落实到位。

虽然我们将斯霞老师的探索成果放在识字教学板块展示，单从上面简单的介绍就可以清楚地看出，斯霞老师所进行的实际上是小学语文教学的整体改革，她只不过是以低年级为立足点，以识字教学为切入点和抓手，将阅读教学、写作教学、口语交际教学的改革融入其中，着眼点是学生语文素养的整体提高。其教学思想与当今学界奉行的全语言教育理论、语用学、语境教学理论是息息相通的。

（三）注音识字，提前读写

该实验是由黑龙江省教育学院丁义诚、李楠等人在 1982 年提出的，同年 9 月在黑龙江省佳木斯市第三小学、齐齐哈尔市拜泉县育英小学、齐齐哈尔市讷河市实验小学进行。实验试图在正确估计儿童前期母语经验和智慧潜能的基础上，将识字教学纳入发展语言和思维能力的轨道。围绕"识汉字与学汉语"这一矛盾，他们主张以汉语拼音为工具，使阅读和写作提前起步，坚持寓识字于读写之中，建立小学语文教学先读书后识字、边读书边识字的教学体系。

"注音识字，提前读写"采用"边读书边识字"的做法，对汉字的音、形、义和识、用、写分步提出要求，即识归识，写归写；倡导定量的"有师指导"和不定量的"无师自通"（独立识字）相结合的方式；主张识字量上不封顶，下要保底。识字教学主要通过三种途径进行。一是在大量阅读中大量识字，解决"识"的问题。教材采用新的编排方式，1～3年级的教材和课外读物采用汉字和拼音双行排列的方式，上面是拼音，下面是文字，一年级上学期以拼音为主，一年级下学期、二年级上学期逐步由读拼音向读汉字过渡，二年级下学期以读汉字为主，三年级教材开始采用难字注音的方式。这样从读纯拼音读物到读注音文章，再到读汉字文章，让汉字在不同的语言环境中反复出现，使学生与汉字反复见面，"越读越识"，反复感知。二是利用写字课，培养写字能力。实验专设写字课，编有写字教材。根据汉字的结构特点，通过一定数量的典型字揭示汉字的书写规律，教给学生方法，提高能力。三是在写话、作文、练习中用好汉字，解决"用"的问题。实验从一年级开始提前写作，先用拼音代替汉字，再用拼音夹汉字、汉字夹拼音，最后全用汉字。

"注音识字，提前读写"坚持走发展语言的道路，通过"有师指导"和"无师自通"相结合的形式开放式识字，对小学语文教学改革带来了积极影响。实验受到国家教委的肯定，教育主管部门还发文向全国推广这项教改实验的成果。但这项实验的弱点也是显而易见的，由于要提前读写，它对一年级上学期汉语拼音教学的要求是非常高的。让儿童脱离前期的母语经验，脱离形象生动的汉字，抛开汉字的特点，花大量时间去学抽象、枯燥的拼音，然后以此为"拐杖"，引导大量识字，不太科学，也得不偿失。

（四）部件识字

1965年，河北省沧州市教研室开始进行部件识字教学实验。所谓部件识字，是按汉字部件和部件的名称分析字形结构的一种识字方法。在分析字形时，不是按传统的笔画分析法，而是把部件作为分析汉字的结构单位，对构成合体字的部件及其部位都用名称来称说，以便感知、记忆。例如，"贫"字分析为"分字头""贝字底"。具体到识一个字的过程，先看字形的整体，分析它是什么结构，然后结合字形结构解构出部件，再把部件组装成整体。这是一个从整体到部分再到整体的过程。

部件识字的最大特点是以系统论的观点分析汉字，变一笔一画的记忆为组块记忆，简化了学生识字的心理过程。部件的命名也符合学生在感知合体字形时对各部分"命名"的心理倾向，对记忆字形和纠正错别字都有好处。但是，不是所有的汉字都可以拆成多个部件，部件识字法具有局限性；更主要的问题是，它没有从汉字表意这个最根本的特性去解析汉字，进行教学。因此，在今天的识字教学中，它只能作为分析字形的一种方法存在。

(五)韵语识字

1987 年，姜兆臣老师开始了韵语识字教学实验。他先把小学语文教学大纲要求掌握的常用字组成常用词，然后围绕一定的中心和故事情节，编成句式整齐、合辙押韵、短小精悍、生动有趣的韵文。这样既能让学生在语境中识字，又能使枯燥的汉字识记变得富有情趣，便于联想、记忆。韵语识字根据快速记忆原理，遵循儿童认知规律，主张按先记忆后理解、先整体后部分、先形象后抽象的"三先三后"原则识字。

学生首先要学的是安子介先生用电脑筛选出来的使用频率最高的 1000 个汉字。把这些字组成词，再编成韵文。例如，"以往咱村离城远，要看戏剧像过年。如今买了电视机，精彩节目随便看。"课文尽量避免重复字的出现，力求以尽可能小的篇幅囊括尽可能多的生字，突出意义组块、整体输入、先整体后部分的特点，成批识字。教学不要求"四会"一步到位，先以认读为主，尽早解决阅读的问题，在大量的阅读、反复的再现中逐步达到会讲、会用、会写的要求。韵语识字借鉴古人韵语识字的经验，儿童一边识字，一边玩游戏，增加了语文学习的趣味。但有些韵文为编而编，凑合痕迹明显，品位不高，不利于学生提高语文素养。

(六)字族文识字

1960 年，四川省井研县鄢文俊等老师开始探索字族文识字，1980 年成型并开始实验。它是融汉字规律于诗文中识字的方法。它以字归族，以族创文；族为文统，字文相生；读文领先，披文见族；文熟字悉，一矢两的，体现了文从字而生，字随文而识，文与字的统一。例如，"青"字，是一个派生能力很强的母体字，加上不同偏旁所派生的子体字如"清、睛、情、请、晴"等，集成字族，根据这一字族编写成文情并茂的诗文"草菁菁，水清清，请你来，做事情。太阳出来是晴天；看东西，用眼睛"，就叫字族文。教学中，一边学文一边识字，用汉字字族特点举一反三，简化教学过程和学生识记过程。

字族文识字吸收了集中识字重视汉字构字规律的经验，吸收了随课文分散识字重视在语言环境中识字的经验，体现了"字形类连""字音类聚""字义类推"的特点，效率较高。但不少诗文联系生硬，难称精品，如上面的"青"字族文。

（七）字理识字

20 世纪 90 年代初期，湖南省岳阳市教育科学研究所贾国均老师提出字理识字教学法。所谓字理，是指汉字的构字依据和组成规律。字理识字依据汉字本身的特点、规律，运用汉字音、形、义之间的联系进行教学，即通过象形、指事、会意、形声等造字方法的解析，通过图画法、联想法、演示法、歌诀法、猜谜法和点拨法等方法帮助学生识记字形、理解字义，这是一种针对汉字特点、适合儿童学习的识字方法。

（八）双脑识字

1991 年，上海市实验学校引进"智能双拼"编码后创造了双脑识字的方法。"它将学习双拼码、识汉字与打电脑结合起来，学生在认读字、词、句的过程中巩固双拼字母的拼读，在文字输入的过程中复习认读的生字词，实现了电脑、双拼、识字的同步学习，把识汉字、学汉语、发展语言结合起来，达到'大量识字、提前阅读'的目的。"[1]

需要指出的是，这些个性化的识字教学实验各有所长，也各有局限与不足，没有一种可以"包打天下"的万能之法。教学时，必须针对具体汉字的个性特点和学生学习的具体情况，取其所长，兼收并蓄，大胆创新。

---

[1] 倪文锦：《小学语文新课程教学法》，91 页，北京，高等教育出版社，2003。

第十章　阅读教学的个性化

　　阅读是运用语言文字获取信息、认识世界、发展思维和获得审美体验的重要途径。阅读的重要性决定了阅读教学的重要性。在中小学语文教学中，阅读教学历时最长，课时最多，占有举足轻重的地位。可近几十年的阅读教学却步入了程式化的误区，虽然教学方法有所变化，但变的只是"外形"，"灵魂"没有丝毫变化："目中无人"，目中无文，教学缺少变化，缺乏特色，高耗低效，难以完成阅读教学的任务。不只是在职教师的教学单调刻板，连高等院校的在读师范生也深受影响。笔者多次担任江苏省师范生教学基本功大赛语文组的评委，以2016年小学语文组比赛为例，无论抽到的模拟授课课文是民间故事《牛郎织女》、由古典小说改编的《孙悟空三打白骨精》，还是优美的散文《槐乡五月》，这些还没有真正走上讲台的"准教师"用的都是一样的模式，以不变应万变，抠词抠句，不停地提问，"发胖式"讲读，要求感情朗读，缺乏文体意识、文本意识、学生意识，完全不顾"这一篇"课文的深浅难易、个性特色，不顾"这一班""这一个"学生的阅读起点、疑点、难点，不顾"这一节"阅读课的目标、任务、重点。

　　阅读教学的现状让我们意识到问题的严重性，意识到阅读教学科学化、高效化的重要性，意识到实施个性化教学的迫切性。阅读教学理当个性鲜明，风格各异，丰富多彩，充满创造激情与个性魅力！个性化的课文体裁、内容、类别要求阅读教学个性化，个性化阅读呼唤阅读教学个性化，教师的个体性决定阅读教学个性化。我们应充分利用这些因素，实现阅读教学的个性化。

一、依据不同的文体特点，实现阅读教学个性化

　　阅读教材是由一篇篇、一组组内容不同、风格各异的课文组成的，

这些课文分属不同的体裁。刘勰《文心雕龙·定势》有言："夫情致异区，文变殊术，莫不因情立体，即体成势也。"①作者在作品中表达的情感、旨趣，随着文章的不同而采用不同的表达方式，由不同的情感确立文体，由不同的文体成就不同的气势。中国是文体发达、成熟的国家，刘勰《文心雕龙》就分出了 59 种文体，明朝徐师曾的《文体明辨序说》分出127 类。随着时代的变迁，有些文体退出历史舞台，有的文体的内涵与外延发生了变化，也产生出不少新文体。对于语文教学而言，文体（即前文所说的体式）是一个不容回避的存在。"有人说，写作是一种文体思维，阅读也是一种文体思维。确实如此。不同文体的文本的题材选择、结构方式、表述方式、语言风格也不同。"②文体不同，教学功用、教学重点、教学方法、教学程序等自然也要随之变化。根据具体课文体裁、具体课文风格采取不同的教学策略，必须结合具体课文论述。这里仅就阅读教学如何针对《语文课程标准（2011 年版）》提到的几种文体追求特色、彰显个性，展开阐述。③

（一）叙事性作品的教学

1. 理思路，了解事件梗概，整体把握文本

"作者思有路，遵路识斯真。"④一般说来，叙事性作品头绪较多，情节较复杂，为了帮助学生打开迅速进入课文内在天地的通道，理解叙事性作品丰富的思想内容，把握作品塑造的人物形象，可以从理思路了解事件梗概入手，以对课文全貌有整体的、高屋建瓴的印象，这样既可以让学生学到更多的安排材料的方法，又为下一步抓关键、重点突破做好铺垫。

课文不同，理清思路的方法也应不同。有的课文可借助审题、释题揭示思路，如《日出》的教学，它可让学生利用审题时的阅读来揭示思路——课文就是写日出前、日出时、日出后的景象；有的课文可引导学生在预习的基础上，按叙事性作品结构规律理清思路，如《我的伯父鲁

---

① ［南北朝］刘勰：《文心雕龙注》，529 页，北京，人民文学出版社，1978。

② 张心科：《论言语形式在阅读与写作教学中的归属》，载《课程·教材·教法》，2016(8)。

③ 参见胡海舟：《小学阅读教学的个性化》，载《中国教育学刊》，2006(7)。

④ 叶圣陶：《叶圣陶语文教育论集》，5 页，北京，教育科学出版社，2015。

迅先生》，它采用的是横式结构，通过并列的几件生活小事表现鲁迅先生"为自己想得少，为别人想得多"的品质。

2. 抓关键，领悟文本内涵，破译言语密码

"打蛇要打七寸，浇花要浇花根。"要想在有限的时间内引导学生获得个性化的阅读视角，通过对课文语言文字的品味，理解、领悟叙事性作品深刻的思想、丰富的内涵和精妙的言语表达，培养创新精神，学到阅读同类作品的方法，就不能从头到尾面面俱到，浮光掠影，而必须打破常规，寻找牵一发动全身的"突破点"，抓住对刻画形象、表达主旨有突出作用的关键词、句、段，来读、思、品、评。课文的关键处可以是人物传神的对话：强红权老师在"全国第五届阅读教学观摩活动"中执教《船长》一文，就是引导学生聚焦哈尔威船长指挥救险的两次震撼人心的对话，来凸显船长临危不惧、镇定自若、忠于职守的崇高品质与伟大人格的；课文的关键处也可以是表现人物行动、心理的生动深刻的词句：于永正老师教学《白杨》，在比较"高大挺秀"与"高大挺拔"有何不同的基础上，把描写爸爸前后两次"沉思"的词句作为关键处，引导学生深入人物内心世界，体会这两次心理描写的深刻内涵，从而把握了课文主旨；课文关键处还可以是作者精辟的议论和抒情性的句子，例如，王崧舟老师执教《一夜的工作》就是择点辐射，映照全篇的，他巧妙地引导学生紧扣作者在文末发出的"他是多么劳苦，多么简朴"的抒情性议论，反复默读，对比阅读，大胆猜想，激情诵读，从而很快跨越时空、心理的距离，走进总理灵魂的深处，领悟到课文极其丰富的内涵。

3. 说感受，巧拓展，实现语言与精神的同构共生

在此基础上，让学生发表个性化的感受，从读到说，从读学写，轻松迁移，强化言语实践，深化体验、认识，升华情思、情感；也可以以课文为基点，拓展阅读。例如，为了让学生更进一步与船长进行心灵对话，在学习语文知识、发展语文能力的同时受到情感的熏陶、精神的洗礼和人格的启迪，强红权老师在《船长》结课阶段，巧妙地挤进写话练习，让学生进入情境，"透过阴森可怖的薄雾，凝视着这尊徐徐沉入大海的黑色雕像"，对船长表达真实的感受，将语文的工具性与人文性有机统一起来，收到了很好的效果。

（二）说明性文章的教学

1. 抓要点

从教学形态上说，说明性文章的教学属于"应用性阅读教学"，即

"把文本当作'有用'的对象，'阅读以解决问题、做出决策和得出结论'"。"应用性阅读教学成功与否的标志是：学生是否学会了利用这一类文本达到某种实用目的的知识、策略与技巧。"①教学中，我们就应根据说明性文章层次清楚、结构明晰的特点，要求学生通过快速、准确、高效的阅读迅速抓住要点，在获取相关知识、发展思维的同时，掌握阅读技巧，提高阅读速度，提高捕捉信息的能力。

2. 明方法

为了把事物说得清楚明白，通俗易懂，语文教材中的说明文常采用多种说明方法。因此教学说明文，除了要指导学生弄清介绍说明的事物的特征、本质外，还要理清说明的脉络，注意指导学生认识并学习作者说明事物的基本方法。例如，为了说明太阳的远、大、热，《太阳》一文不仅用具体数据来说明，而且运用了比喻、比较和联系生活实例等说明方法。我们在教学中就应该结合课文中的具体语句，引导学生体会这样说明的好处，并尝试运用这些基本的说明方法。

3. 析语言

说明文的语言具有既简洁、平实又准确、严密的特点，我们在教学中要有意识地抓住这些语言特点指导学生分析，使学生明白用词确切才能准确地反映事物的特点，而要用词确切，必须提高观察能力。《爬山虎的脚》中有这样一句话："细丝原先是直的，现在弯曲了，把爬山虎的嫩茎拉一把，使它紧贴在墙上。"粗看，此句平淡无奇。细究，"直""弯""拉""紧贴"等词都非常贴切：由"直"变"弯"，产生了"拉"力；由于产生了"拉"力，嫩茎就"紧贴"在墙上了。如果再把这句话同课文结束句中"那些脚已在墙上相当牢固"联系起来分析、品味，学生就能更好地认识到为什么会这样"牢固"，对"牢固"前修饰词"相当"的准确、严谨有了更深的认识，意识到细致观察的重要。

(三)诗歌的教学

1. 引导揣摩，领略语言美

诗歌的语言不仅具有鲜明的形象性、强烈的抒情性，而且具有组合的灵活性、表达的凝炼性，特别能体现汉语言约意丰、言近旨远、意在言外的妙处。教学中要指导学生含英咀华，潜心揣摩，领会诗歌内蕴，体会诗人情思，把握语言特色，领略炼字功夫。在疏通文字、理解诗句

---

① 李海林：《个性化阅读的学理依据和教学形态》，载《小学语文教学》，2005(9)。

的基础上，宜寻觅诗眼，抓住含义深刻、感情强烈的警句重点品读，细致感受。孙双金老师教学王安石的《泊船瓜洲》，别出心裁地扣住诗眼"还"字指导学生提炼主线，披文入情，提升语感：靠家近，应该"还"—离家久，更该"还"—思家切，不能"还"。① 如此抓准诗眼悟诗情，咬文嚼字学推敲，不仅让学生理解了诗句的字面义、字中义，而且让学生体会到字外之义，领悟到诗人遣词造句的精当、精妙，领略到诗歌的语言美。

2. 启发想象，体会意境美

"意境是'情'与'景'（意象）的结晶品。"②教学诗歌，不能止步于语言形式与技巧，还必须特别注意诗歌这种融情入景、借景抒情、情景交融、物我一体的特点，启发学生张开想象的翅膀和感受的触角，使诗情画意在头脑中形成画面，从而进入诗人精心创设的意境，受到熏陶感染。

以柳宗元的《江雪》教学为例。"千山"何故"鸟飞绝"？"万径"何以"人踪灭"？"孤舟蓑笠翁"为何要在雪中垂钓？江无声，雪无语，人无言，字字看来皆是景，细细玩味总关情。只有启发学生充分发挥想象，进入诗的意境，进入诗人的内心，学生才会理解这情中之景，参透这景中之情：诗人把所有的热闹陪衬去掉，只留一个"千万孤独"的寂寞空旷的世界，正是为了突出不畏严寒、不向恶劣环境低头的渔翁，从而在这个艺术形象上寄托自己改革失败后虽屡遭打击却理想不泯的精神。

3. 加强诵读，鉴赏声韵美

诗歌声韵动人，具备节奏美、韵律美的特点，教师应指导学生注意抓住重音、停顿、速度、语调，以入情入境的诵读鉴赏声韵美，增加语言积累，增加文化积淀，并进一步感受诗歌的意象、情绪、韵味，受到心灵的滋养。

（四）非连续性文本的教学

"'非连续性文本'"最早源自 2000 年 PISA（Program for International Student Assessment，国际学生评估项目）阅读素养测试项目。我国学者、专家对"非连续性文本"的关注则始于 PISA2009 上海学生阅读素

---

① 参见周一贯：《小学语文名师课堂教学经典设计》，88～90 页，上海，上海教育出版社，2004。

② 宗白华：《美学散步》，60 页，上海，上海人民出版社，1981。

养测评分析报告，这次测试将阅读文本分为'连续性文本、非连续性文本、混合文本、多重文本'，本次测试上海学生阅读素养总成绩之高及连续性文本与非连续性文本成绩平均差值之大，引起了社会特别是教育界许多专家学者的高度关注和思考。此时，又适逢《语文课程标准（实验稿）》修订、完善之时，'非连续性文本'顺理成章地进入了课标，并成了2011年版课标的新概念、新亮点。"①非连续性文本的教学成为阅读教学的四大文体样式之一。

非连续性文本是区别连续性文本而言的。连续性文本是以语言文字为能指，以句子为最小单位，由句子、段落或更大的章节结构，按照从左到右的直线性排列方式构成完整信息单元的一种文本形式。阅读时一般采用从左到右的线性阅读方式。日常所见的散文、小说、诗歌、戏剧等文体都属于连续性文本。而对于非连续性文本概念的界定，目前研究界还见仁见智，没有形成比较统一的认识，代表性的观点有三种：一是借鉴PISA的说法，以列举的方式来定义非连续性文本，认为非连续性文本是以表格、图表、图解文字等形式呈现的阅读材料；二是与连续性文本相对应，以否定的方式来定义非连续性文本，认为非连续性文本不是以句子为最小单位，不是由逻辑或语感严密的段落结构层次构成的文本；三是从呈现信息的载体、内在结构、呈现特点等来揭示非连续性文本概念的内涵，认为非连续性文本以文字说明、表、符号、凭证单、图画等信息为单位，一种或几种信息组合而成，直观呈现信息内容的文本形式。

虽然对概念的界定还没有形成共识，但大家都认识到，非连续性文本是一种源自生活、承载与传达信息的实用类信息文本，与人们的工作、学习、生活息息相关。当今社会是一个复杂、多样、快节奏的社会。丰富的、不稳定的、多样的、快节奏的人类生活产生了表达与交流的新需求，"非连续性文本正是非线性的复杂多样的社会生活的体现"②。改变线性思维方式，学会用复杂性的思维方式去处理文本，从碎片化、多样化的信息之间理清它们的关联，从而提取核心信息，得出有意义的结论，是现代公民应具有的阅读能力。

---

① 蒋长兰：《非连续性文本及教学研究问题检视与讨论》，载《教学与管理》，2016(16)。

② 陆志平：《关于非连续性文本问题的思考》，载《语文教学通讯》，2013(15)。

　　非连续性文本的体式很多，如说明书、广告、表、目录、索引、清单、网络跟帖、短信，等等。体式不同，教学的个性也不同。如果抽掉教学对象而谈论教学功用、目标、策略等，那么就会使功用、目标、策略抽象化、空泛化，失去其可操作和应用的特性。基于此，这里借用我们教授项目工作室成员、对非连续性文本教学有深入研究的蒋长兰老师的成果，以"图表类群文"为例，谈谈该类非连续性文本教学的特点，以举一反三，体现其他形式非连续性文本教学的个性。以下三点即具体特点。①

　　1. 引导定向浏览，厘清关系，提取碎片化信息

　　图表类文本常在二维空间内呈现信息，且信息常以碎片化形式存在于标题、图形、数据、类别、文字等图表构成要素中。阅读这样的文本，目的性、方向感要明确。首先，要引导学生了解图表文本组合的类别，因为不同类别的文本，阅读的关注点不同，整合信息的策略也不一样。其次，要让学生快速浏览文本，观察、把握各图表的构成要素。表一般由表头、行标题、列标题、数字等要素构成，图一般包括标题、图例、类别、图形、刻度、文字与数据等要素。其中，对标题、图例、数据、图形等要素要作定向阅读，因为它们关乎阅读方向、对象属性等核心要素。最后，要厘清图表类文本的空间关系，这是提取碎片化信息的前提和基础。一般来说，图表是从横向、纵向两个维度上呈现信息的。表有行、列，图有横轴、纵轴，阅读时既要从横向上提取信息，也要从纵向上提取信息。在弄清图表的构成要素、厘清其空间关系后，就可以根据需要从图表群文中将分散的、碎片化的信息加以提取，并有机地进行拼接和组合。②

　　2. 启发比较阅读，统整信息，洞察内在关系及规律

　　数据是图表类文本的重要组成部分，它能非常直观地呈现调查对象的属性，反映相关问题。一般情况下，表的横向上呈现数据信息，纵向上展示调查项目，图的横向上则显示调查项目，纵向上呈现数据信息。图表类文本阅读的核心是进行数据的审读和比较分析，在比较中观察变

---

　　① 参见蒋长兰：《非连续性文本群文阅读的功用及策略》，载《教学与管理》，2017(7)。

　　② 参见臧松刚：《给非连续性文本阅读一个合理的定位》，载《教学与管理》，2014(32)。

化，发现差异和问题。数据比较有两种情况，一是图表内的数据比较，二是图表与图表之间的数据比较，这在图表类文本阅读中更加重要。多个图表组合在一起，它们可能在内容上存在某种特定的关系，有的相互补充，有的相互比较，有的可能完全相悖。对学生而言，学会综合比较不同图表中的数据，找到各材料之间的相互关系，发现其内在的关联性，并在此基础上归纳、总结出图表类群文阅读的共性规则、方法，是至关重要的。

上述两种数据比较缺一不可，其中图表内的数据比较，是图表与图表间数据比较的基础，只有读懂了图表内数据所传达的信息，才能够更好地理解图表间的关联与规律。数据比较是图表类文本阅读的重中之重，它能将零散的、碎片化的信息通过比较、分析、统整、拼接，将看似无序的信息提升为有关联度的、系统化的知识，为后续的阅读推断、总结做足准备，奠定基础。

3. 指导深度阅读，推断反思，发展思维品质

图表阅读的本质是由数据得到信息，但数据呈现的多为事物的显性信息，反映的是事物的现象。如果阅读只停留在获取数据所传达的显性信息上，不去追问、思考、探究数据背后所包孕的本质和潜藏的问题，那么就会造成数据与信息相关的背景、现实表象和深度意义之间的断裂，进而影响阅读目标的实现。因此，开展图表类文本教学，教师要善于引导学生主动探究图表内容所蕴藏的问题，深入思考现象与本质之间的联系，运用反思、评判、推断、联想等思维方式，找到问题的症结与成因，得出正确的结论。图表类文本阅读就是要让学生在"质疑—探究—发现"的阅读过程中，洞察事物内在联系与规律，能够正确推理，科学判断，获得非连续性文本的深层意义。教师在阅读中培养学生深度阅读的习惯，提高其发现问题和研究问题的能力，在更高的阅读层面上不断提升学生的阅读思维能力和思维品质。

《语文课程标准(2011年版)》对文体样式作了模糊处理，归为上述四类。其实，叙事性作品、说明性文章、诗歌，还只是文体的大类，里面还有更为复杂、更为具体的小类。例如，叙事性作品就有故事、童话、小说等之别；说明性文章，也有状物类、写景类、说理类、科学小品文等之分。每一个小类文体的文章，其表达都有非常鲜明、独特的个性，教学必须依据其独特之处进行。用近年关注文体分类教学的特级教师薛法根的话来说，文体其实就是人们解读和创作文章的信息模式和认知图式，阅读教学必须识体、适体、得体，仔细考量文体分类教学的价值，建立学生与"这一类"课文、"这一篇"课文之间的联系。[①] 例如，作为电影文学剧本，《辛德勒的名单》具有台词的动作性、情节的跳跃性、电影的可视性等特点，它与小说有显著的区别。教学时，教师就应该通过朗读、想象、品味、研读剧本与观看相关视频相结合等手段，引导学生关注语言背后剧本台词的动作性、事件背后的戏剧冲突、表情背后的可视性。[②]

（五）小类文本教学个性化：以寓言为例

1. 紧紧依托故事，充分感受形象

寓言是寄托着深刻思想意义的简短故事。作为一种文学样式，寓言有自身的特点。著名作家严文井对此有很精当的概括："寓言是一个怪物，当它朝你走来的时候，分明是一个故事，生动活泼；而当它转身要走开的时候，却突然变成了一个哲理，严肃认真。"故事是形象的描绘，寓意是抽象的概括。只有当学生具体而完整地感受故事的形象，他才能领会其中的意思。以小学语文中的寓言教学为例。小学生抽象思维虽在发展，但其思维在很大程度上仍与感性经验相联系，具有具体形象的特点。那种教完寓言就要学生揭示寓意，学生说不出来就用小黑板或电子屏幕出示寓意，让学生抄写记忆的做法，是违反学生的思维特点和认知规律的。寓言教学必须紧紧依托故事，从故事入手，引导学生充分揣摩课文的语言，感受寓言的形象。对寓言的形象感受越充分，对寓意的理解才越深刻。从故事入手感受形象的方法很多，可以抓住故事中人物的语言、动作、心理，或观察插图，或朗读感悟，或心理补白，或表演体验。以《揠苗助长》为例。如果抓住"巴望""焦急""兴致勃勃"这条心理线索，那么我们就进入了抵达文本核心的"绿色通道"。农夫为什么"巴望"？从中午到天黑，他一直在田里忙着将禾苗一棵一棵往上拔，当太阳火辣辣照在身上，当饿得前胸贴到后背时，当累得腰都快断了时，他心里怎么想？会怎么说？得知禾苗都枯死了，他又会怎么想怎么说？利用课文的空白，创设各种情境，进行心理补白，学生一定能深入文本，深入农夫的内心世界，充分感受形象，揭示寓意就是水到渠成的事了。

---

① 参见薛法根：《识体·适体·得体——文体分类教学的价值考量》，载《语文教学通讯》，2016(27)。

② 参见褚树荣，等：《关于"因体而教"的对话》，载《语文学习》，2015(12)。

2. 遵循思维规律，引导揭示寓意

揭示寓意，主要是通过故事情节从"转义"上去理解，困难主要在"转义"上。怎样才能从故事情节"转"到寓意上来呢？必须针对第一学段和第二、第三学段学生不同的思维规律，采用不同的方法。

第一学段适宜运用发展情节法引出寓意。低年级儿童长于形象思维，抽象思维水平很低，其抽象思维必须依托形象、感性思维的支撑。发展情节法正好顺应了他们的思维特点。以一位老师教学《狐狸和乌鸦》为例。见学生实在难以抽象出寓意，他灵机一动，联系一年级时学生学过的课文《乌鸦喝水》启发："从《乌鸦喝水》这个故事看，乌鸦是很聪明的。今天乌鸦却上当了。当它眼睁睁地看着狐狸叼着肉钻进洞里，会怎么想怎么说呢？"学生立即兴奋起来，发展情节，续编故事："原来狐狸不是想听我唱歌，而是想得到我嘴里的肉。""都怪我。不该听狐狸的好话。""喜欢听好话就会上当！"虽然他们没有说出"奉承话"这三个字，但通过情节的依托已经把这则寓言的寓意揭示出来了。[①]

第二、第三学段适宜运用设计"阶梯"法揭示寓意，联系生活法深化寓意。随着小学生年龄的增长，思维水平的提高，我们便可提出直接揭示寓意的要求。我们要借助故事这个"喻体"，设计好由形象思维到抽象思维的"阶梯"，让学生沿"梯"而上，实现跨越。仍以《揠苗助长》教学为例。"阶梯"分三步。第一步引导学生对农夫"巴望"和行动进行判断，让学生明白巴望禾苗长得快并没有错，但为实现这一愿望的行动错了。接着进一步分析，应当怎样做才能使禾苗长得快？农夫错在哪里？在此基础上，进入第三步，这则寓言告诉我们什么道理呢？如此教学，使学生由具体情节的分析判断中，经分析推理而抽象出有普遍意义的教训，达到认识的飞跃。联系实际是加深寓意理解的好方法。一位老师教学《揠苗助长》时来了个现身说法："老师也干过类似的傻事。去年种了两盆花，总是长不好。别人说是缺肥，于是多上了肥料，结果花给烧死了。你们在日常生活中干过类似的事情吗？"同学们纷纷说起心疼小鸡多喂米结果撑死、不复习就做作业反而又慢错误又多的事，这些都是亲身经历的事，用它们来印证寓意，真实而又贴切。

需要强调指出，以上阐述的所谓"个性"，其实只是叙事性作品、说明性文章、诗歌、非连续文本教学，区别于其他体裁的类别共性，列举

---

① 参见于永正：《发展情节 揭示寓意》，载《小学语文教师》，1992(6)。

的图表类和寓言的个性化教学，也是这一小类的教学共性。要真正做到个性化教学，一定要像汲安庆教授指出的：注意体性，贴紧类性，寻找篇性，[①] 把体裁共性与具体课文内容、语体风格融合起来，那样才能千变万化，彰显特色，与刻板僵化绝缘。

二、依据不同的语体风格，实现阅读教学个性化

课文是客观世界在作者头脑中反映的产物，是作者个性化思想、情感的结晶。课文内容包罗万象，上至广袤星空，下至深邃海底，大到河流山川，小到一花一木，从客观世界到精神领域，从自然科学到社会哲学，可谓五彩缤纷，再加上古今中外众多作者各具特色的语体风格，如果用清一色的、一成不变的教学模式进行阅读教学，显然是不科学的，也是行不通的。

所谓语体，指的是根据不同的活动领域、交际场景和言说对象的需要而形成的语言体式，包括语言结构、语言系统、语言风格。

目前的阅读教学，多以文体的共性知识为工具。诗歌教学，聚焦意象、意境、节奏、韵律；剧本教学，关注戏剧冲突、潜台词、舞台场景；小说教学，除了三要素，近年又引进叙事视角、结构、情感等新知识。"这些知识概括了各种文体的共性，教学中使用起来很方便，即使没有读透作品，拿起这些工具也能上课。比如，教学何其芳《秋天》，要学生说说这首诗写了什么景、抒发了什么情，想象描写的画面。同样用这个知识与方法也可以教学其他写景诗，这样一来，写景抒情诗的教学就形成了一种套路。""用语体知识来教学何其芳《秋天》，则可以忽略前两节，而落在尾节语体特点的分析上。'草野在蟋蟀声中更寥阔了，溪水因枯涸见石更清冽了'，作者改变了用名物词语呈现意象的描述方式，用了表现因果关系的讲述说理的句式。显然这种变化受西方语体的影响，用说关系的语言形式，把道理说明了，想象的空间却小了。"[②]

语体知识克服了一般的文体知识的局限，引导我们关注语言思维的

---

① 参见汲安庆：《语文阅读教学：必须正视的三大范畴》，载《河北师范大学学报》（教育科学版），2017(6)。

② 胡勤：《语体知识的教学意义》，载《教学月刊·中学版》（语文教学），2016(1-2)。

本质，关注作品更加鲜明的个性特征。因此，即便是同一体裁课文的教学，我们也应根据具体的课文内容、不同的语体风格，采取不同的教学策略。

以苏教版语文课程标准实验教科书三年级下册第四单元《赶海》《荷花》的教学为例。虽然它们都是叙事性作品，同属"美妙的生活世界"单元，但区别是相当明显的。《赶海》叙述的是"我"童年时代跟舅舅赶海的事，生动活泼，以"趣"取胜；《荷花》描写公园里一池美丽的荷花和"我"看荷花的感受，优美抒情，以"美"见长。针对它们的"个性"，教学可这样进行：引导学生采用"一点突破法"学习《赶海》。即紧扣"趣"字，通过反复诵读、角色表演等手段，真切体验追浪花、抓螃蟹、捉大虾等场景中蕴含的无限童趣、乐趣，深刻领悟课文语言的活泼、场面描写的生动。学习《荷花》，宜通过语言描绘、图画再现、音乐渲染等方法让学生进入情境，张开感受的触角，放飞想象的翅膀，充分感受荷花的色彩美、形态美，充分感受幻化荷花的意境美，充分感受课文细腻传神的语言美。

三、依据不同的课时目标、教学流程，实现阅读教学个性化

阅读教学的过程，其实是每个学生潜心读书，获得个人体验和独特感受的过程；是学生、教师、教科书编者、文本对话，思维碰撞，情感交流的过程；是教师引导学生在阅读实践中不断实现自我建构，学习阅读，促进表达的过程。这一过程，因为具体的课时目标、教学流程的不同，所以教学的侧重、特点也大不相同。所用课时多少与课文内容的长短、深浅，与教学任务的轻重密切相关，无法单独拎出来论述。这里，只谈谈如何体现阅读教学不同环节、流程的个性特点。

（一）初读课文，整体感知
教师教学一篇课文首先应该由整体入手，指导学生自读课文，扫除障碍，学会生字新词，把握课文脉络大意，鸟瞰全文。

1. 精心导入，激发阅读兴趣，唤醒阅读期待
学生初次接触课文，能否打开他们的心灵之门，拨动他们的情感之弦，激发他们学习课文的兴趣，直接影响到阅读教学的成败。因此，教

师应精心导入，调动学生的阅读兴趣，将学生的阅读经验与文本的召唤结构联系起来，唤醒学生的阅读期待。

可以情境导入，发挥感染力。谈话激情，音乐激情，图画激情，诵读激情，可供选择的手段很多。教学《小蝌蚪找妈妈》，有位老师综合运用几种方法激情导入，让学生听、唱《世上只有妈妈好》，交流自己感受到的母爱，然后出示"寻人启事"："我们是小蝌蚪，是一群没有妈妈的孩子。都说世上只有妈妈好，可我们连自己的妈妈长什么样子都不知道。听说你们有爱心、肯助人，亲爱的小朋友，你们能帮我们找到妈妈吗?"学生们都非常动情，因为小蝌蚪不再是书上抽象的角色，不再是不相干的人物，而是自己的伙伴，是需要帮助的弱者。他们一下子进入了角色，进入了情境，投入阅读中去。

可以趣导入，发挥诱惑力。以疑问激趣，以实验激趣，以想象激趣，以故事激趣，还可以通过比赛激趣。教学《田忌赛马》，教师别出心裁，利用学生好胜心强的特点，以玩纸牌的形式导入。明明拿到的三张牌都比老师的大，为什么输的却是自己呢? 学生大惑不解，注意力高度集中，好奇心和破解疑难的主动性、积极性一下子被调动起来，他们迫不及待地想从课文中找到以弱胜强、以少胜多的答案，弄清其中的奥妙。

可以理导入，发挥说服力。警句明理，点题明理，行动明理，还可以温故明理，从"温故"出发，促其"知新"。教学《李时珍夜宿古寺》，一位教师妙用连线题找相关人物导入：砸缸、史学家、《资治通鉴》，远渡重洋、生物学家、青蛙卵剥离手术，励志学画、《奔马》、画家，一万余里、《本草纲目》、药物学家、司马光、童第周、徐悲鸿、李时珍。这一导入新颖别致，不仅回顾复习了以前学过的同一类型的课文，而且触及了课文主旨和人生哲理，在学生头脑中建立起类型概念，便于前后联系、触类旁通，深化理解。如此导入，的确未成曲调先有情。

2. 巧妙处理，落实字词目标，扫清阅读障碍

扫清阅读障碍，落实字词目标，是初读的必经之路，教师要舍得投入精力，把生字新词教学抓细抓实。阅读心理学研究证明，一个人的词汇越丰富，他对语言的感觉越敏锐，阅读能力、语言能力也越强。字词的学习与课时目标的落实、语感的培养密不可分，字词的学习是促进语言积累、提高语文素养的要务，绝不能等闲视之，切不可一带而过。很多小学的高年级老师将字词学习完全"下放"到预习环节，以便将课上的

时间全部用于感悟课文的人文内涵，这种做法既违反了语文学习的基本规律，也忽视了语文学科的工具性特点。怎样巧妙落实字词教学目标，扫除阅读障碍，让字词学习成为学生亲近母语、提升语感的重要形式？

以全国第七届青年教师阅读教学比赛一等奖获得者许嫣娜老师教学《小动物过冬》为例。许嫣娜老师匠心独具，创造性地利用文本资源，将它作为课堂情境创设的载体，引领学生迅速进入课文情境，在自然语境中认读生字，理解词义，真正做到"字不离词，词不离句"。由于身处情境，结合语境，这些生字新词不再是枯燥、生硬的符号，而变得有内涵有情感，成了传情达意的载体。更值得称道的是许嫣娜老师的教学理念和教学方法：她没有面面俱到，也不呆板机械，而是针对学生的实际有重点、有取舍地指导，"暖、商"重形，"钻、藏、巢"重音，"春暖花开、暖和、蜂巢"重义，采用不同的方式突破；不仅学习内容各有侧重，方法也灵动多变。就解释词义和识记字形来说，许嫣娜老师就根据本课词语的具体情况，帮助学生灵活运用并归纳升华了找近义词法（暖和）、看实物法（蜂巢）、拆字法（春暖花开）、表演法（钻）、旧字换新字法（第）等多种理解、记忆的妙招，不仅活化了教学，而且发挥了学生学习的主动性，让隐性思维显性化，教给了学生学习方法，提高了学生独立识字的能力。

只要艺术设计，大胆变革，巧妙处理，字词教学甚至能一箭双雕，在扫清阅读障碍的同时，引领学生纵身跃入文本情感的汪洋大海。王崧舟老师教学《二泉映月》为我们提供了范例。他先出示两两相对的四组词语：茫茫月夜、如银月光，一泓清泉、静影沉璧，流水淙淙、蜿蜒而来，月光照水、水波映月；然后指导学生读准读好这四组词语，不仅读出了语音语义的变化，而且读出了如诗如画的感觉，读出了美丽的画面。此时，这些词语已经不是冰凉的铅字，而是富有温度、情意的"诗意词汇"了。在此基础上，王崧舟老师话锋一转："这如诗如画的风景，对于双目失明的阿炳来说却意味着什么？"一语惊醒梦中人，刚刚还流连在二泉旖旎风光中的学生，陡然间走进了阿炳凄惨的身世，走进了阿炳痛苦的灵魂。生字新词不再是阅读的障碍、桎梏，而成为学生与文本对话的"言语资源"，成为进入人物心灵的"快速通道"！

3. 想方设法，抓牢抓实初读，整体感知文本

阅读教学是学生、教师、教科书编者、文本之间的对话过程，这一过程存在多重对话关系，其中，学生与文本的对话是所有对话的基础。

初读感知是学生与文本对话的第一步，是教学对话展开的前提，没有扎实有效的初读作支撑，精彩纷呈的精读、深刻细腻的体验、沟通心灵的对话都是空中楼阁、海市蜃楼。因此，要给学生充裕的读书时间，让学生将课文真正读正确、读流利，顺畅走进文本，从整体上把握文本内容。

初读指导方法很多，应根据实际情况灵活选用：可大声朗读，可静心默读，可同伴互读，可教师范读。自读时可指导学生动笔动脑，画出生字新词、难读句段，记下初读感触；试读时可引导回读、反复读，扣住重点，突破难点。总之，手段不拘一格，但目标务必达到，真正将课文读正确、读顺畅，读出自己的理解，读出对文本的整体感受。孙建峰老师执教《做一片美的叶子》，初读阶段放手让学生"三读"：教学伊始，要求学生读正确、读流利；针对学生争强好胜的心理，再读课文时鼓励学生通过朗读展示自己美妙的声音；在此基础上，又让学生静心阅读："仔细默读课文，看看课文主要写了什么？你觉得哪些句子写得好？读了这些句子你产生了什么想法？请随手写下来。"由于强化了参与意识、给足了时间，因此学生都真正进入了阅读状态，主动对文本展开整体性、创造性感知，与作者展开人格对等基础上的心灵交流，初步达到与文本视界的融合。

4. 热情鼓励，指导质疑问难，引发探究欲望

古希腊哲学家苏格拉底从不赞成把现成的思想注进学生的心灵，而主张启发他们积极提出问题，引导他们主动发现。我国古代教育家也强调"学贵有疑，小疑则小进，大疑则大进。疑者，觉悟之机也，一番觉悟，一番长进"。好奇、多问是儿童的天性，是儿童求知欲旺盛的表现，我们不能压抑这种天性，而应因势利导，热情鼓励，通过交流初读心得、提出疑难困惑环节，让学生展示阅读成果，大胆提出问题，并借此引发继续探究的欲望，在精读阶段将阅读水平提升到新的高度。[①]

（二）精读课文，深入感悟

学生整体感知课文、初步了解大意之后，就要进一步引导学生精读课文，深入探究。精读过程必须注意以下几个方面：

一是加强学生的个性化阅读，使每个学生在阅读中积极思维，展开

---

① 胡海舟：《在"有法"与"无法"之间"自由活动"》，载《新语文学习》（教师版），2011（2）。

丰富的情感活动，获得个人的感受。

二是积极组织、引导学生合作学习、探究学习，互相切磋、互相启发，形成"对话场效应"，善于通过合作学习解决阅读中的问题，提升阅读能力。

三是引导学生多角度、有创意的阅读，学会利用阅读反思和批判等环节，拓展思维空间，提高阅读质量。

四是引导学生感受课文的言语特色，玩味课文的言语方式，揣摩课文的个性表达，深入体味课文的内在联系，得意更得言。

（三）整体升华，读写结合

一篇课文的阅读教学，不仅要让学生读懂课文，还要通过阅读陶冶情操，悟解思想，指导读写。这就需要在局部理解的基础上，让学生回顾全文，围绕一些密切相关的问题开动脑筋，积极思考，在整体上获得升华。

需要指出的是，以上三个教学环节只是就阅读教学的一般程序而言的，也就是所谓"常式"，我们还要根据实际情况探求"常式"中的"变式"。根据《语文课程标准（2011年版）》的精神，阅读教学不能以教师的分析代替学生的阅读实践，不应以模式化的解读来代替学生的体验和思考，要构建以学生为主体，突出感悟、质疑和运用能力培养为重心的阅读课教学模式。这就要求变中守常，常中有变，因文、因人进行阅读教学。

四、依据不同学生的实际情况，实现阅读教学个性化

阅读是发生在阅读主体和阅读客体（即文本）之间的一种复杂的心智活动。这种活动会产生一个结果，就是"意义建构"。意义建构既决定于文本（课文），也决定于阅读主体（学生）。而每个阅读主体都有不同于其他阅读主体的生活经验、认知经验和阅读经验，因此，他们最后得到的这个"意义建构"都是不同的。阅读主体通过阅读活动建构起来的这个"新意义"，以及建构这个"新意义"的不同方式，就是所谓阅读的"个性"。

个性化阅读是新课程积极倡导的阅读取向，是关注学生主体化、凸显生命独特性、尊重学生对语文材料反应多元性的具体表现。推行个性

化阅读，其本意是不想让摇曳多姿、五光十色的文本内容衍化为千人一腔、千篇一律的结论，不想让血肉丰满、呼之欲出的艺术形象被抽象为苍白干瘪、枯燥乏味的概念，不想让充满灵性、千差万别的生命个体被长期僵化刻板的教学异化为唯唯诺诺、只知接受的"两脚书橱"。个性化阅读呼唤我们摒弃千人一面、千课一面(一样的阅读方法，一样的阅读过程，一样的阅读结果，考试时一样的标准答案)的传统阅读教学模式，了解阅读主体的心理需求，关注阅读主体兴趣、爱好、知识背景、经验背景、个性气质等方面的差异，着眼生成，框架结构，留足时空，以宽容、民主的态度，以灵活、多变的方式和方法组织教学，唤醒学生阅读的个性化意识，尊重学生阅读的个性化选择，倡导学生阅读的个性化建构，启发学生悟读，引导学生研读，鼓励学生创读，以阅读教学的个性化保证、提升阅读的个性化。

(一)框架结构，留足时空，鼓励个性解读

"现代阅读理论认为，文本不是一座自言自语宣告其存在的纪念碑，而像是一部乐队总谱，只有读者发挥出自己的主体性——自主性、能动性和创造性，才会使其产生具有个性特色的动人交响。"①要让学生读出自己的思考，读出自己的见解，与文本奏出"具有个性特色的交响"，教师就不能越俎代庖、串讲串问、一味分析、"牵着学生鼻子走"，而应着眼教学动态生成的特点，构建粗线条、框架式的教学结构，增加弹性处理成分和现场应变机制，以民主的态度和不拘一格的姿势进行教学，为学生个性化阅读留下充分的时间和广阔的空间，放手让学生深入文本世界，以自己的智慧、心灵、真情与作者对话。同时，又善于以精当的点拨和巧妙的引导使对话不断走向深入，从而保证学生从自己的个性特征出发，对文本作出真正属于自己又有一定深度的感悟、理解和发现。

特级教师孙双金教学《林冲棒打洪教头》为我们提供了成功的案例。前文已经简单提及，这里展开阐述。为了让学生真正发挥阅读的自主性、能动性、创造性，孙双金老师不但注意引发学生内在的阅读动机，留足了时间让学生反反复复朗读课文，兴致勃勃地与同座交流，而且巧妙地根据小说通过典型事例塑造典型人物的特色，引导学

---

① 孙宝林：《阅读因个性的张扬而美丽诱人——谈谈个性化阅读的衡量标准》，载《语文教学通讯》(小学版)，2005(4)。

生围绕"什么样的林冲""什么样的洪教头"这两个具有多元理解质地的问题扎扎实实与文本深入对话。极具开放性的问题给了学生巨大的空间，激发了学生主动参与的热情，引爆了学生个性解读的火花。他们认真研读，互相启发，新见迭出，不但说出了个性化的认识，而且有根据地从课文中找出了充分的理由，这就很好地将个性阅读、多元理解与语言文字的品味紧密结合了起来，在个性张扬、思维驰骋的探究中进行了语言文字学习，自然渗透了中国名著里的人物被刻画得丰满、立体的观点，激发了学生课外阅读的欲望，凸显了语文学科的特点。更为可贵的是，孙双金老师在学生个性解读的同时不忘使命，精于点拨，相机诱导，顺势提升。当有的学生说林冲乱中取胜，一棒击中洪教头"要害"时，孙双金老师及时将"小腿骨"与"头部"相比较，既纠正了学生用词的不妥，培养了语感，更在深层次上将林冲的"点到为止"与洪教头的"欲置人于死地"相对照，提升了学生对人物个性品质的认识，提高了学生个性解读的质量。

（二）形式多变，方法灵活，引导个性阅读

以多元智能理论为指导，针对学生活泼好动、喜欢变化的心理特点，结合文本具体内容和表现形式，让学生或声情并茂读，或有滋有味品，或追根究底问，或兴致勃勃议，或情趣横生演，或灵性飞扬画，或激情飞越唱，或妙语连珠说……总之，教师以多变的形式和灵活的方法组织教学、整合资源，让学生成为阅读的主人，真正实现阅读的个性化、有效化。

李吉林老师教学《太阳》一文，注意创设情境，引导学生积极参与、个性学习。教学伊始，李吉林老师出示太阳幻灯，引导质疑（太阳有多大、多热、离我们有多远等），激发起了学生的阅读期待，从而使学生进入能动的学习状态，并借此进入课文的相关情境，有趣味、有目的地与文本对话。接下来，列表搜集信息以解答疑问、语言比较以体会引用传说的作用、语言转换训练以感悟遣词造句的妙用都很新颖有趣，一改说明文教学的老套路、老面孔。

支玉恒老师教学《太阳》，则是另外的风格。在学生自读课文、提取信息、抓住要点的基础上，他巧妙设喻，以"大队长""中队长""小队长"的关系类比课文的结构，引导学生梳理课文层次，认清各部分的逻辑联系，明白说明事物得有一定的顺序。然后，紧扣难点，进行语言训练，意会说明方法。

两位特级教师教学方法各异，教学风格有别，但教学指导思想是一致的：适应学生的心理需求和个体差异，始终注意以多变的形式和灵活有趣的方法点击学生积极参与、个性学习的兴奋点，让他们在富于变化、空间广阔的阅读课堂，用适合自己的方法主动质疑、思考、感悟、探究、交流，所以两位教师的教学都取得了巨大的成功，学生动心、动情、动脑、动手、动口，在全身心的体验、品味中获得了知识、能力、方法、情感、态度的建构，实现了个性化阅读。

五、依据不同教师的个体差异，实现阅读教学个性化

"任何一个教师群体中的任何一位教师在职业活动中都会表现出不同于别的教师的个体性特点。"所谓"教师的个体性指的是教师在职业人格共同性基础上所表现出的具有个人特色的心理倾向和行为特点。"①气质秉性、才情学识、文化背景等都是构成这个"个体性"的重要因子，这些因子注定阅读教学放射五彩斑斓的个性光芒。

（一）个体气质秉性的丰富必然决定阅读教学风格的多彩

现代心理学研究表明，人的气质特点的表现相当丰富、复杂；而且，每一种气质类型都会受其他因素的影响。情思激荡型、谨严朴实型、风趣幽默型、睿智深刻型、典雅含蓄型、自然大气型……这些闪烁风格之美的阅读教学类型之所以能在几十年的实践中超越"满堂讲""满堂问""满堂读""满堂悟"的僵化模式，脱颖而出、卓尔不群、广受称道，都是因为优秀教师们将自己的个性之光投射到了教学上，从而成就了学生，成就了自己，给死气沉沉的阅读教学带来了生机与活力。著名特级教师薛法根就是以"清简""真实"的个性化教学蜚声教坛的。他一直保持淳朴、敦厚、真诚的禀性，在人心浮躁、阅读课堂以充斥时尚元素为美的今天，始终坚守"真实是课堂的生命"的信念，认为"简约"才是好课的标识。课如其人，于漪、钱梦龙、宁鸿彬、贾志敏、支玉恒等老一辈语文教育家无不是以教学的个性之美各领风骚、享誉教坛。

（二）个体学养的不同必然决定阅读教学风格的多样

不同的教师，其知识结构、学术视野、智力能力、兴趣爱好等也

---

① 朱嘉耀：《走向人格化》，155页，南京，江苏教育出版社，2002。

是不同的，种种不同使他们实施阅读教学的理念、目标、方法和途径表现出与众不同之处。只要善于将自己才情学识诸方面之长与教学原理紧密结合，与学情自然融合，阅读教学必能既独树一帜，又符合学生学习的规律，符合母语教学的规律。霍懋征老师的"扩读引读"、袁瑢老师的"夯实双基发展智力"、李吉林老师的"情境教学"、于永正老师的"儿童的语文"、靳家彦老师的"导读导学"以及新生代特级教师孙双金的"情智语文"、黄厚江的"共生教学"、李伟忠的"情理语文"等，都是将自己高尚的职业道德、先进的教育理念、渊博的学科知识、深厚的文化底蕴、广阔的学术视野、高雅的兴趣爱好、高超的教学能力、突出的科研能力、杰出的创新精神与阅读教学规律嫁接后结出的丰硕的个性果实。

（三）地域文化的差异会对教师教学个性化产生不容小视的影响

风清素韵的越地文化、秀丽旖旎的浙江山水对王崧舟老师阅读课堂处处洋溢的浪漫的激情诗韵、对他"诗意语文"体系的形成作用巨大；张伟老师的"球形教学"在形象之中昭示的情通万物的哲理，具备的浑凝、调和、圆通一致的风采，与雍容厚重的齐鲁文化有千丝万缕联系；窦桂梅老师纵横万里、贯通古今、左右逢源的"主题型"阅读教学路径和爽直、干练的教学个性，无疑与滋养她的坦荡辽阔的东北平原、热情大度的黑土地文化有很大关系。江苏水网纵横，把平原隔成一个个小块，需要较为精致的生产方式。江苏雨水丰沛，土地肥沃，鱼米之乡，生机盎然，丰衣足食，于是有更多的读书人，有更精致的艺术，更讲究的生活方式；于是，也就有了江苏教育家对精致办学风格的追求，因此，江苏的语文名师的教学大多呈现出精致的特色。[①] 对于这一点，前人早有认识。梁启超先生在《中国地理大势论》就曾分析指出："孔墨之在北，老庄之在南，商韩之在西，管邹之在东，或重实行，或毗理想，或主峻刻，或崇虚无，其现象与地理一一相应。"[②]

为论述的方便，我们分文体、语体、教学环节、学情、教师差异等五个方面讨论如何实现阅读教学的个性化。但在实际教学中，这五者是

---

① 参见杨九俊，王一军：《教育家群体：从自然涌现走向自觉成长——以江苏教育家培养为例》，载《人民教育》，2014(14)。

② 梁启超：《梁启超全集》第4卷，930页，北京，北京出版社，1999。

紧密联系在一起的。我们应该将这五个方面综合起来考虑，思考由"这一位"教师对"这一班""这一个"学生教学"这一类""这一组""这一篇""这一课"的特殊之处。以特级教师王小毅的实践探索为例。①

对于人教版六年级上册选取的俄国作家列夫·托尔斯泰的《穷人》这样一篇课文，王小毅老师从文本、学情、师情等角度反复考量、深入思考，由这一类到这一篇，由这一组到这一课，认真研制合宜的、个性化的教学内容，精准地回答了"谁在教""谁在学""学什么""怎样学"等关键问题。在王小毅等老师的指导下，骆应华老师2016年12月在全国第二届小学青年教师教学观摩活动中执教了此课。面对广州的六年级学生，来自重庆的骆应华老师在了解学情的基础上精心引导：初读小说，带着好奇心追问故事情节，把握主要内容；再读小说，通过环境描写，探究桑娜起伏变化的内心，通过心理描写，探究桑娜矛盾坚定的内心，感受人物形象；三读小说，带着疑惑走近作家，走进其生活的年代，追问穷人的命运。因为教学目标遵从文体，阅读策略符合学理，学习方式顺应学情，所以充分彰显个性的这一课，从全国各省、市、自治区参赛的几十课中脱颖而出，获得一等奖。②

六、个性化阅读教学课例评析

为将理论落地生根，与实践紧密结合，下面将选取特级教师、优秀教师的阅读教学实例进行评析，看看他们是如何依据文体、语体、类别、学情、个体等的特点，各展所长，实现阅读教学个性化的。

(一)简约而不简单：评于永正老师教学《第一次抱母亲》

相较于时下那些教学目标芜杂、教学内容繁多、教学环节繁复、教学媒介过多、教学方法花哨的语文课，于永正老师教学《第一次抱母亲》可谓返璞归真，平淡至极，简约至极。但简约而不简单，"冗繁削尽留清瘦"的简约背后，有的是于永正老师对母语教学规律的自觉尊重，有

---

① 参见王小毅：《依据文体特征研制教学内容——以人教版六年级上册〈穷人〉教学为例》，载《语文教学通讯》，2015(30)。

② 参见骆应华，王小毅：《〈穷人〉教学实录及评析》，载《小学语文教学》，2017(1-2)。

的是于永正老师深厚的汉语文化修养、精湛的母语教学艺术的自然体现，有的是于永正老师真实、朴素等东方民族智慧的自然流露。①

1. 教学目标简明是因为抓住了关键

"文灭质，博溺心。"很多语文课之所以事倍功半，不得要领，原因是目标太多，想毕其功于一役：思想感情、语文能力、品德修养、审美情趣、个性人格，知识能力的、过程方法的、情感态度的，一堂课 40 分钟，样样都要顾及，负担太重。结果，语文教学在对众多目标的追逐中眼花缭乱，迷失了自己，教学越来越空泛、虚化，语文课不再姓"语"。

其实，语文课就是教师引导学生学习语文的课，就是学生学习运用祖国语言文字的课，就是引导学生提高语文素养的课。正如于永正老师在《福建教育》杂志社组织的"与名师零距离"活动中反复告诫青年教师的："语文最本质的属性是工具性，语文是实践性很强的课程。"本着这样的理念，立足语文教学的原点，在确定教学目标时，于永正老师总是运用减法思维，抓住母语教学的精髓和关键，努力务语文之"本"。《第一次抱母亲》的教学也不例外，目标简明扼要：第一，指导学生认认真真识字、写字，掌握生字、新词；第二，引导学生扎扎实实读书，通过品味、消化、积累和运用课文语言，披文得意，意文兼顾。目标虽只有简单的两条，但着眼小学语文教学在基础教育阶段的奠基地位，抓住了语文的"根"，整合了三个维度，涵盖了"字词句段篇，听说读写书"，因此非常科学、适切、可测，容易落到实处。

2. 教学内容简要是因为突出了重点

现行教材大都是选文型，内容涉及方方面面，可教可学之处很多。但课堂教学的时间是个常数，学生的学习精力也是有限的。因此，教师必须在准确把握母语教学规律、深入领会课标意图、认真钻研教材的基础上，根据教学目标、教材特质和学生水平精心选择，把那些最基本、最重要、最能体现母语特点、对学生未来的学习和发展最有用的内容突出出来，作为重点，"集中火力"地发挥其某方面的"例子"功能。

对此，于永正老师是颇有心得的。他从不泛泛施教，面面俱到，浪

---

① 参见胡海舟：《简约而不简单——有感于永正老师教学〈第一次抱母亲〉》，载《教学与管理》，2006(35)。

费宝贵的时间，而是在高屋建瓴地审视文本以后，着眼学生的需要和发展，大胆取舍，聚焦重点，实实在在用力，使学生学有所得，得之深刻。教学《第一次抱母亲》时，文中很多地方他一带而过，但对课文关键词句则引导学生沉潜到语言文字的深处，反复涵泳、细心品味，从而获得对作品深层的把握，并悟到学习母语的方法。

"在我的记忆中，母亲总是手里拉着我，背上背着妹妹，肩上再挑 100 多斤重的担子翻山越岭。这样年复一年，直到我们长大。我们长大后可以干活了，但逢有重担，母亲总是叫我们放下，让她来挑。我一直以为母亲力大无穷，没想到她是用 80 多斤的身体，去承受那么重的担子。"这段话意味深长，蕴含丰富，是全文情感的凝聚点。于永正老师将它作为教学的切入点、着眼点和着力点，带领学生反复揣摩、咀嚼，从而带动课文方方面面的学习。这段话中的"越"是个生字，于永正老师就从"越"入手，让学生知道"越"在这儿就是"跨"的意思，"翻山越岭"就是翻过一座座山跨过一道道岭。然后扣住"重担"一词，启发学生"煮书"，即动嘴动脑，边读边想，熟读精思。像歌德说的那样，一只眼睛看纸面的文字，一只眼睛看纸的背后。学生细心体味，用心感悟，由文本的语言符号层进入内在意蕴层，发现这"重担"绝不只是指挑在肩上的那 100 多斤担子，而是大半边天；"翻山越岭"则是指母亲为了子女、家庭和社会所走过的曲折的、不平坦的生活道路。几十年，母亲付出了多少啊！

对护士为什么是"责怪"而不是"责备""埋怨""我"，对母亲眼泪的内涵等关键处，于永正老师也引导学生做了认真的推敲、研究。

放弃是为了更有效的获取，有所不为才能有所为。正因为于永正老师敢于放弃，删繁就简，课文中这些值得教又值得学的"精华"才能被筛选、突出出来，学生也才能在对这些"精华"的品味、吸收中，提升语感，提高能力，激发兴趣，学到阅读方法，受到高尚情感的熏陶。

3. 教学环节简洁是因为符合了需要

第一课时是学生初读课文，第二课时是学生精读课文，于永正老师审时度势，相机点拨指引。《第一次抱母亲》的教学流程就是如此简洁、流畅，之所以没有设置什么障碍（问题）与"陷阱"，也没有设计太多的学习环节，是因为于永正老师认为语文学习本身是一件简单的、快活的事情，学习的过程也应是科学的、清爽的、顺畅的，这是符合学生学习需要的。

正是这种简化的课堂教学程序给了师生更大的空间、更多的时间，使他们可以从整体上把握课文，使教学可以强化重点，向深度掘进，取得实效。以第一课时的初读为例，于永正老师视初读为"保底工程"。为确保每一个学生都能读正确、读流利，他严字当头，"一字未宜忽"，逐段过关，必要时还领读示范。在他的严格要求下，每个学生都将课文读得正确、流利了，甚至还读出了逗号与句号的区别，读出了叹号和问号的不同，为第二课时的精读感悟奠定了坚实基础。这与很多教师强人所难，让学生匆匆将课文浏览一遍，便要求交流与作者对话心得的做法是大不相同的。学生课文还未读熟读懂，如何畅谈阅读体会？

4. 教学方法简便是因为把握了规律

没有花样翻新的游戏和表演"帮忙"，不用声、色、形俱全的现代媒体"包装"，于永正老师教学《第一次抱母亲》方法只有一个：读。自由读、指名读、齐读、范读，第一课时，学生就将课文认认真真、实实在在读了 5 遍；第二课时，于永正老师更是要求学生深思精读，边议边读、读说结合，要求通过朗读将学生自己的感受和理解表达出来。

于永正老师缘何对"读"如此情有独钟？缘于对母语教学规律深刻的认识、准确的把握。

汉语言没有多少性、数、格的区别，没有多少强制性的规矩，词法句法大体靠意会，灵活性很强，变数很多，弹性很大。从母语本身的特点出发，于永正老师教学非常重视整体感悟，重视语感提升。而"读"正是达成这一目标的有效方法和重要途径。因为通过读，学生能用心思考语言文字的内涵，能细细咀嚼语言文字的滋味，能深刻体验语言文字中蕴含的情感，能积累内化范文的语言，能积淀语感经验。所以于永正老师教学的确是"以读为本"，让学生在声情并茂的朗读中，在入情入境的阅读课堂上，张开感悟的触角，张扬个性的羽翼，喷涌生命的激情，充分感受语文之美，享受学习快乐！

大音希声，大道至简，大智若愚，大巧若拙。如果我们能从上述简约的背后，读出于永正老师的深刻、博大、丰富，读出他对学生真诚的爱，读出他对母语教学规律透彻的认识，读出他对教学原理出神入化的把握，我们方可取得"真经"，真正像于永正老师那样简简单单教语文，平平淡淡教语文，轻轻松松教语文，扎扎实实教语文，而不至于摹形遗神，走向另一个极端。

（二）让古典作品与现代学生顺利对接：评李伟忠老师教学《三顾茅庐》

语文不仅是最重要的交际工具，而且是人类文化的重要组成部分。为此，《语文课程标准（2011年版）》明确要求，通过语文学习使学生"认识中华文化的丰厚博大，吸收民族文化智慧""提高文化品位和审美情趣"。为把课标理念落到实处，苏教版、人教版等的教材均从神话传说、历史故事、古典名著中选了大量课文，但这些"经典"作品与现代生活差异很大，与当代小学生的认知水平、理解能力相距甚远。怎样才能激发小学生的阅读兴趣，让他们读懂、爱读祖国的优秀作品，从而领悟其深刻内涵和独特魅力，实现现代学生与经典作品的顺利对接呢？

全国第六届青年教师阅读教学观摩比赛一等奖获得者、特级教师李伟忠执教《三顾茅庐》，对此进行了成功的尝试。李伟忠老师注意在现代与经典之间铺路架桥，奠定基础，使对接有了宽度；李伟忠老师着力让学生感同身受，切己体察，使对接有了温度；李伟忠老师着眼母语教学的规律，努力用汉语的特点教学汉语，启发学生扎根母语文化的肥沃土壤，帮助学生打好精神的底色，使对接有了高度。①

1. 宽度——使对接基础厚实

《三顾茅庐》是根据古典名著《三国演义》的有关内容改写的，故事距今已有1800多年，要让学生穿越如此漫长的时空与之对话，教师就必须铺路架桥，消除两者之间的隔阂。针对学生缺少相关历史背景、文化常识、语言文字等知识储备的实际情况，李伟忠老师拓宽增厚了文本内容、教学容量，在教学资源的开发、整合上做足了文章，课前拓展，课中穿插，课后延伸，让现代与经典的成功对接有了宽厚坚实的基础。

（1）课前拓展

从学生熟悉的电视连续剧《三国演义》开始"课前热身"。在《滚滚长江东逝水》的主题音乐中，学生聊自己熟知的《三国演义》故事，侃自己了解的三国人物，课堂教学深入进行所必需的心理、情感、知识准备，于轻松、随意中不知不觉完成。尤见匠心的是李伟忠老师借学生的闲聊引出的"填表说话"：公元207年，刘备三顾茅庐时，身为皇叔、镇东将

① 参见海舟：《让古典作品与现代教学顺利对接——李伟忠老师教学〈三顾茅庐〉赏析》，载《小学语文教学》，2008(5)。

军的他已经 46 岁，而 26 岁的诸葛亮却是一介书生、草民。对故事主人公年龄、地位的比较，不仅让教学由闲谈过渡到品读，也为对话的聚焦与深化提供了重要的史料支撑，为研究性学习的深入进行开启了绝妙视角。

（2）课中穿插

课文重点描写的是刘备第三次前往隆中拜访诸葛亮的经过。为了让学生真正领悟刘备"三"顾茅庐的真心、耐心和苦心，李伟忠老师别具慧眼，抓住第三次"顾"之前张飞的怨恨、厌烦，巧妙插入一顾、二顾茅庐的图片及文字资料，让文本在学生心中变得更加丰满、厚实，从而通过结拜兄弟张飞的无礼，反衬、凸显了刘备一而再、再而三拜访的难能可贵。

（3）课后延伸

经典课文是一扇"窗"，教师应启发学生透过这扇"窗"去欣赏前面的"文山书海"；经典课文是一座"桥"，教师要引领学生通过这座"桥"跨入中华灿烂文化的殿堂。对于教材编写者选编经典的良苦用心，对于当时的"语文课程标准"要让学生"好读书，读好书，读整本的书"的谆谆教海，李伟忠老师心领神会且付诸行动。结课阶段，他不但自然引入诸葛亮的《出师表》，而且让学生介绍自己知道的诸葛亮屡建奇功的故事（草船借箭、火烧赤壁、七擒孟获、智唱空城计、巧布八卦阵，等等），这既升华了主题，又激发了学生阅读《三国演义》相关内容的强烈欲望，让下课铃声成了课外经典阅读的号角声。这样，就将现代与经典对接的轨道延伸到了更为广阔的天地。

2. 温度——使对接直抵心灵

刘备为何"猥自枉屈"，三顾一介草民于茅庐？学生要通过抽象、冰冷的文字感触文字背后的体温、脉搏，读懂生活在 1800 多年前且已经人到中年的刘备的心理和情感，难度是很大的。李伟忠老师举重若轻，充分利用文本故事性强的特点，紧扣一个"诚"字，巧创情境，让学生直抵文本深处和人物心灵，从而化难为易："刘备在拜访诸葛亮的途中处处显示了诚意诚心，让我们一路跟随，用心感受吧！"学生用心研读，细心揣摩，觇文见心，很快进入情境，从离诸葛亮住处还有半里多路就"下马步行"、到了诸葛亮家"轻轻敲门"、然后恭恭敬敬"阶下等候"半天功夫、"快步进屋"同诸葛亮见面等重点部分感受到了刘备的真与诚。

对于课文关键部分第三自然段，李伟忠老师更是浓墨重彩，调动多种教学手段，让学生进入角色，感同身受，切己体察。第一，角色体验：全体起立，像刘备一样"恭恭敬敬"站立。第二，师生扮演角色、变换角度反复对话：首先，交流：在电影、电视中，你见过什么样的人才会这样恭恭敬敬地站立？其次，对话：刘皇叔啊，你可是镇东将军，诸葛亮只是一介书生，你为何如此恭敬地站着？最后，再次对话：刘将军，你可是大诸葛亮20岁的长辈啊，用得着如此恭敬地阶下等候吗？第三，现场采访：像刘备这样恭恭敬敬地站立了几分钟，有何感受？第四，揣摩心理：恭恭敬敬站立了半天的刘备，一定想到了很多，请你替他道出心声。第五，展开想象：在恭恭敬敬阶下等候的"一个时辰"中，可能会发生什么事情呢？刘备会怎么想、怎么说、怎么做呢？（情境提示："这时，突然下起雨来……""刘备受过伤的右腿……""张飞在外面等得实在不耐烦了，又闹起来……"）第六，朗读体会。李伟忠老师精心设计、灵活运用的六种教学举措，就像六条引领学生由文本的语言符号层进入文本的内在意蕴层的"绿色通道"，让学生在文中人物与自我的角色切换中，在体验、揣摩、品味、想象等一系列心理活动中，在对话、表达、朗读等丰富的言语实践中，一步一步深入人物的内心世界，想人物所想，急人物所急，与文中人物心心相印、息息相通，难怪感受是那么深刻、发言是那么精彩！因为直抵心灵，所以经典与现代跨越千年的对话才产生了如此令人心醉的温度、暖意！

3. 高度——使对接高瞻远瞩

探索母语教学规律，努力用汉语言的特点教学汉语；引入传统文化因子，启发学生扎根母语文化的肥沃土壤；弘扬、传承民族精神，帮助学生打好人生的底色——李伟忠老师教学《三顾茅庐》有着非常明确的探索目标和非常自觉的研究意识。高瞻远瞩、意味深长是这节现代与经典对接的尝试课区别于一般阅读课的根本所在。在语文新课程走向深入的大背景下，这样的教学立意与使命感，让这节充满探究意味的课具备了显著的特色和相当的高度。

（1）积极借鉴传统母语教学经验

《三顾茅庐》用语粗看平淡简洁、朴实无华，细究内涵丰富、极其传神。如何让学生深入感悟、主动内化？李伟忠老师针对文本特点和汉语特质，积极借鉴传统母语教学经验，运用反复诵读法、涵泳品味法，引导学生"沉潜讽咏，玩味义理，咀嚼滋味"，帮助学生直接迅速地感知言语的精妙、领悟文本的韵味，形成对言语分寸感、畅达感、情味感等的感应能力。例如，为了品味、读好张飞的话，李伟忠老师先让学生自己读，再借"嚷"字的形旁要求加大音量、加重语气读，然后启发透过"嚷"字揣测张飞的心情，接着插入一顾、二顾茅庐的图片、文字，让学生在理解的基础上读。经过反复涵泳品味，学生不仅读出了言语的生命情义，也读出了自己的个性体悟。

（2）相机引入传统文化因子

英国著名语言学家 L. R. 帕尔默（L. R. Palmer）指出："语言史和文化史是联系在一起的，它们互相提供证据和解释。"①因此，教学民族经典作品不可能不涉及民族的文化现象和文化常识。李伟忠老师非常智慧地利用语言学与民俗学、文化史"互相提供证据和解释"的关系，在现代与经典的对接中相机引入古代风俗、古文字、对联等传统文化因子，引领学生顺利解读经典作品，感受传统文化魅力，扎根民族文化土壤。为帮助学生真正理解刘备离诸葛亮的住处还有半里多路就"下马步行"所体现出的"诚心诚意"，李伟忠老师引入孔庙前下马碑上的文字"文武官员至此下马"，借下马步行以示对孔子崇敬的文化习俗，让学生顺利迁移，领悟刘备的用意。为帮助学生深刻认识刘备"恭恭敬敬地站在草堂的台阶下等候"所体现出的"诚心诚意"，李伟忠老师利用汉字"形入心通"、见形知义的特点，从古人造"恭"字的用意突破，学生马上意会到"恭"字表示人内心的一种敬佩之情，也是"诚"的表现，因此下面是"心"字底。为帮助学生总结全文，李伟忠老师巧用对联结课："刘备三顾茅庐喜得孔明，如鱼得水创大业；诸葛卧龙出山幸会明主，大展宏图扬美名"。这样，不但使学生加深对课文主旨的感悟，也让他们感受到对联这一传统文学样式的独特魅力，增加了课堂教学的文化意味。

（3）自觉弘扬、传承民族精神

语文与民族文化具有同构关系，语文是民族文化积淀的地质层，是民族文化的重要组成部分。汉语文教育作为中华民族的母语教育，既承担着民族母语的学得、民族文化知识传承的责任，又必须以涵化民族情感、振奋民族精神为天职。李伟忠老师自觉地承担起这份责任，灵活运用各种教学手段，让学生通过文本充分感知刘备访求贤能的诚心诚意、

---

① ［英］L. R. Palmer：《现代语言学导论》（英文版），转引自伍铁平：《语言学是一门领先的科学——论语言与语言学的重要性》，38 页，北京，北京语言学院出版社，1994。

尊重人才的真心真意，通过拓展资源充分感受诸葛亮"鞠躬尽瘁，死而后已"的真心诚意，将我们民族自古就十分推崇的真诚待人的做人准则和尊重人才的社会风尚深深烙进学生的心灵之中。

（三）让说明文教学守望自己的家园：评姜树华老师教学《假如没有灰尘》

有人说，说明文太容易教，不能见教师水平；也有人说，说明文太难教，不容易出彩。说太容易教，是因为说明文结构清晰、语言简明、一说就明，学生一下就能读懂课文，没有嚼头，难以深化、升华；说太难教，是因为说明文缺少曲折的故事、动人的意境、优美的语言，无法煽情，玩不出花样。

以上两种偏见，其实源于同一个问题——没有认识说明文的个性特征，没有发现说明文的文体气质，没有弄清说明文的教学目标。于是，大多数老师在教学事物性说明文时，主要停留于了解课文传达的主要内容，由于内容太过简单，课堂容量不足，于是千方百计拓展关于该主题更多知识：教学《恐龙》，教室成了恐龙展览室，模型、图片竞相登场，课文成了引子、摆设；教学《埃及的金字塔》，让学生搜集大量相关知识阅读分享……事理性说明文也不甘示弱，如教学《人类的老师》一课，学生不学《人类的老师》这一"文"，而主要关注"仿生学"这一概念，即课文的"内容"，大量罗列除文中以外的生态学事例，课堂成了地地道道的常识"杂货店"，说明文教学成了"常识课"，而承载常识的语言及其表达方式，则被远远抛在一边。说明文教学抛弃了自己的家园，辛勤地在别人的土地上劳作。

怎样抓住说明文的独特个性，明确说明文在提高学生语文素养上的独特功用，瞄准说明文教学的准确定位，让说明文教学真正找到属于自己的家园？江苏省人民教育家培养对象、特级教师姜树华用课例《假如没有灰尘》进行了积极而深入的探索。

1. 鼓励速读，注重捕捉信息能力的培养

现代社会信息量大，知识层出不穷，要求社会成员具备快速、高效的阅读能力，学会搜集、处理、运用、传递信息。为此，《语文课程标准（2011年版）》在第三学段阅读教学目标中明确要求："默读有一定速度，默读一般读物每分钟不少于300字。学习浏览，扩大知识面，根据需要搜集信息。"姜树华老师认为，说明文教学对于培养学生上述素养优

势明显，责无旁贷。因为就教学形态而言，说明文的教学属于"应用性阅读教学"，即"把文本当作'有用'的对象，阅读以解决问题、做出决策和得出结论"。课程标准也指出："阅读说明性文章，能抓住要点"。

根据说明文层次清楚、结构明晰的特点，姜树华老师教学《假如没有灰尘》要求学生通过快速、准确、高效的阅读迅速抓住要点，在获取相关知识、发展思维的同时，提高阅读速度，提高捕捉信息的能力。《假如没有灰尘》全文 660 字，姜树华老师现场发放教材，目的就是要学生在没有事先接触教材的情况下有效速读搜集信息。他明确规定用 2 分钟的默读时间，完成"假如没有灰尘"这一假设结果的搜集。教学时，控制时间，反复强调速度的重要性，并要求学生平时阅读注意锻炼速读能力，养成有效捕捉信息的习惯。

2. **引导品读，注重揣摩文本独特的表达方式**

阅读教学不但要引导学生读懂课文的内容，注意文本写了什么，而且应该通过对课文语言文字的品读，揣摩文本独特的表达方式和言语风格，研究文本是怎么写的、为什么要这样写，在对文本表达方式和言说风格的揣摩中实现言意共生，承担语文教学的"独当之任"。说明文教学也不例外。

相较于其他文体，说明文讲究内容的科学、语言的精准、结构的明晰，常常运用打比方、列数据、举例子、做比较等说明方法。在普适的"这一类"说明特点基础上，每一篇说明文都有着区别于"他篇"的说明方法与特点，《假如没有灰尘》一文以"假设式的表达"最为特别。几乎从儿时开始，我们对灰尘危害的认识就是根深蒂固的。所以作者以"假如没有灰尘"为题，切中了读者心愿，顺承了读者的常态思维，形成了交流的共鸣，奠定了抛出观点的基础。"假如没有灰尘"这一设问从课题开始反复出现了 6 次，"假如没有灰尘"的后果——罗列，这种罗列让读者有些应接不暇，读起来让人越来越紧迫。当然，作者并没有单独进行假设，4～6 自然段结构相似：都是先介绍灰尘的特点，然后再具体说明灰尘的作用，结尾都运用"假如没有灰尘"这样的句式，对灰尘的重要作用做进一步强调和总结。"假设式的表达"在本文运用到了极致的程度，超越了文中如"列数字""作比较"等其他说明方式的功效。因为假设，把灰尘与人类的重要关系表述得不仅清楚明白，而且生动形象。

针对文本的这一特点，姜树华老师引导学生通过朗读和对比品味揣摩。在学生搜集出所有假设结果的基础上，他要求学生琢磨着读出"假设"的感觉。读出设问句，读出中心句，自问自答，一人问而多人通过朗读回答，在不断的朗读中，学生渐渐感觉到假设的不可思议的程度越来越深，灰尘与人类的生息关联越来越大，"假如……将……"的句式也渐渐从句段中凸显出来，在"得意"的过程中，他们深入"得言"，渐进明白了全文的架构与说明的顺序，明白了设问的行文方式、总分的行文方式，明白了4～6自然段整齐中又有变化写法的妙处。

为了让学生明白本文特有的"假设"式描写的功效，在学生以为文本已经读懂弄透的时候，姜树华老师又抛出一个问题，引导学生进一步揣摩，向思维和研读的深度进军：既然前面已对灰尘有了这么清楚的事实描写，那为何还要加上最后的"假设"呢？在静思默想和小组热烈讨论之后，学生各抒己见："正写反写结合更清楚""对比着写更明白""'假设'是在'事实'基础上的进一步强调，让人印象更加深刻！"……应该说，学生对"事实＋假设"这种说明方式的领悟非常到位，他们不仅收获了"假设式"表达的"言"，也收获了作者这样所要实现的"意"，更收获了作者"事实＋真相"表达的"法"。

3. 指导仿写，注重通过言语实践迁移、深悟课文写法

语文课程是学习语言文字运用的综合性、实践性课程。说明文科学简洁、精准透彻，是学生学习、实践语言和感受言说风格不可或缺的文体。只掌握方法就像断翼的鸟儿永远飞不起来，课堂当然要成为学生言语的"实践场"。教学《假如没有灰尘》，在学生充分阅读4～6自然段后，姜树华老师让学生尝试练说"假如没有灰尘，＿＿＿＿＿＿＿＿"，意在让学生通过言语组织实现对灰尘作用的进一步理解，在练说的"言"中实现对文本内容的"意"的掌握，实现整体的把握。教学中还让学生搜集出作者描写灰尘危害的语句，接着出示作家高士其《灰尘的旅行》一文中对灰尘危害的直接描写，随后让学生尝试学着用本文的"真相＋假设"的方式，结合"灰尘危害"，试着改写。这一教学举措非常精妙，不仅触及了学生主动学习的兴奋点——作家的文字也可以换一种写法，调动了练习热情，而且读写衔接自然无痕，由读到写，顺利迁移。

教学至此，姜树华老师并不满足，他引导学生进一步向"意"的高度进发——领悟作者意图。课堂教学在学生们很满意自己的改写时突然转身："既然本文作者很善于用假设笔法来写，可本文开头怎么没有假设着写呢？"课堂顿时进入激烈的组内讨论，于是才有了"人们对灰尘危害认识太深，所以不需要假设""作者想说的是灰尘的'功劳'，不需强调危

害"等深刻认识。此时，学生们也许会恍然大悟：说明方法的运用也是由作者的意图决定的。此时，学生对说明方法的理解已不单单是方法本身了。

4. 强调策略，注重学习方法的渗透

注重学习者的学习经历和学习经验，引导学生在学习中掌握学习方法，从而让学生学会学习，切实提高语文能力，这是《语文课程标准（2011年版）》设计"过程和方法"这一维度目标的用意所在。这一点谁都知道，但很难做到。很多时候，"学会学习"只是教师的"口头禅"，课堂教学中很少有落实的环节。姜树华老师对此却是真抓实干，在学生快速搜集文中假设没有灰尘的结果之后，他要求学生以小组为单位交流各自的搜集方法与成果，把阅读策略的掌握与知识的获得、结果的呈现有机结合，并提到同等重要的位置。学生搜集信息的方法多种多样，有快速浏览的，有专找假设结果的，有抓关键词和过渡句的，有紧扣课题的，姜树华老师都大力表扬，热情鼓励，让小组探讨、全班交流的环节成为学生通过合作学习解决阅读中的问题、实现搜集信息方法分享与完善的过程，真正做到了让学生在学习中获得策略，掌握方法，学会学习。

5. 对比阅读，受到科学思想的启蒙

"在发展语言能力的同时，发展思维能力，学习科学的思想方法，逐步养成实事求是、崇尚真知的科学态度。"怎样将《语文课程标准（2011年版）》的要求化为具体的行动？说明文教学如何体现工具性与人文性的统一？姜树华老师教学《假如没有灰尘》对此有深刻的思考与高远的立意。结课阶段引入著名科普作家高士其《灰尘的旅行》，不只是一般的开阔眼界的拓展阅读，不只是设计语言实践、迁移课文写法的依托，而是有更深的用意。《假如没有灰尘》着重说明灰尘对人类的作用，《灰尘的旅行》着重介绍灰尘给人类带来的危害，两篇文章不仅要对比阅读，还要都用"真相＋假设"的方式写作，这对学生恰如其分的表达，尤其是辩证看待同一个事物的科学思维的培养是很有好处的。

清醒的文体意识，高远的教学立意，准确的目标定位，扎实的教学举措，姜树华老师教学《假如没有灰尘》力求言意共生，凸显说明文的文体特征和教学功用，的确给人启发。

（四）在游戏中直抵语文教学的核心：评李继东老师教学《鹬蚌相争》

儿童教育专家丁海东指出："游戏对于儿童既是一种必然，又是一种必须。所谓'必然'，就是指游戏是儿童期身心发展的必然产物，是最吻合于而且也最自然地展示了儿童精神发展水平与特点的基本活动方式"；"所谓'必须'，游戏就是儿童精神潜能的自我释放、挖掘与开发，是儿童精神成长的主导"。[①] 西方第一个系统研究游戏的价值并尝试为儿童创立游戏实践体系的著名教育家福禄贝尔也认为，游戏是儿童内部需要和冲动的表现，游戏作为儿童最独特的自发活动，成为教育过程的基础。

小学语文教学具有形象性、情境性、情感性强的特点，与游戏有明显的内在关联性。但是，由于受师道尊严和应试教育等因素的影响，因此长期以来语文教学被当成极其神圣、严肃的事情，一点"游戏"不得！教师神情庄重，不苟言笑，学生正襟危坐，束手束脚，课堂沉闷乏味，了无生趣。

基于对儿童心理和小学语文教学规律的深入研究，李继东老师认为，语文教学应该走下故作高深的神坛，摆脱功利的羁绊，指向"人"的生命幸福成长，以"为儿童更好地生活"为目标，主动与游戏"牵手"，消除二者的隔阂和鸿沟，实现"小学语文教学"与"游戏"的高度融合，达到"目的"和"手段"的统一，"形式"与"精神"的相容，"发展"和"享乐"的兼顾。[②]《鹬蚌相争》的教学就是一次成功的尝试。

1. 利用游戏，轻松、高效地学习语言

"语文课程是一门学习语言文字运用的综合性、实践性课程。"《语文课程标准（2011年版）》对语文学科的性质作如此表述，意在强调课程的目标和内容应围绕"语言文字运用"这个核心，教学的种种举措和行为也应该指向这个核心。

李继东老师对此显然是心领神会的。他的教学不仅紧紧围绕语文课程的本体目标，而且巧妙借助游戏这个"最吻合于而且也是最自然地展

---

① 参见丁海东，杜传坤：《儿童教育的人文解读》，188、189页，济南，山东教育出版社，2008。
② 参见李继东：《游戏与小学语文教学》，70～77页，南京，江苏凤凰教育出版社，2015。

示了儿童精神发展水平与特点的基本活动方式"，引导学生直抵语文教学的核心，轻松、高效地感悟理解语言、积累内化语言、实践运用语言。

（1）巧用游戏，盘活词语，明语言奥妙

生字新词是初读阶段教学的难点。苏联心理学家维果茨基说过："词语只有在获得了感性的个人涵义而不是单纯作为概念存在的时候，它才能成为个体生命中一个生气勃勃的细胞。"可是很多教师对此毫不理会，教学照搬字典词典的解释，抽象、生硬，学生过而不留。李继东老师则充分利用本课词语形象性强的特点，启发学生沉入词语的感性世界，用表情、动作理解意思，盘活词语，明白语言奥妙。学生或单个表演，或自主选择游戏伙伴合作演绎：有的伸长手臂，手指呈尖嘴状做"啄"的样子，有的双手合起，做"夹"的动作；有的叉着腰，翘着嘴，用手指着对方，一副气势汹汹的样子，嘴里还大声嚷道："今天不下雨，明天不下雨，没有了水，你就会干死在这河滩上！"通过一系列游戏式的表演、点拨，这一课"夹住、啄肉""威胁、毫不示弱""筋疲力尽、喜笑颜开"等三组带有对立意味的词语，带着生动的情境、鲜活的形象、生活的气息，变成立体可感的画面，裹挟上"感性的个人涵义"，深深地烙进记忆的深处，融入言语生命的河床。

（2）妙用游戏，精彩"对话"，悟言语智慧

阅读教学是学生、教师、教科书编者、文本之间对话的过程，李继东老师巧妙而机智地把这个对话过程，设计成精读阶段的"语言游戏"过程。在读好故事、疏通内容的基础上，为了让学生与文本深度对话，体会鹬蚌之间激烈的言语争斗，李继东老师设计了这样的扮演游戏：把全班学生分成两组，一组为"鹬"，一组为"蚌"，自由加上动作，展开三次言语争斗。在鹬、蚌每次争斗之前，李继东老师都设计了具有游戏意味的引语。第一次，鹬、蚌很有精神，学生站着斗，教师这样说："鹬瞪大眼睛，威胁蚌说——""蚌毫不示弱，这样反击鹬——"；第二次，鹬、蚌相持了一会儿，都有些累了，学生坐着斗，教师这样引："哟，这河蚌胆大包天，竟敢跟我顶嘴。于是，鹬又恶狠狠地说——""好啊，被我夹住了嘴，还跟我要威风！于是，蚌又毫不示弱地说——"；第三次，鹬、蚌疲惫不堪，学生趴在桌上斗，教师这样导："鹬和蚌都筋疲力尽了，不过，鹬还不罢休，继续威胁蚌——""都这个时候了，你都累趴下了，还敢威胁我，没门！蚌也毫不示弱地说——"。为了让学生感受鹬

用怎样的语言来威胁蚌，蚌就用怎样的语言来还击鹬，李继东老师在师生分角色朗读"鹬""蚌"对话之后，又设计了对话游戏："松开，否则我就把你啄成肉泥！""张开，否则我就把你夹成秃嘴！""今天治不了你，我把我的"鹬"字倒过来写！""今天治不了你，我把我的蚌字反过来念！"在极富创造性、趣味性的扮演游戏和对话游戏活动中，在充满"火药味"的言语较量中，学生不仅深入情境，深入角色的内心世界，对"它们相持着，谁也不让谁"有了深刻的体验，更在实际比较中，明白了课文反复使用同样句式的匠心，悟到了这样表达的言语智慧——使感情表达更强烈、更有力度。

（3）趣用游戏，续编故事，提言语表达能力

结课阶段，为了加深学生对课文揭示的寓意的理解，李继东老师别出心裁，以"新编故事"的形式来了一次时光穿越，创设"鹬蚌握手言和"的情境，让学生续编故事，想象表达。李继东老师出示相关语料"以和为贵、退一步海阔天空、冤家宜解不宜结、化干戈为玉帛、两败俱伤、同归于尽、坐收渔利、坐享其成、不打不相识、大路朝天，各走半边"，让学生借助这些语料"新编故事"。在时光穿越中，学生尽情地表达："蚌老弟啊，我以后不再啄你的肉，这样搞得两败俱伤，还被渔夫弄得同归于尽了，我们以后还是和睦相处吧！""不错啊，我们还是以和为贵，和睦相处。""蚌老弟啊，我们以和为贵，照顾身体吧！搞得两败俱伤还便宜了渔夫，让他坐收渔利，这样对我们都没有好处呀！""鹬大哥，你说得对，我们应该以和为贵，退一步海阔天空，让我们化干戈为玉帛。"……在时光穿越的语言游戏中，学生大胆想象，反向思维，畅所欲言，在创意"新编"中深化了对寓意的理解，积累内化了语言，提高了运用语言的能力。

2. **借助游戏，强化语文学习的兴趣、动机**

游戏不仅仅是一种外在的活动表现形式，更是一种精神的存在。儿童的游戏精神是一种原发的生命力量，是一种成长的、完整而和谐的内在力量。正如席勒所言："只有当人是最充分意义的人的时候，他才游戏；并且只有当他游戏的时候，他才是完全的人。"李继东老师让游戏与小学语文教学牵手，看重的不只是游戏作为一种外在的语文活动形式的"术"的功能，更是游戏能促进学生精神成长、和谐发展的"道"的功能。

着眼于小学语文课程的奠基作用，从全面提高学生语文素养的高度出发，李继东老师认为，小学语文教学必须摒弃以智育为唯一内容、以

双基的落实为唯一目标的价值取向，让学生在轻松、愉悦地掌握语言文字运用规律的过程中，激发热爱祖国语文的思想感情，强化语文学习的兴趣、动机，体验语文学习的快乐。这也是小学语文教学的核心内容。

于是，通过游戏，李继东老师让《鹬蚌相争》的教学变成了学生的主体性语文学习活动。整个教学，学生热情高涨，精神振奋，全身心投入，认知、情感、态度，每一个因素都积极参与其中，完全不同于无所事事、呆坐、无聊、厌烦的状态，没有人是旁观者、看客，所有人都变成了语文学习的主人。这是因为游戏激发了学生学习《鹬蚌相争》的内在动机，让课堂学习变成了他们自己的主观需求，真正实现了"要我学"向"我要学"的转变。

于是，通过游戏，李继东老师让《鹬蚌相争》的教学变成了学生的独立性语文学习活动。读故事、讲故事、编故事三个板块是这节课的重点所在，这三个板块，李继东老师运用的都是活动单导学模式，他放手让学生自学，让学生自主选择合作伙伴，自主选择学习方式，自主决定交流呈现方式。不止自主独立学习的空间很大，时间也很长，一节课40分钟，大约一半时间，由学生个人独立学习、小组自由交流、个性汇报展示。

于是，通过游戏，李继东老师让《鹬蚌相争》的教学变成了学生的创造性语文学习活动。鹬蚌三次言语争斗的游戏表演和时光穿越的故事新编，都是极富创造性的思维和言语表达活动，学生思想活跃，思路开阔，创意迭出，妙语连珠。

在一个接一个游戏式的语文学习活动中，在一浪高过一浪的教学高潮中，在轻松而高效的品味、理解、积累、运用语言文字的过程中，学生直抵语文教学的核心，获得了"精神潜能的自我释放、挖掘与开发"，获得了自由、愉悦的心理感受，获得了语文学习的高峰体验，他们学习语文的能力因此得到很大的提高，学习语文的兴趣、动机将会更加强烈。

（五）在整合中拓展、提高：朱爱华《慈母情深》主题阅读教学评析

受工业革命引发的专业化与分工的影响，目前学校里的课程基本上是学科课程，呈现给学生的教学内容在很大程度上都属于分科知识，彼此独立且界限明显。为回应现代社会对人才核心素养的要求，弥补现代

课程分科的不足，克服语文教育局限于课本、教师，割断与生活、社会的联系，学科之间壁垒森严，教学方式单一僵化等弊病，江苏省人民教育家培养对象、特级教师朱爱华提出了"大语文"的教学主张，并以主题整合的方式进行实践探索。《慈母情深》就是彰显这一教学追求与个性特色的成功案例。这里的主题不是文学作品中的中心思想，而是从人的培养目标出发，聚焦作为人成长的核心素养，以语文学科为立足点，涉及学生的知识、能力、兴趣、学习问题、生活经验等的话题、命题，具有研究性和开放性的特征。

整合的本质定义就是把一些零散的东西通过某种方式彼此衔接，从而实现信息系统的资源共享和协同工作。其主要的精髓在于将零散的要素组合在一起，并最终形成有价值、有效率的整体。或者让这些单一看来无意义或意义不大的事物获得超值的效果。因此，整合就是整理调整并重新构建组合，整合是思想、目的、方法，也是过程。本课教学有以下特点。

1. 通过整合，拓展了语文学习的疆界

"语文课程是一门学习语言文字运用的综合性、实践性课程。"如何凸显"综合"、落实"实践"？朱爱华首先从课程内容入手。她以"父母之爱"这个主题为抓手，积极开发课程资源，大胆整合各种材料，精心建构综合性阅读的内容。千年绝唱《蓼莪》，当代散文《母亲》《地震中的母亲》，经典歌曲《母亲》，漫画佳作《咱爹咱娘》以及学生们收集的各种有关父母之爱的叙述……穿越先秦与现今等不同时代、超越文学与艺术等不同学科、跨越连续性文本与非连续性文本等不同类型的各种研究材料的相互补充、支撑、交融，让学生的探究内容更丰富了，阅读形式更多了，阅读时间更长了（课前预读、课上共读、课后延读），言语实践力度更大了。主题整合扩大了语文学科的领域、拓展了阅读教学的疆界、开阔了语文教学的视野，让语言文字运用真正置身于综合性、实践性的活动。

2. 借助整合，活化了语文学习的手段

朱爱华认为主题阅读不是各种材料的简单叠加，并非视角越多越好、内容越杂越好，因为大语文不是碎片化的语文而是结构化的语文。结构化的语文需要围绕核心精心整合、有机融合。《慈母情深》的核心材料是《蓼莪》，它立足儿童立场链接当下生活，打通与经验世界、社会生活的通道，这是朱爱华整合这次学习内容的出发点，也是她活化教学策

略的生长点。由于充分发挥了学生已有古诗学习经验的支撑作用，发挥了线上与线下学习的共通作用，发挥了耳熟能详的流行歌曲《母亲》和漫画的渲染、烘托作用，发挥了视频材料的启发、示范作用，发挥了感人肺腑的梁晓声《慈母情深》等时文的互文、共鸣作用，发挥了听说读写的联通效应，整个学习活动中学生兴趣盎然、激情澎湃，不但读懂了《蓼莪》这首几千年前诗歌的深刻、丰富的内涵，也发现了同一主题不同作品共通的精彩和研究性学习的奥秘。

3. 凭借整合，升华了儿童未来发展的境界

《慈母情深》的学习是从学科本位走向素养本位的一次成功尝试。它以全人发展为目标，努力联通课内与课外、校内与校外，立足学科，又超越学科，不仅是听说读写的整合、不仅是当下与经典的整合、语文学科与其他学科的整合、书本世界与学生经验世界的整合，而且还是情感与思维的整合。它真正促进了知识与能力、过程与方法、情感态度与价值观的整体发展，升华了儿童成长的境界。整个学习活动不仅充满语文味，还充满浓浓的情感色彩与文化意味，不仅指向学生的言语生活，而且指向学生的精神世界，体现了工具性与人文性的统一；整个学习过程，学生不仅在体验，也在质疑、合作、探究、发现，不仅收获了学习的结果，也收获了研究性学习的方法，体现了情与智的融合、收获当下与种植未来的统一。

(六)引领儿童走进经典的殿堂：清华附小《亲近鲁迅》主题研读课群总评

2016 年，在全国人民纪念鲁迅先生诞生 135 周年、逝世 80 周年的特殊时刻，在清华大学附属小学迈进新百年元年的重要时间节点，窦桂梅、王玲湘、李怀源等老师推出"亲近鲁迅"主题研读课群，显然是精心谋划、意味深长之举。

1. 顶层设计显高远立意

众所周知，学生有三"怕"：一怕写作文，二怕文言文，三怕周树人。内容的深刻、复杂，时代的风云变幻，信息化、娱乐化社会导致的碎片化、肤浅化阅读，使学生不但疏离而且畏惧鲁迅，自然，也疏远、畏惧他的经典作品。

一个人的阅读史往往就是他的精神发育史，小学阶段的阅读更具有"种子"的功能。鲁迅的作品是中国现代文学的高峰，鲁迅的思想代表了民族思想的高度。一个国家、一个民族的子孙后代学习语文，当然不能绕开代表他们国家、民族艺术深度、文化宽度、灵魂刻度的作家的作品。在浅阅读越来越泛滥的大背景下，从语文教学立人的高度出发，从"成志教育"的总目标出发，以窦桂梅为首的清华附小语文人敏感地抓住纪念鲁迅先生逝世 80 周年这样一个历史契机，高瞻远瞩，顶层设计，开展"走近童年的鲁迅"专题研读活动，试图以此为起点，实施一个庞大的"回归经典"研读工程，解决"为什么读"和"读什么"的问题，并使之成为育人系统的有机组成部分。这样的教学立意是非常高远的，这样的行动是非常睿智、及时的，显示了一个优秀的语文教育群体应该有的文化自觉、历史担当和课程视野。这项研读计划的主题是亲近鲁迅、走进经典，抓手则是寻找语文教学与民族文化、世界文化的共通点，寻找阅读与儿童生活的相交点，寻找语文教学与儿童言语、精神、生命成长需要的契合点，把学生引向更广阔的阅读天地、更美好的阅读人生。

2. 巧妙架构创新式课型

《语文课程标准（2011 年版）》强调"重视培养学生广泛的阅读兴趣，扩大阅读面，增加阅读量，提高阅读品位"，提倡"多读书，好读书，读好书，读整本的书"。2016 年 9 月开始使用的"部编版"语文教材有意减少入选课文的篇数，注重语文课向课外阅读的延伸，注重构建"教读""自读"加上"课外阅读"三位一体的教学体系。清华附小语文团队正是想通过"亲近鲁迅"主题研读课群，让课程标准"读好书、读整本书"的建议落地生根，让新教材要求的教读、自读、课外阅读的延伸、结合成为现实。为此，他们缜密思考，巧妙架构，创造了主题研读课群这样一种新的课型，为学生走近大师、亲近经典开辟了一条新路。这里，既有深入、精彩的单篇《阿长与〈山海经〉》的研读，又有富有新意的整本书《朝花夕拾》的导读，还有视野宽阔的《鲁迅笔下的儿童》的群文阅读，单篇—整本书—鲁迅先生其他的作品—其他经典，整体规划，步步为营。很明显，清华附小语文人是在为学生搭建一架走近鲁迅、走向经典，走进文学、文化之林，走上语言与思想高峰的天梯。从单篇走向整本，从教材走向自主开发的课程，从课内走向课外，从小小的教室走向大大的世界，从主题研读走向主题实践活动，"亲近鲁迅"主题研读课群是清华附小践行"核心素养导向下'1＋X'课程探索"新的课改成果。

3. 谋定而动求扎实功效

小学生必须读鲁迅、读其他经典，必须通过经典阅读打下精神的底色，但经典深奥、鲁迅难读，连中学生都害怕畏惧、退避三舍，让小学生阅读岂不是难上加难？具有使命意识的清华附小语文人迎难而上，不但高瞻远瞩，宏观设计，而且谋定而动，脚踏实地，他们用激兴趣、教策略、谋发展三大方法让学生不但爱读，而且会读鲁迅的作品，不断读经典作品，步入经典的殿堂。

（1）激兴趣，用儿童的方式亲近鲁迅的作品

窦桂梅老师教学《阿长与〈山海经〉》，一开课就展示鲁迅的画作、书法作品及其设计的书刊封面、北大校徽，除了意在强调《山海经》与鲁迅人生之路的联系外，更在于展示鲁迅多才多艺的才子形象，将鲁迅从"革命家、思想家"的神坛宝座送回到"人"的位置，让学生产生亲近感。接下来的理清文脉运用游戏的手段，将谋死隐鼠、切切察察、睡相不好、逼吃福橘、买《山海经》五件事纳入鲁迅对阿长的情感坐标，引导发现问题：既然阿长有那么多缺点，鲁迅为何还要写她？是怎样写的？由此激发研读兴趣，启发探究情感背后的秘密，破译语言的密码。相比较单篇，整本书篇幅长、内容多、内涵深，从何处入手导读，很有讲究。著名画家、文化学者陈丹青评价鲁迅是"百年来第一个好玩的人"。而童心是相通的，爱玩是孩子的天性。针对《朝花夕拾》的内容特点，针对儿童的心理特点，王玲湘老师匠心独具，先隐去《朝花夕拾》人到中年"夕拾"的沉重、深刻，隐去鲁迅作为大师严肃、深邃的一面，而着眼"朝花"的有趣、轻松，着眼童年鲁迅的好玩、活泼，从写游戏、玩耍、背书等内容的篇章和片断（如《五猖会》《狗·猫·鼠》）切入，让书里的世界与学生当下的生活接轨，引起情感的共鸣，引发阅读的渴望；接下来是赏"花"探秘，聚焦的也是学生最喜欢、最生动有趣的《从百草园到三味书屋》。李怀源老师则抓住儿童与群文的结合点展开教学：预学环节，整合画面、联系语句、结合细节三猜"人物"，从文字到形象、从形象到文字的游戏式连接，不但切合儿童的认知特点，而且符合鲁迅作品注意形象刻画的特质，帮助学生激活了阅读的场景回忆、人物回忆、细节回忆，也激发了学生的阅读欲望；延学环节，让学生结合鲁迅的作品"想想自己"，思考阅读的作用，做一个鲁迅所希望的儿童。

（2）教策略，让学生会读鲁迅的作品

窦桂梅老师教学《阿长与〈山海经〉》，在整个课群中具有单篇引路、昭示方法的功能，意在用教读、精读的方式让学生学会自读，学会读整本书，提高课外阅读质量，体现了教读对自读、课外阅读的示范。窦桂

梅老师教学的重点不在内容层面的"读到了什么——写了阿长的什么",而在"读懂了什么——怎么写阿长的"。为此,她独具慧眼,通过三个"三不"——"睡相不好"中的不动、不闻、不开口,"逼吃福橘"中的不停说、不停行动、不停变化表情包,《买〈山海经〉》中的不该她去买、她不懂、她不具备买到的能力,在"怎么写""为什么这么写"的层面启发学生深入感悟、思辨、探究,透过作者情感的变化,体会详略、繁简、曲直等写作手法的妙处,感受鲁迅文章的魅力,起到了榜样示范、举一反三的作用。

除了窦桂梅老师教学运用到的切己体察、虚心涵泳、前后联系等读书方略的渗透,王玲湘老师在整本书《朝花夕拾》导读时还注意针对文本的体裁特点,着重运用题目、目录、篇目与鲁迅简历相结合的方法,运用坐标图示加资料袋的方法,把篇目进行了分类,将文章与人生联系,导读回忆性散文,这就很自然、巧妙地将古人非常看重的"知人论世"的阅读方略教给了学生。

群文阅读的长处是材料众多,便于参照、比较、思考,李怀源老师充分利用这一点,引导学生聚焦"鲁迅先生为什么要写这些儿童"这个问题进行探索:结合理解,初探缘由;进行分类,再探缘由;细读老师提供的资料,三探缘由。这不仅是一次多角度、有深度的群文阅读实践,更是一次科学研究方法与路径的揭示,是一次规范的专题研究训练。

(3)谋发展,让学生成为有思想的立言者

由上面的分析还可以看出,无论单篇的研读、整本书的导读,还是群文阅读,三位老师着意的不只是学生当下的亲近鲁迅、亲近经典的趣味性阅读,更有未来的发展性、专业性阅读,着意的都不只是学生的"读进去",更有"读出来",入乎其内,出乎其外,在童年和鲁迅相遇、和经典相遇,在人生路上一次又一次地和鲁迅相遇、和经典相遇,不断地感受、感悟,不断地研究、发现,不断地成长、进步,成为有思想的立言者,收获自己的诗意人生。

第十一章　写作教学的个性化

　　写作是运用语言文字进行表达和交流的重要形式，也是认识世界、认识自我、进行创造性表述的过程。写作能力是语文素质的综合体现。在中小学语文教学中，写作教学占有相当重要的位置。

　　可是多年来，受各种因素的影响，写作教学却深陷模式化的泥潭中无法自拔，进而导致千人一面，千人一腔，集体失语。《教育文摘周报》2010年6月30日刊载的一篇题为《高考作文：步入"后话题"时代》的文章，让我们窥见到模式化写作荒谬的程度和问题的严重：浙江大学研究生苏岳告诉记者，在高三一年中，老师让他们写了五六十篇作文，不管什么题目，他每次都用三个人物：李白、苏轼、陶渊明，最后高考时也如此。而且无论什么话题，他都采用同样的模式，先写一个题记，开头用一串排比进行总述，然后分三个小标题，分别写李白、苏轼、陶渊明，最后一段引用名人名言结尾。这样写作，却屡试不爽，得分都不低。写作这种最富个性、最有灵性的活动，竟然可以被如此荒唐、机械地操作。

　　岂止高中生的写作如此，小学生的写作也是这样，人文分离现象十分严重。作文不再是精神的家园，而成了假、大、空的聚集地，成了鹦鹉学舌的大秀场：说假话，虚张声势；说大话，不着边际；说空话，向壁虚造；说套话，人云亦云。学生的作义充塞着伪圣化的情感、功利化的思想、成人化的语言。写作内容模式化：推车子，捡票子……作文就是写重大的、有意义的事，就是写好人好事。没有怎么办？虚构瞎编。不仅内容雷同，写人物外形都是苹果似的圆脸、浓眉大眼、樱桃小嘴，写天气都是晴空万里、一碧如洗，连篇章结构也是模式化的：无论是拔河比赛，还是乒乓球比赛，过程惊人的相似，都是先赢后输，接着总结教训，不能骄傲麻痹，第三局赢得最后的胜利。

　　无需再举例了。模式化、雷同化写作已经到了令人发指的地步！

　　写作教学必须彻底与这种僵化、虚假的模式告别，走个性化之路！首先，丰富多彩的写作内容决定了写作教学的个性化。写作是私人化的活动，它与人的心灵、情感、思想密切相关，它与大千世界密切相关，人类社会、心灵奥秘、想象天地，无一不能包容于一支小小的笔下。世界有多大，写作的天地就有多宽；世界有多丰富，写作就有多纷繁。其次，写作过程的千差万别决定了写作教学的个性化。李白"斗酒诗百篇"是那么飘逸、神奇；郭沫若写作《地球，我的母亲》是那么狂热、顺利，灵感袭来，浑身发抖，躺在地球母亲的怀抱，一挥而就；可贾岛、孟郊等苦吟派诗人的写作却是那么艰难，"两句三年得，一吟双泪流"，"吟安一个字，捻断数茎须"。写作是思想情感、学识才气、语言水平、表达能力、写作习惯的综合体现，需要经过聚材、构思、表达、修改等一系列复杂的心理过程，每个人在写作心理过程中的表现各不相同。最后，写作形式的千变万化决定了写作教学的个性化。诗歌，小说，散文，戏剧，杂感，随笔，报告文学，政论，童话，寓言；纪实的，想象的；标题式，乐章式……用不同的标准区分，就有不同的、多样的形式。就诗歌这一形式而言，仅从体裁这一个角度，就有古体诗、近体诗、现代诗之分，三言、四言、五言、七言、九言、杂言之别，长的数千字，短的只有一个字。因此，我们的写作教学应充分发挥写作主体的作用，引导他们用个性化的语言、个性化的形式，表达个性化的认识、思想、情感。

一、凸显写作主体，让写作成为个性化的活动

写作是一种极富创造性的、个人化的脑力劳动，任何一篇文章都应该表达自己的个性感受，都应该烙上自我的独特印记。中小学生作文尤其应该强调"我手写我心，我笔抒我情"。为此，《语文课程标准（2011年版）》和《普通高中语文课程标准（2017年版）》都特别注意凸显写作主体，提倡个性化写作。《语文课程标准（2011年版）》在"总体目标与内容"中指出，写作应该"表达自己的见闻、体验和想法"。在"学段目标与内容"部分，要求第一学段"留心周围事物，写自己想说的话"；第二学段"能不拘形式地写下自己的见闻、感受和想象，注意把自己觉得新奇有趣和印象最深、最受感动的内容写清楚"；要求第三学段"有意识地丰富自己的见闻，珍视个人的独特感受"；强调第四学段的"写作要有真情实感，力求表达自己对自然、社会、人生的感受、体验和思考"，"多角度观察生活，发现生活的丰富多彩，能抓住事物特征，有自己的感受和

认识，表达力求有创意"。在"教学建议"部分，特别强调学生在习作中
"说真话、实话、心里话，不说假话、空话、套话"。《普通高中语文课
程标准（2017 年版）》更进一步，要求学生"自主写作，自由表达，以负
责的态度陈述自己的看法，表达真情实感"，"力求有个性、有创意地表
达"。可以说，这是我国写作教学史上第一次明确地、大张旗鼓地启发、
引导写作主体张扬个性。并且，这些理念已经在教材中得到体现。例
如，苏教版初中语文教科书为了强化自主写作，从七年级下学期开始设
计"自由作文"单元，开辟了"自主作文区"。我们应当充分利用教材的这
些优势，确立新的写作教学理念，着力消除学生的从众心理，把学生从
"代圣人立言""重复别人之言"的错误写作理念和僵化的思维模式中解放
出来，从"八股化"的套路中解脱出来，培养和发展他们的求异思维，激
发他们的创新灵感，引导他们通过习作发表自己的见解，展示自己的才
华，放飞自己的心灵，让写作真正成为个性化的活动。

二、鼓励自由表达，给个性化写作广阔的天地

"人是符号动物，是天生擅长言说、写作的动物。每个人都具有极
大的言语潜能"，"都拥有不同的言语个性和才情。在言语生命动力学视
界下，只要创造适宜成长的环境，顺应并促成学生言语潜能和个性的最
大发展，所有的孩子都应当可以成长为言语天才。"[1]我们要做的，就是
打破长期形成的抑制学生潜能发挥的条条框框、扭曲学生自然言语禀赋
和性情的僵化模式，关注生命本体的内在需求，尊重学生个人言说的意
愿和爱好，创造有利条件，鼓励自由表达，给学生的写作提供广阔的空
间，养护言语个性和精神创造力，释放他们的天性和才情。[2]

（一）去除束缚
1. 让写作从"放胆文"起步

古人有一个很好的写作理念，先放后收，从"放胆文"起步，逐步过
渡到写"小心文"，即在学习写作初始阶段，不强调种种规矩，让孩子易

---

① 潘新和：《语文：表现与存在》下卷，845 页，福州，福建人民出版社，2017。
② 参见胡海舟，喻芳：《一激发 二鼓励 三加强——写作教学实施〈课程标准〉
的策略》，载《现代中小学教育》，2003(10)。

渡到写"小心文"，即在学习写作初始阶段，不强调种种规矩，让孩子易于动笔，放胆去写。我们应借鉴古人的经验，小学低、中年级写话、习作不受文体束缚，也不受篇章束缚，想写什么就写什么，想怎样写就怎样写，大胆表达，自由表达，放开手脚写，以消除初学写作的畏难情绪。还要保护学生想说想写、敢说敢写的冲动、热情，任他们的思维大胆驰骋，使习作真正反映他们的内心世界。在此基础上，逐渐由"放"到"收"，引导学生写"小心文"。但这种"收"也要非常小心，切勿伤了学生的言语天性和个性，必须因文制宜，因人制宜，由粗入细，引导学生由"入格"到"出格"，再到"创格"，最终进入"化境"，写出无规范的自成一格的个性之文。

2. 把命题的自由还给学生

教师命题学生应题作文由来已久，这似乎成了雷打不动的惯例。学生写作不得不紧扣命题，谨防"文不对题"，生怕"题旨不明""离题万里"。如此带着镣铐跳舞，怎能自在腾挪翻转，展现出言语生命独特的丰姿与韵味呢？把命题的自由还给学生，可以给学生的心灵松绑，可以打开学生记忆的闸门，开拓学生广阔的视野，点燃学生创新的火花，使他们敢于言说，善于言说自己想说的话。如果训练和测评不得已由教师出题，那也只能是代学生拟题而不是命题。对此，很多语文教育研究专家都有过认真的思考和精彩的论述。阮真先生在20世纪30年代就指出："替学生拟题，是要有计划的，所以决不能毫不思索地随意写一个；替学生拟题，是要斟酌时地环境和学生的程度的，所以决不能抄袭模仿；替学生拟题，是要根据学生的学识经验与生活需要的，所以决不能根据教师的学识经验"。[1]当代语文教育专家潘新和先生更是具体地罗列出生命化选题、生活化选题、具体性选题、探索性选题、诱导性选题等多种操作策略。[2]

3. 给学生选材的自由

传统作文教学中，教师往往组织学生讨论、交流如何选材，甚至要求学生必须用上哪些材料。这样写作怎么可能展现学生的个性和风采呢？学生作文的目的在于表述见闻、感受和愿望，或与他人交流。因为每个人经历不同，观点有别，性情也存在差别，所以关注点、兴奋点也

---

[1] 阮真：《中学国文教学法》，82页，南京，正中书局，1936。
[2] 参见潘新和：《语文：表现与存在》下卷，1197～1201页，福州，福建人民出版社，2017。

存在差别。因此，我们要用开放的心态，启发学生将五彩斑斓的世界作为写作素材的仓库。日月星辰、风霜雨雪、奇人异事、社会热点，只要是学生感兴趣的、用起来得心应手的材料都可以写。

4. 将表达的自由还给学生

（1）自由布局

不采用固定的模式和套路写作，不必都是起承转合的模式，可以综合运用学过的写作方法，创造性地布局谋篇。例如，同样是写景，既可按参观的顺序描写也可由远及近地描写，还可按照景物的类别一一描写。

（2）自由表达

文体、题材、主旨、语言都不设限，让学生自由地弹奏自己"心爱的土琵琶"，不拘形式地写作，谱写自己的心曲。这里特别强调一下文体。每个学生的天赋是不一样的，他们擅长的文体可能也不一样。因此，喜欢写小说的就应该让他写小说，喜欢写诗的就应该让他写诗，喜欢写科幻的就应该让他写科幻。"在中小学写作文体教学中，不必求全，要因材施教，要让学生按自己的潜质去发展。有弃有取，有得有失。什么都学，其结果可能是得不偿失，窒息了学生的写作才能。这也并不是说学生从小到大就练自己喜欢写的文体，其他的基本的写作技能与文体不用练，只是在其他文体的写作中不做统一的过高的要求而已。在评价学生的写作水平时，学生可以任选文体，只要写得好应一视同仁。这就给学生的写作才情与个性的发挥创造了良好条件。"[1]

（二）展示真我

1. 一定要心口如一，写真话，抒真情，学做真人

在学生作文充塞着伪圣化情感、功利化思想、成人化语言的今天，要让学生认识到作文是自己的精神家园，是自己人生的"史记"，通过作文，可以校正自己的精神航向，使自己的精神健康发展。

2. 鼓励张扬个性

引导反映个性化的生活经历，畅谈个性化的认识感悟，抒发个性化的审美情感。学生发自内心的真诚倾吐，难免幼稚可笑、偏激片面，我们应"蹲下来"，用孩子的眼光看待孩子的想法，而不用成人社会的要求

---

[1] 潘新和：《语文：表现与存在》下卷，1171～1172 页，福州，福建人民出版社，2004。

去规范学生的写作。当然，对于一些不健康的思想，则不能掉以轻心，要及时以谈心或作文评语的形式疏导，以讨论的形式交流，提高学生判别是非的能力。

(三)放飞想象

激发学生的想象力，放飞想象的翅膀，拓展生命体验，引导学生写想象中的事物。开拓学生的视野，以唤起想象；培养学生广泛阅读的兴趣，以活跃想象；善于引导学生的横向、纵向和逆向思维，广辟思路，以锻炼想象；指点学生运用追想、推想、假想，以提高想象力。

(四)追求创意

1. 选材有创意

应培养思维的敏锐性，使其选材有创意。大千世界本身就纷繁复杂、有声有色，只要敏于关注，就能迅速而准确地捕捉到它们的存在和变化的信息。

2. 立意有创意

要指导学生多角度观察、多侧面思考，培养思维的灵活性、独特性，以使习作立意有创意。

3. 语言有创意

要爱护体现个性化的话语倾向，避免冠冕堂皇的"公众话语"，力争用自己的语言表达自己的认识。

4. 手法有创意

鼓励学生使用个性化的表现手法。例如，记叙性的文章就不必都按"三阶段"(发生、发展、结局)、"四要素"(时间、地点、人物、事件)的程式写，对话式、乐章式、小标题式等有创意的表现手法均可尝试。

三、注意对症下药，在写作各阶段予以个性化指导

写作教学过程是学生综合运用多种手段进行吸纳、倾吐和表达的综合过程，这个过程大致可以分为四个阶段：一是前写作阶段，即写作的准备阶段；二是潜写作阶段，即写作的构思阶段；三是显写作阶段，即写作的成文阶段；四是后写作阶段，即写作的展示阶段。每一个阶段的要点都不一样，我们必须对症下药，在写作各阶段给学生以针对性、个性化的指导。

(一)前写作阶段

前写作阶段是写作的准备阶段，包括产生动机、观察生活、积累素材等。

我们应想方设法激发学生个性化写作的动机，让学生产生不吐不快的强烈冲动。要强化学生观察生活的意识和习惯，引导学生用合适的方法观察自己的生活世界，丰富生活体验，积累写作素材。

学生接触面窄，生活比较单调，而生活的"贫血"必然造成作文内容的苍白。为了开拓学生的视野，让他们获得丰富的、具有个性化色彩的写作素材，我们必须将他们从封闭的校园和课堂中解放出来。带领他们到大自然中去，春游秋览，夏营冬赏，眼睛学会"摄像"，耳朵学会"录音"，双手、鼻子学会"复印"，心灵学会"感悟"；引导他们到生活实践中去，走访乡村、厂矿，利用节假日买菜、卖报、去福利院护理老人，丰富、深化人生感受。在这一过程中，要教给学生各种观察方法，让他们灵活运用。例如，观察要有顺序，或从前到后，或从左到右，或先外后内，或先内后外，或自上而下，或自下而上；观察要注意角度，可正面进行，可侧面、反面入手，为避雷同，换一个角度观察前人已经表现过的事物，往往会有出其不意的新发现；观察要有重点，不宜面面俱到、巨细无遗；观察要抓特征，把那些彼有此无的相异之处找出来。在这一过程中，还要引导学生学会积累。除了要从生活中积累外，还要注意在阅读、背诵中积累，提升人文修养，拓宽知识层面，丰厚写作素材，丰富语言材料。

(二)潜写作阶段

这是写作的构思阶段。在大量前期准备的基础上，学生通过积极的思考，确立主旨，选择材料，安排结构。在这个阶段，我们的指导重在引导学生学会选材和构思。

指导选材时要让学生看材料是否典型、新颖。要启发学生打开思路，从各种角度想一想，尽量多找一些材料，以从中择优而用。

构思则鼓励创造性，不用固定的模式束缚自己的思维和灵性。

(三)显习作阶段

这一阶段的重点在表达和修改。

表达是学生将自己的思想情感通过语言文字进行外化的过程。我们的指导应注重"摆脱表达的羁绊，让学生敢表达；激发表达的欲望，让学生想表达；开放表达的时空，让学生能表达；培养表达的能力，让学生善表达"①。

"文章不厌百回改。"为了强化学生的意识，提高学生的能力，我们在教学中可采用"评""改"结合的方式进行。"评"就是自评或同学之间互评习作，然后认真修改。

（四）后习作阶段

这一阶段的重点在于评价、反馈，要则是有针对性，切忌千篇一律。可以是书面的，也可以是口头的；可以是集体的，也可以是个别的；可以用等第表示，也可以用评语表示，还可以用展示、交流、发表等多种形式表示。总之，要因文而异，因人而异，体现个性。除了这些，成长记录袋也是很好的形式。当然，还应该充分利用计算机、手机和网络等现代媒体、平台，为评价、反馈提供更为生动、多样、有效，也更具个性的方式，让作者、教师、同学、家长、微信朋友圈和QQ群的好友都加入到评价、反馈的行列。要灵活运用评价机制，以鼓励为主，以找习作中的"闪光点"为主，及时反馈，使每次评价和反馈都成为一次个别化、精准化写作再指导的过程，使之成为激发写作热情、激励追求成功的"加油站"。

四、注重探索实践，让个性化写作落地生根

作文教学一直是中小学语文教学的难点和热点。多年来，为激发学生的写作热情，提高学生的写作能力，让学生的个性化写作落地生根，很多中小学的一线教师和教育科研机构、大学的研究专家在这块"园地"里辛勤耕耘，开展教改实验，寻找教学规律，涌现出不少个性化写作教学的成果。现介绍几种影响较大、值得借鉴的探索成果，先介绍小学的，再介绍中学的。

（一）情境作文教学

"情动而辞发""情以物迁"，客观对象与学生主观情感的交融构成了作文的内容。因此，从作文教学角度说，李吉林老师1978年开始探索的情境教学着重解决的是学生的写作内容问题。通过创设情境，让学生

---

① 徐林祥，李明高，等：《小学语文课程与教学论》，201页，北京，教育科学出版社，2014。

深入情境、积累表象、丰富体验、加深认识，为写作提供丰厚的题材。它以激发写作冲动为前提，注重凸显主体性；以指导观察为基础，注重强化感受性；以陶冶情操为动因，注意渗透审美性；以训练语言为手段，贯穿实践性。其教学结构一般分为四步：第一步，创设情境。创设情境的方法很多，主要有实地观察、展现生活，设置背景、实物演示，课文情境、图画再现，音乐渲染、带入情境，情境表演、加深体验，语言描述、引入情境。第二步，观察情境。这是情境作文的基础。李吉林老师在实践操作中特别注意选取鲜明的观察目标，合理安排观察顺序；精心设计导语，帮助获取最佳表象；观察情境与语言训练结合。第三步，审美体验。情境作文教学可以让学生在生动、鲜明、感人的情境中获得美的感受，产生情的体验，从而引发抒写情感、表述体验的欲望。第四步，开拓思路。在学生产生了表达冲动的基础上，教师引导学生打开写作思路，展开合理想象，畅所欲言。

（二）素描训练

1979 年，上海师范学院教科所吴立岗教授和特级教师贾志敏根据小学中年级学生作文中普遍存在的内容空洞、言之无物的问题，借鉴美术教学的经验，创设了一种帮助学生起步的写作教学方法——素描训练。所谓素描训练，就是以观察实物、场景为途径，以片断和简单的篇章为形式，将描写和叙述结合起来，以反映生活的记叙文训练。素描作文在三年级主要进行片断描写练习。通过对静物、动物、房间陈设、大自然一角以及人物外貌、动作、对话等的分项描写，积累学生的生活知识和常用词语，发展学生的观察能力和想象能力，掌握片断的各种基本结构及相应的写作技能。四年级，则重在进行叙事素描训练，通过对"一件事"的演示和观察，让学生进行描写，掌握简短记叙文的要素。素描训练多在教室或校园内进行，简单易行；可以当堂评讲，及时反馈。素描训练先在上海部分学校试验，后来迅速推行到全国各地的学校，并且产生了一定影响。

（三）先放后收

北京景山学校的教师不主张从局部到整体的分步或分格训练，而认为要"先放后收"，即让学生放开胆子去写自己丰富多彩的生活，表达自己的真情实感。至于"怎么写"，不做过多限制。这样，有利于学生把笔头写顺，把文章写开，有利于激发学生的写作兴趣和热情。等到四年级和五年级，再提高要求，逐步收拢，解决"怎么写"的问题，教会学生如何记事、写人、状物。具体来说，四年级掌握写作规律，五年级运用写作规律。

（四）基于心理研究的作文教学

很久以来，人们把作文当作技能技巧处理，以为是技术性问题，作文教学被演绎成技能训练。时任江苏省南京市北京东路小学校长的特级教师袁浩和中央教育科学研究所研究员戴汝潜认为，作文是"把心里要说的话用系统的语言表达出来"的活动。"心里的话"从何而来？"心里的话"如何形成？"心里的话"有没有表达出来的欲望？表达些什么？怎样表达？表达后是否满意？这是一个彻头彻尾的心理活动过程。因此，作文教学之路不是技能技巧搜集之路，而是作文教学心理研究之路。1978年，他们开始了为期 18 年，以探究写作主体心理规律为切入点的作文教学改革实验。实验研究的重点是儿童作文的动因心理、要素心理、过程心理以及作文教学过程中的教师心理。通过实验研究，他们发现——儿童作文动机中最现实、最活跃的成分是好奇心、求知欲和认识兴趣，好胜心、求成欲是儿童作文动机中另一重要成分，交往、互惠的内驱力以及儿童的自觉性对儿童作文也起到了很大的作用。儿童作文动机的产生离不开作文的具体实践活动，作文教学必须从儿童原有的心理水平这一实际出发，让所有的儿童都能享受写作成功的欢乐。生活是作文的源泉，文章是客观世界的反映，这种反映是以人的心理为中介的。这对小学生来说，主要是内心世界的种种心理表象。小学作文教学应着力促进儿童自觉表象活动的发展，使他们逐步获得尽可能稳定、鲜明、深刻的印象。儿童记忆库中表象的稳定度、鲜明度越高，就越有利于加工，越能引发活跃的思维、创造力的产生，越有可能写出内容真实、具体形象的好文章。表象只能通过知觉（包括感觉）获得，它是知觉本象在人记忆中的"留影"。儿童在知觉事物时，被知觉的事物和词语间就会建立相应的联系，并会产生"视觉经验的词语化"，词汇及表象的储存随之丰富。作文教学中，教师应根据儿童知觉的特点，通过科学的训练，逐步把知觉发展成有目的、有系统的观察，不断促进知觉表象活动与言语能力的发展。表象在人脑中的存在不是孤立的，它的活动经常受到言语——主要是内部言语活动的指导、配合和制约，儿童作文始终有着表象活动和内部言语两种心理状态的交织，教师必须重视对儿童外部言语和内部言语规律的研究，并通过有效的方法和途径，让儿童真正掌握运用祖国语言文字的本领，提高写作水平。①

(五)"五自四步"作文教学

长期以来，学生被关在屋子里写作，闭目塞听，闭门造车，作文成了无源之水，导致千篇一律的"模式化"。为改变这种封闭式的现状，让学生在教师的指导下成为写作的主人，吉林省双阳县劝农山镇中心小学特级教师于河清摸索出了一套农村小学"五自四步"作文教学法。"五自"是让学生自己命题、自己立意、自己选材、自己列提纲，用自己的话表达真情实感。实施教学有以下四个基本步骤。一是组织观察。观察是写作的基础。教师注意激发学生的观察兴趣，在观察中教给观察方法，逐步培养观察能力，养成自觉观察的习惯。二是引导口述。学生通过观察，得到的材料是零乱的，必须通过思维加工才能表达出来。"说"实质上是对原材料进行删节、组装、制作的过程，这是变"说写脱节"为"从说到写"的过程。三是书面作文。四是组织评讲。这一教学实验对学生"自能作文，自能修改"做了比较深入、系统的研究。

(六)开放性作文教学

1988年，江苏省常州师范附属小学在五年级开展"开放性作文"教学实验。其指导思想是打破常规的作文教学形式，不受原有的作文课时间的限制，让习作贯穿于学习、生活。

一是开放作文内容，为学生提供写作源泉。引领学生走进大自然，走向社会，在为习作找到素材的同时，解决"熟视无睹"的问题。积极开展丰富多彩的课外活动，如野炊、游戏、竞赛等，充实"素材仓库"。适时举办新闻发布会，借此强化学生关注生活、积累生活的意识。二是开放作文形式，提倡作文书信化、日记化、稿件化，养成写作习惯，提高写作实效。三是开放作文批改。让学生充分参与批改，具体形式有师生共改、学生互改、学生自改，力图创造民主、和谐的氛围，让学生学会修改，养成修改文章的习惯。

全国各地后来也有多个类似的实验，其中，比较著名的是广东省深圳市宝安区坪洲小学校长、特级教师张云鹰进行的开放式作文教学实验。

---

① 参见袁浩，戴汝潜：《袁浩小学作文教学心理研究与实践》，3～156页，济南，山东教育出版社，1997。

(七)童化作文教学

"童化作文"是江苏省南京市上元小学副校长、特级教师吴勇在新课程改革背景下倡导的旨在改革写作教学的研究项目。"童化作文"将"童年"作为一种特定的教学文化,将"儿童"自身作为一种丰厚的写作资源,将"儿童交往"作为一种用之不竭的写作动力,将孕育"文心"作为习作教学的理想旨归。十多年来,在理论与实践方面都取得了突破。吴勇老师认为,童年是一个人独特的生命阶段,在这个阶段,儿童具有独特的行为活动和认知方式。因此,习作教学要走进儿童世界,营造契合儿童精神的教学方式和生活。

一是"童话生活"。童话是儿童世界的言语密码,童话是儿童理解世界的一种路径和方法。"童化作文"将"童话"哲学构筑在习作教学之中,帮助儿童回应梦想、实现梦想,丰富童年体验,引领儿童用言语"创造天堂"。二是"游戏生活"。游戏是儿童最适宜的存在方式,同时也是儿童最本真的精神源泉,一堂好的习作课,就是一场让儿童精神恣意的"游戏"。三是"活动生活",通过活动为习作教学搭建起一个动感开阔的平台。"活动生活"解放了儿童的肢体,"游戏生活"解放了儿童的精神,"童话生活"则给儿童营造了一个鲜活的表达情境,这三种生活互融互渗,构成了"童化作文"教学丰盈而温润的文化"母体"。

"童化作文"秉持展现"童年历史"的内容取向,构建出"童年的风景""童年的秘密""童年的传奇""童年的游戏""童年的梦想""童年的主张"六大故事写作单元。"童化作文"教学不是儿童与习作的简单叠加,而是在意义层面的相互融渗,相得益彰,其基本策略就是一个"化"字,化习作于儿童的阅读,化习作于儿童的想象,化习作于儿童的体验,化习作于儿童的时尚,化习作于儿童的实践。而这一切的实现,依靠的"主题性写作单元"。

(八)童漫作文教学

"童漫作文"的倡导与实践者是江苏省南京师范大学附属中学新城小学特级教师宋运来。"童漫作文"把儿童漫画作为课程资源的一部分,运用在小学作文教学中。它是一种集筛选、赏析、观察、想象、作画、说画、写画于一体的综合性作文教学活动。它有五种表达形式——依画作文、补画续写、依文作画、创作漫画、文画相生。"童漫作文"具有趣、真、活等特点,它突破了传统"看图作文"的窠臼,把作画与作文、写文与作画有机整合起来,满足儿童表达多样化的需求。随着科技的发展和大众传媒的普及，世界上越来越多的国家已经把"媒介语言"看作继"口头语言""书面语言"之后的"第三语言"，将运用媒介进行浏览、发布的能力看作继读、写、听、说后的第五种语文基本能力。而运用媒介进行浏览、发布都离不开"读图"能力的培养。从这个意义上说，"童漫作文"不仅为解决儿童作文的内驱力和习作材料提供了一个求解的便捷通道，更为发展学生的想象力、培养学生的"媒介语言"等能力做了有益的探讨，填补了我国"第三语言"课程实施的空白。

（九）三级作文训练体系

"作文三级训练体系"的全称是"作文的'观察—分析—表达'三种基本能力的三级训练体系"。它是北京市月坛中学特级教师刘朏朏和北京师范学院分院高原教授在调查了中学作文教学实际情况的基础上，自 1977 年在北京月坛中学实验，经过多年的摸索与研究，逐步建立起来的。作文三级训练体系的总体结构是将三种基本能力的训练，有重点地安排在初中三个年级来进行的。初一年级着重培养观察能力并采用写观察日记与观察笔记的训练方式，侧重练习记叙、描写；初二年级着重培养分析能力并用写分析笔记的训练方式，侧重练习议论、说明；初三年级着重培养表达能力并采用写语感随笔与章法随笔的训练方式，侧重语言运用与文章结构的练习。三级训练中，观察是基础，分析是核心，表达是结果，三者是一个紧密相联的整体。每一级训练既是一项基本能力的着重训练，又是认识与表达相统一的整体训练。[1] 三级作文训练体系的目的是扭转传统作文教学以静态写作知识传授为本，忽视动态过程研究，忽视对人的写作能力形成过程及规律研究的偏向，突破文章内容、篇章结构模式化的训练窠臼，其精髓是运用"过程性"写作教学思想，重视对学生进行作文的全程训练，重视正确处理学生作文中思维与语言的辩证统一关系，重视发挥认识能力的提高对表达能力提高的促进作用。

（十）"语言—思维训练"教学

语文教育专家、北京大学附属中学章熊老师认为：语文教育教学的基本任务，应该是使学生思维清楚，语言准确。因此，对于中学语文教学来说，教师目前应该注意的还是学生语言发展和思维发展的联系。在

---

① 参见刘朏朏，高原：《作文三级训练体系简介》，载《北京师范大学学报》，1986(12)。

培养和训练中，应该把语言和思维的训练放在首位。①基于这样的认识，他在 20 世纪 80 年代初期提出了"语言—思维训练"的写作教学体系。主要策略是在具体的语言活动过程中训练思维，提高写作过程中的思维能力，最终达到提高写作能力的目的。这个体系突破了以文体为中心的写作训练模式，着眼于学生的表达行为。而且，其训练不是以语言知识和思维知识为体系核心，而是以思维训练手段和措施的设计安排训练系列，沟通了语言和思维的内在联系，符合学习语言、学习写作的规律。

(十一)广义发表作文教学

写作兴趣可分为即时兴趣和稳定兴趣两种。稳定的兴趣是指对写作的热爱，它是一种高层次的写作动力。一定的激励机制，对保持写作动力、培养写作兴趣、锻造写作意志，会产生较大的作用，如广义作文发表法。广义发表作文教学策略，最早是由上海育才中学的语文教师发明的。他们将学生每学期写得好的作文收集起来，装订成册，让全班同学阅读，使学生获得写作成就感，从而产生更大的写作动力。后来，广义发表作文教学法有了更多的形式。有的教师将有进步的学生的作文在全班宣读，进行口头发表；有的在学校广播台、电视台播报；有的在班级、年级、学校开辟"作文园地"；有的创办手抄报。例如，岳阳师院的周森龙老师设计了名为《我的书》的手抄书，四川师范大学的马正平教授在此基础上设计了名为"青春风景线"文库》的手抄书；天津实验中学的贺军老师创造了"周刊"式"课外笔记"，发表学生的作文和文摘；浙江省湖州第一中学的陈幼荣老师创造了课外作文教学方式，全班同学共办作文刊物《七彩路》；不少经济比较发达地区的学校编辑出版校园文学报，让更多的学生习作能够广泛发表；有的学校和教师遴选出优秀习作，请出版社公开出版。

信息技术环境下的写作，充分利用现代媒体、网络平台，让学生作文及时、公开发表。这些，都点燃了学生的写作热情和兴趣，满足了学生渴望成功的心理，培养了传播意识，强化了写作动力。

(十二)立体化作文教学

很多教师认为作文只是课堂内的事。其实，作文与生活、阅读相关，课堂上的写作要以课外、写作外的其他活动为前提。因此，20 世

---

① 参见马正平：《中学写作教学新思维》，90 页，北京，中国人民大学出版社，2003。

纪 90 年代提倡素质教育以后，立体化作文教学改革被提到了议事日程。这里的"立体"，是课内、课外的结合，阅读、写作的结合，口语交际训练、写作训练的结合。甘肃省武山中学王评老师进行的"3＋1"作文教学实践就属于立体化作文教学改革。所谓"3＋1"立体训练，指的是作文训练格局由教师指导下的作文教学和"资料栏""每周一议""创作栏"三个栏目构成立体的体系。"资料栏"是对资料、素材、语言的积累，学生可以收集名言、词语、歌词、精彩的议论、生动的描写、清晰的叙述；"每周一议"要求对国内外、校内外的事情进行议论，发表看法，每周一篇，意在强化学生与大千世界的联系，养成关注社会、深度思维的习惯；"创作栏"主要是文学创作，每周一篇，文体不限。教师指导下的作文教学是常规形式。"3＋1"立体作文训练体系打破了教师命题、学生写作的僵化模式，打破了学生作文单调枯燥的格局，将学生的视角、思维引向写作的"源头活水"，它为学生打开了丰富的写作源泉，激发了学生自主写作的积极性和创造性，扩大了学生写作的量。

（十三）信息技术环境下的写作教学

传统的写作教学环境中，作文一般是写给自己和教师看的，并且必须在规定的时间，以固定的形式"上交"，学生缺少写作自由，难以感受"发表"的快乐。

信息技术环境下的写作，则赋予了学生自由发表的空间，给了学生自由表达的形式。学生可以在某一论坛中发表自己的意见，可以书写自己的网络日志，可以建立自己的网站；三言两语的即兴感言，洋洋万言的长篇大论，图文结合的超文本，想怎么写就怎么写。而且，网络环境拓宽了交流的渠道和手段，让学生有了来自五湖四海的读者和对作文即时、多样、深入的交流反馈。

另外，软件、平台系统中的写作素材库、语文网站开放的写作素材库，信息技术承载海量信息的优势，为缓解学生作文"巧妇难为无米之炊"的窘境提供了可能的路径。近 20 年，基于信息技术为写作教学带来的巨大优势，加入信息技术环境下写作教学试验的教师越来越多，改革呈风生水起之势。仅写作交流方式的变革，就有专家介入型、师生互动型、生生互动型三种类型。例如，1999 年清华云舟网络教育实验室负责的"基于网络环境的过程性学生评价系统"的启动、2003 年北京师范大学附属中学邓虹老师开展的"网络环境下的高三作文辅导"实验的进行、2003 年"沪浙苏皖语文圆桌论坛"之"网络作文交流课"的开展。①

(十四)新概念作文

1998 年 12 月,由上海萌芽杂志社和北京大学、复旦大学、南京大学、南开大学、山东大学、厦门大学、华东师范大学发起举办了全国首届"新概念作文大赛"。所谓"新概念",指的是大赛倡导的写作新理念,大赛组委会在《征文启事》中表达得很清楚:一是"新思维"——创造性、发散性思维,打破旧观念、旧规范的束缚,打破僵化保守,提倡无拘无束;二是"新表达"——不受题材、体裁限制,使用属于自己的充满个性的语言,反对套话,反对千人一面、众口一词;三是"真体验"——真实、真切、真诚、真挚地关注、感受、体察生活。"新概念作文大赛"的目的是用自由的、创造性的方式选拔文学人才。它本身不是一种作文教学理论,也不是一种教学行为和改革方式,它只是一种文学天才的遴选方式。但是,它对 21 世纪的语文教学尤其是作文教学冲击力很大,具有解放思想的革命性质。

(十五)"DCC"作文教学体系

20 世纪 90 年代末的"中国语文教学忧思潮"中,作文教学始终是全社会关注的焦点。但是,这场大讨论,批评鞭笞多,建设方案少,难以从根本上解决问题。以马正平教授为首的四川师范大学的研究者们认为,作文教学难就难在缺少具有科学性、民族性、现代性的高水平作文教材。为此,他们从 20 世纪 80 年代开始,就注重当代中学写作教学改革探索;90 年代初,运用现代写作原理和现代教育哲学思想进行作文教学整体改革;1999 年,由四川人民出版社出版了"动力学作文教学丛书"《"DCC"作文导写导练》。"DCC"是贯穿教学体系的教育理念"动力学""操作化""成功感"三个词语汉语拼音的缩写。"DCC"作文教学的基本模式是"一标四块十环":"一标"即某次写作的"导练目标","四块"即"写前自学、演练学写、改中学写、写后积累","十环"即"故事激趣、知识自学、例文评析、问题思考、题目刺激、操作演示、模仿实战、自我评改、自我发表、自我积累"。这一操作模式是对"动力—操作—成功"训练的具体化、方案化、工程化,它关注的是对作文的心理、思维、过程的教学与训练,它变"教材"为

---

① 参见倪文锦,谢锡金:《新编语文课程与教学论》,180～181 页,上海,华东师范大学出版社,2006。

"学材"，变"教案"为"学案"，体现出以学生活动为主体、学生自学为基础、思维训练为主线、教师为导写教练的导练设计思想，初步实现了由应试教育向素质教育的转轨。①

（十六）交际语境写作

中外写作教学理论的发展经历了三种范式的转换，即从传统的以关注写作结果为主的"文章中心"写作，到 20 世纪 60 年代以来以关注写作过程为重心的"作者中心"写作，再到当代以关注写作真实情境、动机和社会功用为重心的"读者中心"写作。我国长期以来的写作课程形态，基本上是以文章为中心的写作，目标笼统，知识陈旧，类型单一，模式僵化。西南大学荣维东教授认为："写作的本质是交流。任何一次写作行为都可以看作是一场特定语境下的对话交流，写文章是向某个(些)对象进行的一场倾诉或交流。发出信息是为了得到回应；写文章是为了与人交流思想情感。"②为此，他积极倡导交际语境写作。在其专著《交际语境写作》中，荣维东教授提出了语篇、语境、关联、示意等一系列交际语境写作的新概念，构建了交际语境写作的话语体系；拎出了读者、作者、目的、话题、文体、表达六大交际语境写作要素，并赋予新的内涵："读者：从被动接受者到文本潜在塑造者"，从阅读阐释理论的角度来反观文本的写作，强调读者在文本意义建构中的作用；"作者：特定语境中的书语示意人"，指出作者由文本的制造者，变成了一场场"书面对话"的邀请者和意义建构者；"目的：交际意图与语篇功能"，提出目的对写作表达方式及文体等形式的对应与制约；"话题：写作对话的材料、场域与情境"，指出写作应是具体情境下的作者针对读者发起的会话；"文体：书面交流模板和类型特征"，对传统的"三大文体"进行了溯源与反思，并提出基于功能语言学的义章体式，建构基于客观生活的丰富科学的"真实文体"；"表达：选择合乎语境的言语形式"，对交际语境下的叙述与描写赋予了新的意义。不仅如此，他还将理论探索付诸实践，提出了写作任务设计与语境分析、关联与选择、自检与修改等交际

---

① 参见马正平：《中学写作教学新思维》，155～163 页，北京，中国人民大学出版社，2003。
② 荣维东：《基于交际语境的写作内容框架构想》，载《新作文(中学作文研究)》，2016(10)。

语境写作的实施策略。①交际语境写作还原了写作的本质，促使写作功用从应试走向应世，写作过程从虚假走向真实，实现了写作范式的重大转型。

除了上述个性化作文教学探索，福建师范大学博士生导师潘新和教授提出的言语生命动力学说，以及由此产生的为"立言"的"表现—存在本位"课程构想，在理论层面，不但对作文教学，也对整个语文教育，产生了巨大的影响。实践层面，浙江省特级教师张化万的活动化作文教学、上海大学李白坚教授的快乐作文教学、江苏省特级教师管建刚的作文教学革命、江苏省特级教师朱萍的绘本作文教学等，也在业界产生过比较大的影响。丁有宽老师的读写结合实验，被很多学者归为"写作教学变革"，实际上，它是一项语文教学的整体改革。因此，我们将其放在"当代名师语文个性化教学评介"一章论述。于永正老师和潘自由先生进行的"言语交际表达训练"，我们在口语交际教学一章专门介绍。

---

① 参见陈家尧：《写作：从"应试"走向"应世"——兼评荣维东教授的〈交际语境写作〉》，载《新作文（中学作文教学研究）》，2016(10)。

第十二章　口语交际教学的个性化

"在文字没有发明以前，人类用语言相互表达心意，同时也将他们对大自然变化的印象以及求生存的经验辗转相传，世世代代传下去。……在文字发明创造以前的'古'代，即是口口相传的时代。"[①]自华夏文明诞生，口头语言出现，口口相传的口语教学就进入语文教育的版图，当然，它比书面言语教学更早进入。但是，长期以来语文教育存在着重文字轻语言、重读写轻听说的病疾，口头语言的教学一直没有获得相应的身份。现代语文的发展，推动了口语教学的进展。2000年颁布的中小学语文教学大纲，将原来小学教学大纲中的"听话、说话"、初中教学大纲中的"听话训练、说话训练"、高中教学大纲中的"说话能力"，统一改为"口语交际"；《语文课程标准（实验稿）》进一步明确口语交际教学的目标与要求，使之成为与"识字写字""阅读""写作""综合性学习"相并列的语文课程内容。至此，口语交际实现了"字本位"文化突围，在语文教育中拥有了独立的地位。这种变化被认为是对传统听说教学的深化和超越，是现代语文教育走向成熟的标志。[②]

从听说训练到口语交际，教学大纲尤其是"语文课程标准"改变的绝不是一个教学板块的名称，而是教学的指导思想、目标要求、方法策略。那么，口语交际教学有哪些特点？操作实施策略又该具备怎样的个性呢？

一、口语交际教学的个性特点

口语交际是交际双方或多方在特定的语境中，为了特定的交际目

---

① 李定一：《中华史纲》，1页，北京，北京大学出版社，1997。

② 参见田良臣：《艰难的言说——汉语口语教学百年历程述评》，载《课程·教材·教法》，2005(3)。

的，借助标准的有声语言、相应的态势语和适当的表达方式（交际的手段）进行思想感情交流的一种言语活动。与传统的听话说话不同，口语交际不是没有交际目的、单向的口头言语活动，而是有明确交际目的、双向或多向的言语交际活动；不是脱离语境要求的静态、单纯的口语训练，而是与社会生活、与学生紧密联系，实用性很强，具有动态特点的言语交际行为。

口语交际教学是教师引导学生在口语交际活动中，规范口语表达、提高口语交际能力、培养口语交际素养的教学，具有互动性、综合性、适境性、实践性等特点。

（一）互动性、综合性

在高度开放、距离缩短、人类居住的星球已经变成"地球村"的今天，人际交往越来越重要，越来越密集，同时对人的交际素养的要求也越来越高。培养、提高口语交际能力，不仅是社会的需要，而且是每个学生生存和发展的需要。口语交际教学核心在"交际"，关键在"互动"。以前的"听话、说话"教学，只注重静态训练学生的听和说（主要是独白），或"自听自乐"，或"自言自语"，听与说基本不搭界，基本不管别人的反应，不需要调整、应对，教学低效，不切实际，无法适应现代社会对人才的要求。而口语交际教学则强调学生与他人之间的交流与沟通，强调口语交际是听说双方双向或多向互动的过程，并非听与说的简单相加，双方在应对过程中的情感态度、方式方法十分重要，所以教学不仅要求学生有良好的语言修养，有文雅的谈吐，还要求学生有尊重对方、诚恳交流的态度，有认真倾听的习惯，有抓住对方表达要点的能力，有快速做出反应的本领，有当众表达自己见解的勇气，"口语交际教学要提高的是包括倾听、表达、应对能力和文明和谐地进行人际交流的情感态度在内的综合素养"。①

（二）适境性

适境性特点是由口语交际的性质决定的。

语境教学研究专家孔凡成教授指出："口语交际是交际双方（交际主体与交际对象）为了特定的目的（交际的目的），在特定的场合，运用自己的口头语言和适当的表达方式（交际的手段）进行思想感情交流的一种

---

① 胡海舟：《语文课程改革问题与对策》，124页，长春，东北师范大学出版社，2010。

言语活动。也就是说，口语交际是在特定语境中发生的一种交际现象，交际话题、交际对象、交际场合等语境因素都是一定的，这些语境因素对交际双方有控制作用：话题的延伸、措辞的选择、理解对方的话意无不需要结合语境进行。"①因此，课堂创设的语境要做到生活化，要鼓励学生在日常生活中锻炼口语交际能力，努力选择贴近生活的话题，以贴近学生生活的交际情境来展开口语交际活动。

(三)实践性

长期以来，我国的语文教学强调知识中心，忽视语文实践，导致学生语文实际运用能力难以提高。鉴于此，《语文课程标准(实验稿)》认为"实践性"是语文教育的重要特点，特别强调应通过语文实践培养学生的语文能力。"口语交际作为语文课程的重要组成部分，受交际环境支配，关联交际各方，是充满未知与挑战的能动的言语行为过程。"因此，"实践性是口语交际课程的显著特征，也是口语交际课程的存在方式与发展方向。在交际实践中学会倾听、表达与交流，实现交际目的，达到交际效果，是口语交际课程的追求。"②口语交际教学不能坐而论道，大讲口语交际知识，死背口语交际要领，而应该通过大量的实践活动，让学生在交际实践中学会交际。

二、口语交际教学的操作特色

作为《语文课程标准(实验稿)》提出的一个新教学概念、新教学板块，口语交际教学在十多年的探索中收获了很多，但也存在不少问题。要想真正弄清口语交际教学的操作特色，先要透视一下目前口语交际教学存在哪些问题。

问题一：话题设置、情境创设缺乏真实性，难以激发学生的交际热情。

一是话题过于宏大，让人言不由衷。某教师教学口语交际课《我的

---

① 徐林祥，李明高，等：《小学语文课程与教学论》，228～229页，北京，教育科学出版社，2014。

② 闫淑惠，徐林祥：《口语交际课程的实践性及其实现》，载《赣南师范学院学报》，2016(1)。

理想》，创设了记者采访的情境。①整个教学过程分为四步：第一步，示范引导，创设情境。利用师生问答的形式简介采访及答话要领——听清记者的话，答话要文明、清楚，态度要大方、自然。在此基础上，教师模拟记者采访一位学生，学生谈自己的理想并陈述理由。第二步，自我实践，放飞理想的翅膀。同桌进行采访交流活动，四人小组进行采访交流活动，组与组之间进行采访交流活动，学生采访老师，最后每组选出优胜者进行采访实践，全班评价。在采访过程中，有的学生表示长大后想当老师："因为老师能教给我们很多知识，教我们怎样做人。现在甘肃有许多贫困山区的孩子上不了学，他们没有学校，没有教室，更没有老师。我想去那儿当老师，把知识教给他们，让贫困山区的孩子都能上学。"有的学生表示长大后想当生物学家："把沙漠变成绿洲，让沙漠种出庄稼、长出果树，让我们生活的空间更大，让那些濒临灭绝的珍稀动物能生存下来，有一个美好的家园。"第三步，教师小结，强调口语交际的意义和要领，同时要求学生树立远大的理想，努力实现自己的理想。第四步，课外延伸，回家后画20年后自己的理想图。虽然教师给这节课加上了"记者采访"的包装，学生参与的热情比较高，交际的面也比较广，但从口语交际的角度看，教师选择的话题显然过于宏大，学生临时的应答有作假之嫌，没有也不会想到要对自己的话负责任。

二是情境失真，教学简单重复生活。很多老师将"借文具""买东西""打电话""接待客人"等日常生活场景搬到教室里来活动。美其名曰口语交际教学，其实更像生活指导（怎么买东西、接待客人），更何况这些事情学生本来就已在生活中自然习得或可以自己学会，用得着在语文课堂上低水平重复平时已经会说的话平时已经会做的事，用得着大张旗鼓地教吗？因此，口语交际教学的思路必须打开。据程然教授研究，口语交际可以分为四种类型：第一，实用型。即人们为了解决政治、经济、军事以及日常生活等方面的事务而进行的口语交际。例如，中国为加入WTO而进行的谈判，八国首脑定期举行的磋商，朝核问题六方会谈，这是大的方面。从小处说，购物时买卖双方就商品质量、价格等的交流，求职时的自我介绍，等等。第二，研讨型。即人们在学习过程中、研讨活动中进行的口语交际。例如，课堂上为一个问题师生、生生之间

---

① 参见李莉莉：《小学语文口语交际教案选粹》，234～238页，北京，语文出版社，2002。

的交流。第三，闲聊型。即饭后茶余的一种随意闲聊，从时事政治到邻里小事，随意涉猎。第四，知心型。即亲人朋友之间敞开心扉的思想、情感交流。①既然生活中的口语交际如此丰富多彩，口语交际教学当然得接轨生活，开启思维，活化形式，激发学生口语交际的热情，让学生在口语交际课上真有所得。

问题二：互动性不够，难以有效提高口语交际教学的质量。

教材设置的有些话题互动性不够明显，教师课前没有认真思考、特别留意，课上缺少精心指导，结果双向互动被忽略，口语交际课的效果难如人意。例如，"学会劝阻"要求学生对公共场所不适当甚至危险的行为加以劝阻，教师教学只关注"劝阻一方"的表现，引导他"能言善劝"，却忽视了"被劝一方"的"能言善辩"，结果口语交际演化成"独角戏"。教学"找春天说春天"，教师不去启发学生就活动方案展开讨论，不去组织学生分组到不同的观察点发现不同的风景，结果口语交际课变成了"看图说话课"。

问题三：训练主要局限在语文课堂中，缺乏在生活中提高口语交际能力的意识。

很多人以为只有语文课特别是口语交际课才能对学生进行口语交际训练，很少意识到其他课也有提高学生口语交际素养的责任，更别说强化学生在学校生活、家庭生活、社会生活当中锻炼口语交际能力的习惯了。缺乏在交际中学会交际的自觉意识，想靠很少的几节口语交际课就提高学生的口语交际能力，当然是痴人说梦，其效果可想而知。

针对上述问题，我们应注意针对口语交际的个性特点，调整教学的操作策略。

(一)激发需求，点燃交际热情

人是群居的动物，天生就有与别人沟通交流的需要，学生也不例外。教学若能选择学生感兴趣的话题，强化沟通交流的心理需要，他们就会在强烈需要的驱动下高效、能动地交际，奇言妙语自会如清泉喷涌，不可遏止。

(二)贴近生活，力求真实自然

精心选择贴近学生生活的话题，精心创设真实、自然的交际情境，使学生入情入境，回归常态，克服心理障碍，像日常生活中与小伙伴、

---

① 参见程然：《汉语口语交际史》，导言，13 页，呼和浩特，远方出版社，2005。

父母、老师交流一样无拘无束、自然自在地进行口语交际，提高训练质量。创设情境可以采用语言描述、课件演示、录像再现、现场模拟、家长参与等方法，但务求生活化、真实化。如果话题适合，条件允许，口语交际课也可以移到校园、郊外、社区、风景名胜地进行。

孔凡成教授曾就这一点，结合苏教版国标本第九册"学会请教"口语交际教材进行过深入分析。教材上提供的参考话题有四个：一个请教如何消灭蟑螂，一个请教如何装飞机模型，一个是问上海的邮政编码，还有一个是请教数学题。就这些内容来说，话题与学生的生活没有距离。但是，学生觉得这些情况都是司空见惯的，特别是作为小学高年级学生，让他们演一演觉得很无聊、很可笑，失去了"实际意义"，很难激发学生的交际欲望。再者，这些问题毕竟不是学生自己遇到的困难，不是自己的事，请教的欲望也不够强烈。如果创设了真实的生活情境，交际活动便可能成为生活的实际需要，从而引发学生交际动机。孔凡成教授建议，教师可以根据教材的特点和班级的实际情况，在课堂上创设真实的情境。例如，课堂一开始，教师营造一个自由对话的交际场，像平常聊天一样，向学生请教自己不能解决的问题，如电脑如何下载电影，如何查杀最近爆发的某一病毒等。这样学生就不会觉得为口语交际而交际，他们也不会拘束。然后，让学生说说最近生活中遇到的困难，并想想可以向谁请教。在学会请教方法的基础上，直接去请教有关的人。如果要请教班上的同学，那么就走下位置，当面虚心请教。如果要请教学校的其他老师，那么就可以离开课堂找到那位老师请教。如果请教的人不在现场，那么可以在课后请教，有条件的话可以当场打电话请教。自由请教的过程，要组织学生进行汇报，并且对照本次口语交际的要求进行评议。①

（三）有的放矢，增强训练效果

有专家把"说话的心理特点"归纳为"临场性""瞬息性""审听审说""辅之以体态语"四点。以临场性为例。临场性指说话要注意场合，包括说话的时间、地点、对象以及语境等，这些条件是会有变化的，这就决定说话人不可能把要说的话完全想好，常常要依据临场发挥，边想边说。即使事先准备好了发言稿，也应该根据现场需要和听者的反应等情

---

① 参见徐林祥，李明高，等：《小学语文课程与教学论》，229～230页，北京，教育科学出版社，2014。

况临时增删、调整说话内容，变换用语及语气。有人统计，一般情况下，临场发挥要占 70%。而临场性恰恰是学生口语交际的软肋，我们经常可以看到学生上台发言实际上是在背事先准备的稿子，因为不熟，吞吞吐吐，满脸痛苦。因此，口语交际教学必须有的放矢，针对学生这一实际加强训练。教师可以创设情境，变大庭广众场面下的演讲为小型座谈会上的发言，说话的内容、语气、语态等都要有相应的变化；教师可以变单向的主题陈述为双向、多向的对话、讨论，在交流、辩论过程中，受到启发，生成新的认识，并随时根据对方的反应做出相应的调整。长期训练，学生这方面的能力会有显著提升，交际的综合素养也会相应提高。[①]

(四) 加强指导，确保双向互动

针对交际方式单一、互动浮于表面的问题，教师要加强指导。

第一，教师应做好互动前的准备，提要求，明目标，分小组，减少盲目性、随意性。

第二，要加强互动中的调控。课堂教学是一个不断变化的动态过程，会出现很多意外的情况，教师要密切注意，及时发现，加强调控。当交际缺少专业知识支撑时暗中援助，当交际碰到疑难时引导解决，当交际一方冷场时积极鼓励，当交际偏离轨道时调整方向，努力促进互动不断深入。

第三，教师还应重视互动后的反馈。

(五) 广开渠道，拓宽交际范围

除了口语交际课和利用语文教学的各个环节培养学生的口语交际能力外，教师更需开辟语文以外的渠道，提供各种机会，拓宽学生口语交际的范围。鼓励学生在其他各科学习中，在班队活动、社团活动中主动进行口语交际练习；在家庭生活中，在社区交流、公益活动、参观访问等社会生活中，自觉锻炼口语交际能力。例如，在日常生活中，学生总会碰到这样那样的疑难问题和困惑，教师如能及时捕捉，并针对性地设计轻松自然的自由讨论话题，就既能让他们找到解困释疑的方法，又可开辟口语交际的新通道，这种"解困释疑"活动时间可长可短，可在晨会讨论进行，亦可在午休时间抛出，还可与班级活动结合。另外，教师可

---

① 参见马笑霞：《语文教学心理研究》，308～310 页，杭州，浙江大学出版社，2001。

以组织新闻发布会、讨论会，让学生就社会热点问题、国际时事变化进行深度讨论。例如，"我为教育公平献一计""中日关系曲折起伏的历史与现实因素""我看全球性的恐怖袭击""经典与流行""当代中学生需要养成哪些习惯""00后的权利与担当""我看偶像崇拜""向你推荐一本书"，等等。坚持活动，学生不仅会养成关注社会、关注时事的习惯，学会深度思考，而且为日久天长地培养口语交际能力开辟了新的有效途径。

三、个性化口语交际教学课例与评析

【案例1】《学会商量》教学设计与评析

一、看视频，在对比中认识商量的重要

1. 观看视频。

视频一：乐乐要买滑板车。

视频二：果果想去看电影。

2. 交流感受。

撒娇、赌气、胡搅蛮缠不是解决问题的办法。在日常生活中，应该学会与别人商量。

二、试"商量"，在情境中明了商量的要领

1. 试"商量"。

(1)小组讨论：乐乐想买滑板车的理由有哪些？妈妈可能会有哪些想法？应该怎样跟妈妈交流商量？

(2)师生合作演练。

2. 明要领。

商量时必须做到：态度诚恳，语气委婉，说清理由，耐心倾听，换位思考。

三、学"商量"，在生活中掌握商量的本领。

1. 在生活中，遇到哪些情况该与别人商量呢？

与别人意见不一致时，需要别人帮忙时，做事拿不定主意时……

2. 小组合作练习，全班交流演示

话题一：爷爷过七十大寿，该送什么生日礼物？

话题二：寒假去哈尔滨还是海南旅游？

话题三：怎样组织班级圣诞节活动？

3. 小结：商量是一种技能，也是一种艺术，希望同学们在今后的生活中学会商量，巧妙商量，让生活更和谐、更美好！

第一，创设情境，双向互动。江苏省如皋师范附属小学周小艳老师结合小学三年级学生的生活实际，巧设"学习商量"的言语交际情境，为学生口语交际提供具体生动的场合，使他们感到交际源于生活的需要，交际对象就在眼前，引发学生的学习兴趣，激发学生的参与热情，使得每个学生产生了交流的欲望。口语交际活动以小组合作形式进行，让学生在差异中相互补充、相互评价、相互启发、相互促进。

第二，强化实践，尊重主体。在整个教学过程中，周小艳老师既充分体现了教师引导的重要性，又突出了以学生为主体的教学原则。无论看视频、试商量，还是学商量，教学所有的环节，都注重在实践中培养学生倾听、应对、表达的能力。

第三，步步为营，着意整体。围绕"学会商量"安排内容，组织教学。首先，由同龄人遭遇的尴尬切入，让学生在对比中认识商量的重要性；其次，师生合作演练，让学生在情境中明了商量的要则；最后，就生活中碰到的各种问题学习商量，掌握本领。整个设计思路清晰，目标明确，重点突出，并且逐层深入，步步为营，让学生在实践中实现知情意行的整体提升。

【案例2】《劝戒烟》教学实录[①]与评析

第一课时

师：同学们，世界戒烟日那一天，咱们班小颖同学家里发生了这样一件事。

（课堂表演："小颖"和她的"爷爷"上）

爷：（坐在椅子上，抽出一支烟点着）饭后一支烟，胜过活神仙！（吸了一口烟，咳嗽）

颖：爷爷，您知道今天是什么日子吗？

爷：什么日子？

颖：5月31日是世界戒烟日。这一天，全世界的人都不能抽烟。

爷：谁规定的？谁能管全世界？

颖：联合国规定的。

---

① 参见于永正：《于永正课堂教学教例与经验》，146～157页，北京，人民日报出版社，1995。

爷：联合国能管咱们中国？（笑声）

颖：爷爷，抽烟的害处很大，我求您别抽了！

爷：没事！我抽了几十年了，身体不照样好好的？咳，咳……就是有点小咳嗽。（众笑）

颖：反正抽烟没一点好处。

爷：颖颖，天不早了，你该上学了；我呢，到公园溜达溜达。（二人下）

师：发生了一件什么事？谁能说一说？

生：5月31日中午，吃过午饭后，爷爷抽烟，小颖劝爷爷戒烟，可是爷爷没听。

师：概括得很好。想一想，小颖为什么没有说服爷爷？

生：小颖没有讲清楚吸烟到底有哪些害处，所以爷爷没有听她的劝告。

师：我想，如果理由充分，她爷爷是会听的。看来，小颖对吸烟的害处了解得不多。不知咱们班的同学能不能说清楚。能的话，咱们一起去劝劝她爷爷。

生：香烟里有尼古丁，尼古丁毒性很大，对身体有害。

生：吸烟伤肺，对神经有麻痹作用。

生：吸烟能导致癌症。

生：吸烟是慢性自杀。

师：看来，大家平时对这方面的问题留心得还不多，只是略知一二。在这种情况下，我们可以问别人。（板书：问别人）今天听课的老师很多，他们中肯定有人知道吸烟的害处。谁能代表大家向在座的老师请教？

（一女生拿着麦克风来到一男老师跟前）

生：请问老师您贵姓？（于老师旁白："很有礼貌。"）

师：免贵，姓段。

生：段老师，您好！您知道吸烟有哪些害处吗？

师：香烟里有尼古丁。尼古丁是一种有毒物质。如果把一盒烟里的尼古丁提取出来，注射到一头牛身上，会把牛毒死。人吸烟成瘾，主要是尼古丁造成的。刚才那位同学说的"吸烟是慢性自杀"，道理就在这里。

生：谢谢！（又来到一位教师跟前）请问您贵姓？

师：我姓梁。

生：梁老师，您知道吸烟还有哪些害处？

师：我看过一篇文章，上面说，我国现今有 4 亿人吸烟，每年有 10 万人死于因吸烟引起的疾病。10 年后，每年会有 50 万人死于因吸烟而引起的疾病。

师：刚才的采访收获很大，使我们对吸烟的害处有了更多的了解，但还不够。掌握这些，还不足以说服徐爷爷。为了对吸烟的害处有更多的了解，还有个办法，就是查资料。（板书：查资料）我从报刊上搜集了一部分论述吸烟害处的文章，复印出来了，现在发给大家，请读一读。（发资料，复印的资料有 2000 多字，是于老师从各种报刊上摘录的。）

师：资料比较多，请大家注意两点：第一，要快速阅读；第二，要分析归纳。也就是说，看看吸烟有哪些害处，这些危害可以归纳成几个方面。一句话，把读的内容在头脑里加加工，理清楚。

（学生认真阅读资料。）

师：材料上讲了那么多吸烟的害处，可以归纳为几个方面呢？

生：可以归纳成两个方面：一、对自己有害；二、对别人有害。

师：还有不同意见吗？

生：我认为可以归纳成三个方面，除了对自己、对别人有害，对环境也有害，污染环境。

师：对！（板书：对自己，对别人，对环境）我们回过头来再看看，对自己、对别人、对环境到底有哪些害处。（讨论内容略）

师：同学们通过采访、查资料，对吸烟的害处了解得比较多了，可以用充分的理由说服徐爷爷了。对徐爷爷戒烟除了晓之以理，（板书：晓之以理）就是把道理讲明白，还要动之以情，（板书：动之以情）就是带着一颗关心、体贴、爱护徐爷爷的心去劝说，这样才能收到良好的效果。现在我们来演练一下。（具体内容略）

下节课，咱们就去劝徐爷爷戒烟。现在休息 10 分钟。

第二课时

（课始，徐爷爷坐在讲台前的椅子上悠然自得地抽着烟。）

师：同学们，现在我们来到徐爷爷的家。徐师傅，您好！我们民主路小学六(2)班——就是您孙女小颖那班——的同学来看您了。

徐：欢迎小同学来我家做客。于老师，请抽烟。

师：谢谢，不会抽。（面对同学，小声地）咱们来干什么的？能抽

吗？（众笑）

徐：于老师，请坐。

师：徐师傅，我们的同学很想您，想跟您拉拉家常。

徐：好，好。

生：徐爷爷，我看您气色不错。如果您不抽烟的话，身体会更好。您知道吗？香烟里有尼古丁……

徐：尼古丁是什么东西？（笑声）

生：尼古丁是一种有毒物质，把一盒香烟里的尼古丁抽出来，注射到一头牛身上，能把牛毒死。

徐：哎唷，那么吓人！（笑声）不过，我抽了几十年怎么没事？

生：吸烟是一个慢性中毒过程，您现在虽然没有感觉，实际上身体已经受害了。当您有感觉的时候，就晚了。

生：徐爷爷，香烟里不光有尼古丁，还有很多有害物质，像烟油、一氧化碳，等等。这些有害物质能引起气管炎、肺病、肺癌和高血压、心脏病，同时还能引起胃病，使胃酸过多。

生：吸烟和不吸烟的肺癌发病率为 10：1，徐爷爷，您说多可怕呀！（众笑）

生：徐爷爷，您的血压不高吧？

徐：有点高。医生说，上了年纪的人都有点高。（笑声）

生：烟里的尼古丁可使血压升高，您戒了烟，血压一定能降下来。

生：徐爷爷，您经常说："饭后一支烟，胜过活神仙。"这是不对的。刚吃过饭，人的吸收能力最强。这时抽一支烟比平时抽 10 支烟吸收的毒物还多。

徐：（大吃一惊）是吗？

生：吸烟能缩短人的寿命。科学家研究：70 岁以前死亡的人中，吸烟的是不吸烟的 3 倍。

生：徐爷爷，我一进门，就闻到一股难闻的烟味。您长期生活在这样的一个环境里，别说活到 99，就是活到 88——

师：（连忙打断该生的话）小朋友说话直，您不要见怪。（笑声）

徐：小同学说得在理。我信！（众笑）

生：徐爷爷，我和小颖同班，小颖有时咳嗽，说话声音也有点沙哑，肯定与您抽烟有关系。

徐：我抽烟怎么影响她呢？

生：小颖和您生活在一起，她是被动吸烟者，受害更大。欧洲每年有 14 万人死于被动吸烟。咱中国没统计，如果统计的话也不会少。（众笑）

生：特别是对小孩，危害更大。

徐：是吗？看来，吸烟不但害自己，还害别人。

生：吸烟对环境的污染也很厉害。您看，您的家具都变色了。这与烟熏有关系。（众笑）

徐：我说花了 2000 多元钱买的组合家具，怎么不到 3 年就变旧了！原来是这么回事！（众笑）

生：徐爷爷，为了您和小颖的健康，我劝您戒烟吧！

徐：听小同学这么一说，我知道吸烟的害处很大，别说为了自己，就是为了我的孙女，也得戒烟！从今以后，坚决不抽了！（说完，从口袋里掏出香烟、火柴，扔了。）我以前曾经戒过一次烟，可是没过一个星期，又抽起来了。

师：是的，戒烟很不容易。

生：您可以买点戒烟糖吃，或者买点戒烟茶喝，听说很有效。

生：想抽烟就看看电视，转移自己的注意力。

徐：我家有 29 寸彩电。（众笑）

生：找别人聊聊也行。

生：要想抽烟，就想想抽烟的害处，想想您的孙女！

徐：我一定按照老师和同学说的去做，下决心戒烟。

生：徐爷爷，我真为您下决心戒烟感到高兴！

颖：我好几次劝爷爷戒烟，可是因为说不清吸烟的害处，爷爷没有听。这次，爷爷听了同学们的话，下决心戒烟了。我非常感谢大家。

师：徐师傅，祝您戒烟成功，健康长寿！我们告辞了。

（学生向徐爷爷道别。）

著名特级教师于永正和中央教科所研究员潘自由在 20 世纪末合作进行的"言语交际表达训练"，为当下的口语交际教学提供了众多典型范例，"劝戒烟"就是其中的代表。

于永正老师的教学分四步进行。第一步，创设表演情境，激趣提问，引发交际需求。于永正老师以精心设计的、适合小学生学习特点的小品导入新课，一下子激起了学生的交际兴趣："小颖为什么没能在世界戒烟日这一天说服爷爷戒烟？如果理由充分，徐爷爷会接受孙女意见的。咱们班的同学能说清楚吸烟的害处吗?"具有挑战性的问题马上让学生兴奋并交流起来。本节口语交际课学生最感困难的是欲言无物,即缺少劝说材料、缺乏劝说理由。在交际需要被初步调动之后,于永正老师投其所需,引导学生多方搜集资料。除了提供从报刊中摘录的材料,还指导学生现场采访听课教师。由于源于生活需求,大家都很兴奋,学生问得得体,教师答得精彩。这一巧借资源、巧妙生成的现场采访,有两大用处。其一,它本身就是一次考察交际双方倾听、表达、应对能力和文明和谐交流态度的交际实践;其二,强化了学生在生活中学语文、练交际的意识,昭示生活处处皆语文的方法与路径。这是教学的第二步。第三步,教给交际方法,提供所需技巧。针对小颖劝说失败的教训,于永正老师指导学生现场彩排,相机教给劝说的技巧和方法,学生渴望实践的欲望空前强烈。第四步,在仿真情境中让学生放手实践,满足其交流劝说的需要。由于场景设计巧妙,学生感到交际对象就在眼前,自己是实实在在地在跟徐爷爷交流,因此,劝说非常成功。

在整个教学活动中,于永正老师或从旁扶掖,或相机给予指点,使学生懂得说话要与特定的环境相适应,即所谓"说话得体"。这种指导因为是具体的、有针对性的,所以是切实的,对学生的帮助很大。

第十三章　综合性学习的个性化

从历史渊源来看，综合性学习是深深植根于中国传统语文教育的土壤的。

"古代的语文教育，基本上是文、史、哲不分的，甚至人文科学、社会科学、自然科学也不分，学伦理、历史、哲学，学科学、技术，也就是学语文。""无论识字教学还是'国学'常识教学，无论读书作文，还是思想政治教育，常常是扭合在一起的。"①可见，无论课程内容还是教学方法，古代的语文教育都体现出很强的综合性，融合多个学科且与社会实践联姻。

但是，在漫长的封建社会中，由于受儒家正统观念的影响，因此传统语文教育的综合性很大程度上受制于政治性、伦理性，语文教育逐渐蜕变为政治思想教育的附庸；且由于语文教科书文言文的"一统天下"，书面语言脱离口头语言，语文教育最终割断了与现实生活的联系，排斥了社会内容和其他思想，其综合性实际上陷入虚无含糊、难以作为的境地。

进入现代社会，由于吸收了西方理性思维和科学分析的方法，由于片面强调分科教学，因此我们的语文教育由原来强调综合、注重整体、擅长体悟，走向强调分析、强化讲解、注重理性、偏重系统的语文学科知识教学，课程结构单一，课程体系封闭，教学呈现出"繁、难、偏、旧"的状况。再加上受应试教育的影响，课程评价过于强调甄别、选拔功能，语文教育断绝了与丰富多彩的生活世界、社会实践的联系，让学生深陷题海，教学高耗低效。

为了响应时代的召唤，改变课程结构过于强调学科本位和缺乏整合的现状，改变封闭教学、脱离社会的不良倾向，适应时代对创新型、复

---

① 张隆华，曾仲珊：《中国古代语文教育史》，5 页，成都，四川教育出版社，2000。

合型、合作型和个性化人才的需求，体现"语文的外延与生活的外延相等"的理念，《语文课程标准(实验稿)》在总结历史经验、教训的基础上，顺应 21 世纪的要求和汉民族的文化心理、思维方式，开辟出"综合性学习"板块。

一、综合性学习的特殊定位

语文综合性学习是《语文课程标准(实验稿)》提出的一个特殊的语文学习领域。虽然与识字写字、阅读、写作、口语交际并列为语文课程内容的五大板块，但综合性学习比较特殊，在性质上与其他四个板块不一样。"写作教学、阅读教学和口语交际教学是从言语行为方式这个角度切入的，它们属于语文的学科形态，就像物理学科中的电学、热学、力学一样，看得见，摸得着，是显性的。而语文综合性学习则是从语文的学习方式入手的，它不属于学科形态，而属于教学形态。"[1]《语文课程标准(实验稿)》之所以将综合性学习与其他本不在同一个层面的四个板块并列设置，是为了体现对综合化的追求。这对加强语文课程内部的联系，加强语文课程与其他课程的联系，加强语文课程与生活的联系，沟通课内外、校内外、课本学习与语文实践，拓宽语文学习的内容、形式和渠道，突出学生学习主体的地位，引导他们综合运用语文知识去分析、解决生活实践中的问题，培养创新意识、合作精神和探究能力，促进核心素养的提高和知识能力与情感态度价值观的协调发展，都是很有好处的。

"语文综合性学习作为语文学科的主轴，它与读写听说的关系是统领融合的关系，而不是并列对立的关系。"[2]只有弄准综合性学习这一特殊的定位，弄清它与识字写字、阅读、写作、口语交际这四个板块的区别，我们的指导才能明确方向，把准尺度。

---

[1] 王荣生：《语文综合性学习教什么》，42 页，上海，华东师范大学出版社，2014。

[2] 王荣生：《语文综合性学习教什么》，43 页，上海，华东师范大学出版社，2014。

二、综合性学习的个性特点

（一）开放性

综合性学习的提出，将语文课程的视野投向了广阔的、丰富多彩的自然和社会空间，要求语文教学超越传统的束缚，开放性地开展教学活动。我们应该以开放的心态，为学生营造开放的氛围，充分发挥"开放性学习"的强大威力。

1. 开放学习空间

引导学生从课内走向课外，从校内走向校外，与其他学科勾连、与社会各领域联系，用语文的知识和技能，以语文的方式，解决学习、生活中的问题。

2. 开放学习时间

语文综合性学习不能局限于课堂教学的 45 分钟（小学一般为 40 分钟），也不能局限于学校学习的时间，而要利用学生的课余时间，把学生课外的语文生活自觉纳入语文学习的渠道。

3. 开放学习内容

拓展语文学习与运用的疆界。语文综合性学习要体现识字与写字、阅读、写作、口语交际等内容之间的相互开放。通过这些方面的开放，促进彼此之间的联系，从而推动学生识字与写字、阅读、写作、口语交际能力的和谐发展，共同提高。相反，如果将这些教学内容封闭起来，人为地割裂它们之间的联系，结果只能是各自为战，降低语文教学的效率。综合性学习的开放还表现为语文与其他课程之间的开放。语文课程本身具有很强的综合性，其内容涉及天文、地理、历史、数学、物理、化学、生物、艺术等自然和社会方面的知识。我们要善于从语文课程与自然、社会、艺术等课程的结合点中找到内在联系，从其他学科中汲取语文学习的营养。例如，人教版小学语文教材第六册安排了两次综合性学习活动，一次是调查周围环境，另一次是回忆、了解父母的关心爱护。这两个主题具有很强的开放性、融合性，美术课、音乐课、品德与社会课、科学课甚至数学课的内容都有可能涉及，为了防止学科教学的无谓重复，减少教学浪费，同时也为了促进各学科教学形成合力，我们应加强各学科之间的沟通与合作。综合性学习的开放更表现在向社会生活的开放。生活中蕴藏着丰富的课程资源，语文学习和实践运用的机会无处不在、无时不有。家庭、学校、社区是语文学习的摇篮，独特的自然环境、文物古迹、风俗民情、节日文化，等等，是开展语文综合性学习的物质和文化基础。我们应该植根社会生活，拓展语文学习和实践的领域，构建开放而富有创新活力的语文课程。

4. 学习结果的开放

活动结果的表现形式要多种多样，文字表达、口语表达、表演、图片、演示，应该根据学生的实际情况和需要，开放性地选择；活动得出的结论也应该是开放的，既可以得出统一认识，也可以保留多种意见，既可以形成完整结论，也可以继续存疑。

（二）实践性

综合性学习的过程是一个实践的过程，需要学生亲自参与，不断历练，需要为他们打开"实践"的通衢大道。

第一，注重实践的体验性，丰富他们的精神世界，把能力的提升与情感态度价值观的引领结合起来。

第二，注重实践的多样性，让学生根据自身实际、学习内容、环境特点，选择灵活多样的学习方法。

第三，注重实践的应用性，把学到的东西运用于实际生活，建立"学"与"用"之间的联系。

于永正老师"认识苹果"的教学案例在这方面做得非常突出。学习分六个步骤：第一，宣读活动通知，组织学生座谈注意事项，并向家长转述通知内容，准备好活动需要的东西。第二，学生到果园参观，听农艺师从形状、颜色、大小、品质、成熟期等方面介绍常见的五种苹果，临走时买回一包苹果，回家后向家人介绍这五种苹果。第三，筹备"苹果展览会"，全班分为五组，每个组为一种苹果写一份"说明"，准备介绍。第四，学生写"海报"，并通过广播通知全校师生。第五，举办展览会，全班同学轮流为前来参观的师生当讲解员。第六，将活动写成通讯报道投寄当地报社，并为报纸拟发的一张照片写一段说明文字。

整个活动，除了倾听、交往、应对等，一共安排了四次言语交际实践活动（座谈注意事项、向家长转述活动通知、向家人介绍五种苹果的特点、当讲解员），相机穿插了五次写作实践活动（写活动通知、写说明书、写海报、写通讯报道、写照片说明）。在体验性、多样性、应用性强的综合实践活动中，学生的听说读写能力、交际能力、组织能力和活动能力等都得到了充分锻炼。[①]

(三)主体性

综合性学习不是标准化、模式化的学习，而是生活化、个性化的学习，在实施过程中，必须激发学习主体的内在动力，把他们的需要和兴趣置于核心地位。

第一，要让学生自主进行综合性学习主题的选择以及活动的设计和安排，让他们以自己独特的视角和判断确定学习主题，自由组合学习小组，自主设计、组织和开展活动，共同商定评价指标并进行评价，真正发挥他们的主体作用。

第二，允许学生自主选择学习方式。综合性学习为学生进行个性化学习提供了广阔的空间，学生应该有权自主选择适合自身或能体现自身优势的学习方式，如说、写、画、唱、表演、摄影等。在肯定学生长处的基础上，教师逐步引导运用多种方法，从不同的角度进行多样化的探究，丰富学生的语文学习方法，以体现学习的自主性和创造性。

(四)适宜性

无论目标的确定、内容的选择还是方法的运用，都要适应学生的年龄特点和知识水平，不可拔高。否则，语文综合性学习难以开展；即使勉强进行了，也容易挫伤学生学习的积极性和主动性，不利于可持续发展。

三、综合性学习的操作特色

(一)以问题为驱动

语文综合性学习必须贴近现实，以学生自己提出的、来源于真实情境的问题为驱动，促进学生综合运用语文知识，提高言语实践能力，提升语文素养。因此，必须重视学生的好奇心，注意强化学生的问题意识，引导他们从对周围事物的好奇，逐步发展到提出学习和生活中的问题，再到关注国内外的热点问题。对问题解决的方式，也应该不断进

---

① 参见于永正，潘自由：《于永正小学"言语交际表达训练"作文实验》，28～35页，济南，山东教育出版社，2000。

步，逐渐提高，从第一学段结合课内外阅读的一般讨论，到第二学段有目的搜集资料共同讨论，到第三学段尝试写简单的研究报告，进行专题讨论和演讲，再到第四学段从书刊或其他媒体获取有关资料，讨论分析问题，独立或合作写出简单的研究报告，用各种形式展示学习成果。这可以让学生就问题深入思考、辨析，提高思维的清晰性，表达的准确性、灵活性，初步培养区别是非、善恶、美丑的能力。

（二）以活动为依托

活动为学生的语文实践提供了丰富的机会和广阔的空间，它是语文综合性学习的依托。因此，在各个学段都应该提出参加活动的要求，既要求用语文的形式来呈现活动的安排和效果，也要求通过活动来提高核心素养。第一学段，要求学生积极参加校园、社区活动，结合活动，表达见闻和想法；第二学段，发展到在教师的指导下组织有趣味的语文活动，在活动中学语文、学合作；第三学段，要求学生策划简单的校园活动和社会活动，对所策划的主题进行讨论和分析，学写活动计划和活动总结；第四学段，要求自主组织文学活动，在办刊、演出、讨论等活动过程中，体验合作与成功的喜悦。

（三）以主题为抓手

在语文综合性学习中，主题是活动的灵魂。没有主题，活动的内容就会零散，就有可能失去方向，因而，必须重视学习主题的选择和确定，注意以主题为综合性学习的抓手。综合性学习是以学生为主体的学习，主题的选择与确定应该基于学生已经具备的知识和能力，要考虑学生关心什么，对什么感兴趣，充分开发和利用学习、生活中广泛的课程资源，把握机遇、诱导启发，激发学生的学习兴趣和问题意识，发挥学习主动性，把这些兴趣和问题提升为有意义、有价值的主题，从而为综合性学习活动的开展提供明确的指向。

（四）以资源为支撑

语文综合性学习的开展，离不开丰富多样的课程资源的强力支撑。课程资源广泛存在于社会生活中，涉及自然、社会、文化等领域，但社会生活本身并不天然就是语文综合性学习的资源，而需要有意识地加以开发和利用。这样，才能为语文综合性学习奠定坚实的基础。

语文综合性学习是语文课程领域的一个新课题。其任何一项活动的开展，不可能仅仅依靠某一种课程资源，但同时我们也不能贪多求全，以为涉的课程资源领域越多越好。我们必须在一定的学习活动主题的指引下，根据本地资源的实际情况，正确处理好各种资源之间的关系，合理配置，才能真正促进资源的整合，提高资源利用效率，为学生提供丰富多样的语文实践机会，促进综合性学习的开展。

(五)以整合为特色

第一，学习要求的整合，不仅加强语文知识的综合运用，听说读写能力的整体提高，而且注意加强知识与能力、过程与方法、情感态度与价值观的融合。第二，学习内容的整合，涉及课内与课外、自然与社会，只要是学生感兴趣的、有学习和研究价值的，都可以成为学习的主题。第三，学习方式的整合，既可以是个体学习，也可以是合作探究，既可以是以观察、调查为代表的实践学习，也可以是以查阅资料为标志的借助书报和网络等媒体的研究。

四、个性化综合性学习课例与评析

因为源自问题、聚于主题、资源丰富、依托活动、注重整合，所以语文综合性学习天地广阔，生动活泼，特色鲜明。单就活动类型而言，有观察表达型、展示介绍型、资料搜集整理型、表演型、竞赛型、问题研究型、活动实践型、体验探究型，等等。每一种都有自己的特点。下面呈现两则个性突出的典型课例，并加以评析，一窥个性化综合性学习的堂奥。

(一)竞赛型综合性学习课例与评析

【案例 1】《壮哉，中国龙》教学设计①

一、导言激趣，诱发情感

(播放歌曲《龙的传人》)

"古老的东方有一条龙，它的名字就叫中国……"多么熟悉的旋律，多么精彩的歌词！龙，是我们中华民族的象征。在古代，龙就是中华民族始祖的图腾。作为龙的传人，作为炎黄子孙，今天，就让我们与"龙"来个"非常接触"，畅游"龙"字乐园，去感受中国龙、中国传统文化的无穷魅力。

二、开展比赛，激活情感

赛程(一)：有关龙的词语。

---

① 参见杨裕海：《〈壮哉，中国龙〉教学设计》，载《小学语文教师》，2005(11)。

▲猜一猜

猜含有"龙"的词语。（抢答题，每题 5 分）

1. 皇帝的脸色。（龙颜）

2. 神话传说中皇帝的宫殿。（龙宫）

3. 皇帝上朝穿的衣服。（龙袍）

4. 端午节的一种水上比赛用具。（龙舟）

（以上各题答案限两个字）

5. 传统戏剧中的群众演员。（跑龙套）

6. 我国古代考上状元。（登龙门）

（以上各题，答案限三个字）

▲填一填

填含有"龙"的成语。（必答题，每词 5 分；多填一词加 5 分）

龙			
	龙		
		龙	
			龙

参考答案

1. 龙蛇飞动、龙骧虎步、龙腾虎跃、龙马精神、龙飞凤舞、龙吟虎啸、龙潭虎穴……

2. 生龙活虎、乘龙快婿、来龙去脉、群龙无首、降龙伏虎、画龙点睛、双龙戏珠……

3. 老态龙钟、虎踞龙盘……

4. 叶公好龙、车水马龙……

▲连一连

龙王爷的帮手	张牙舞爪
龙王爷打呵欠	自家人不认自家人
龙王爷亮相	厉害（离海）
龙王爷掉海里	虾兵蟹将
龙珠跟着龙尾转	神气
龙王爷搬家	摆不起来
龙门阵缺人	不对头
龙王发兵讨河神	回老家

赛程(二)：有关龙的诗句。

▲写一写

写含有"龙"的诗句。（必答题，写出一句得5分）

参考答案：

1. 斯须九重真龙出，一洗万古凡马空。

——杜甫《丹青引·赠曹将军霸》

2. 但使龙城飞将在，不教胡马度阴山。

——王昌龄《出塞》

3. 虎距龙盘今胜昔，天翻地覆慨而慷。

——毛泽东《人民解放军占领南京》

赛程(三)：有关龙的故事。

▲讲一讲

每个代表队选派一名代表，上台讲有关龙的故事。（必答题，满分10分，由评委会视故事的内容、讲故事的表现等诸多因素打分）

故事举隅：《叶公好龙》《画龙点睛》《屠龙之技》《柳毅传书》……

三、总结谈话，升华情感

(一)统计比赛成绩，对优胜队给予奖励。

(二)教师小结：在老百姓的心目中，龙是吉祥的，是神圣的，是崇高的。龙，是我们中华民族的象征。让我们时时刻刻记住：我们是龙的传人！让我们由衷地说一声：壮哉，中国龙！

(三)师生齐唱《大中国》："我们都有一个家，名字叫中国。兄弟姐妹都很多，景色也不错。家里盘着两条龙，是长江与黄河……"

小学生好胜心强，情感色彩浓。针对小学生的特点，特级教师杨裕海以竞赛的形式、以生动有趣的手段开展本次的语文综合性学习，点击了学生的兴奋点，调动了学生的参与热情。但灵活只是外表，实在才是内核。猜一猜含有"龙"的词语，填一填带有"龙"的成语，连一连含有"龙"字的歇后语，写一写有关"龙"的诗句，讲一讲有关"龙"的故事，听说读写总动员，课内课外被打通，灵活多样的系列活动指向的，是学生传统文化知识的丰富，是有关龙的词语、诗句的积累，是搜集资料、交流信息能力的提升，是团队精神、竞争意识的增强。

不仅如此，《壮哉，中国龙》还有更高的教学立意。龙是中华民族的象征，它具有丰富的民族精神内涵。杨裕海老师把语文综合性学习的根扎进深厚的龙文化的土壤，意在引导学生触摸光辉灿烂的传统文化，感受祖国语言文字的多姿多彩，激发学生学习优秀民族文化的热情，增强民族自豪感，自觉成为龙的传人，传承和弘扬民族文化。当然，如果这样的教学立意不是通过教师总结提升出来，而是自然渗透于活动的各个环节，由学生自己感悟出来，那么效果应该更好。

（二）活动实践型综合性学习课例与评析

【案例1】《在荒岛上》活动设计①

一、体验荒岛生存

祝贺你被推选为"荒岛生存小组"的成员之一：你将和你的同伴在一个无人居住的荒岛上生活一个月，从而显示年轻人的机智、勇敢和适应环境的能力。你将要做出许多决断，并且要描述出你们在荒岛上发生的各种事情。

勃林岛：到了勃林岛，你将进入一个热带天堂，它堪称野生动物世界。你在这里将看到平时见不到的鸟类和鱼类。但是，要注意的是许多动物对人类抱有敌意，比如毒蛇和凶猛的山猫。许多奇异的果子可以为你们提供食物，也可能含有致命的毒素。然而最主要的困难是岛上没有水源；除非你们能够想出聪明的储存雨水的办法，因为岛上几乎天天下雨。

克劳维斯岛：这个岛屿的气候凉爽宜人，不难找到饮用水和食物；但是只有蔬菜类植物，没有可供食肉的动物，也没有办法捕鱼。岛上长满了树木，常常下大雨。人住在岛上犹如被郁郁葱葱的绿色所环绕。夜里很冷，得住在棚屋里。

阿波埃岛：岛屿地势较低，涨潮或暴风雨来临时，经常有被大水淹没的危险。平时气候温暖干燥，岛上只有一条小溪，下雨时存水，平时干涸。岛上罕见植物，唯一能找到的、可食的植物就是椰子。鱼类很丰富，但是要走到几百米以外的海滩上去捕捉，因为附近的水域都很浅。

（一）仔细地研究所有的信息。

（二）为每个岛屿列表，写出它们的有利条件和不利因素。

（三）根据岛屿和你们自己的条件来选择居住的地方。

（四）用一段简短的文字说明你们小组选择该岛的理由。

（五）利用所提供的信息，画图表示岛屿的特点，并说明你们自己的

---

① John Seely, et al., *Oxford English Programme*: *National Curriculum Key Stage 3 Bk. 1*, Oxford, Oxford University Press, 1990, pp. 88-95.

情况。

二、选择旅伴

奈森·范里西：男，13岁，身体强劲有力；举止任性，具有独立性，不喜欢求助于人；怕蛇。

克里格·温斯太利：男，11岁，身体并不十分强壮。为人随和，受人欢迎。喜欢烹饪并善于此道；有哮喘病。

席格·维英：女，12岁，乐于助人，健谈，善于把他人低落的情绪鼓动起来；平时做事有点杂乱无章；不适合当领导；近视眼。

裴丽雅·凯恩：女，12岁，能干，理智；勤恳，处理问题果断，有主见；对持有不同意见的人有时急躁；不吃荤菜。

鲍林·汤玛斯：女，13岁，活泼，健康，校足球队最佳队员之一；善于实践，手工设计精巧；但是怕做家务；只吃便宜食品。

除了上面介绍的五个人外，你还可以另选两名伙伴同行。现在，你要做的是：

1. 作为岛上生存小组的成员，分析他们每个人的优缺点各是什么。

2. 决定另外两个成员，并说明选择他们的理由。

3. 按照上面提供的资料，介绍一下自己的优缺点。

三、配置设备

在上岛之前，允许各小组选择一些设备：六种生活必需品和两种奢侈品。配置的物品应满足小组每个成员的需要。

（一）你选择的六种必需品是什么？说明选择它们的理由。

（二）你选择的两种奢侈品是什么？说明选择它们的理由。

（三）小组的每个成员都应有一个日记本，记录自己的经历和感受。现在已是出发的前一天了。你已经知道了自己的伙伴、已有的设备；已经对小组选择的岛屿有了许多了解。在第一篇日记里，写下自己准备进驻岛屿的感想。

（四）现在写第二篇日记，其中应写出登上岛屿时发生的事情、你和小组其他成员的感受；尤其是当看着运载你们的船只返航，渐渐远去，直至消失的时候，你的感受是什么。

四、在岛上生活

（一）思考小组成员在岛上生存必须做的事情是什么。课本上的图画给你提供了一些观点，但是还应开动脑筋。

（二）列出小组必须做的重要事情的明细表。

（三）列出这些事情的顺序，把最重要的事情放在表格的上层，次要的放在下面。

（四）列出做好每一件事和解决每一个问题的途径和方法。

（五）思考你们小组开始岛上生活的实际情况，写下第一天生活的完整日记。

【问题】

观察课本上的图画（略），思考如何解决你们在岛上必须解决的问题。

其中一幅图，有许多孩子在讨论问题。从他们的位置、交谈对象和对话内容上看，可以分为三组。最上面一组三个人，从左至右，说话的内容是："看来没有一个人可能同意。""我们应该开会，投票表决。""为什么总是男孩子有决定权？"中间左侧两人在说："人人应该做好他合理分担的事情。""可是每个人都愿意做他有兴趣的事情，比如说，钓鱼。""没有人愿意做负担重的事情，例如饭后洗碗。我们需要订一个勤务值日表。这样，每一个人就都可以轮流去做负担较重的事情了。"右下侧四个人正在说："我想，我们应该选举一个领导人，大家都要服从他（或她）。""恐怕没有人能按照他说的去做。""我们需要一个强有力的领导。""为什么不能每天轮流做领导人呢？"

（一）选择 1～4 幅图画，按角色表演出全部对话。

（二）选择你刚刚表演过的一幅图画，在卡片上写出它的表演脚本。

（三）再次观察你选择的 4 幅图画，逐一思考并正确判断人们面对的问题是什么。

为每一幅图画写出你的解释和你的解决方法。

（四）从 4 幅图画中选择一幅，设想你置身其中，而后写出这一天的日记。

（五）最后一幅图画表明孩子们正在讨论如何解决他们面对的问题。你从他们的谈话中可能会看出一些情况。用一个表格列出他们的主要问题；说明你对解决问题的看法。

（六）思考这场争论是如何发生的、应该如何解决。在日记里引用你所描述的人们的话语、做出的决定，以及你的想法和感受。

本活动设计将学生的语文综合性学习巧妙地放在模拟的真实自然环境和社会环境中。《语文课程标准（2011 年版）》要求语文综合性学习贴近生活，引导学生关注现实，"联系生活中的实际问题开展学习活动，在实现语文学习目标的同时，提高对社会现象与问题的认识"，"增强在与自然、社会和他人互动中的应对能力"。在这一点上，英国的母语教材《牛津英语教程》为我国的语文综合性学习提供了很好的示范。学生选择适宜居住的岛屿，选择合适的旅行伴侣，决定携带的生活设备，解决在荒岛生活的诸多实际问题，面对模拟的真实情境，带着真实的任务驱动，他们要研读资料，要认真思考，要制订方案，要深入探讨，要学会倾听他人的意见，要善于陈述自己的观点，要尝试解决彼此的争端，要学会达成多方的共识，要学会通过合作解决生存的问题，听、说、读、写全用上，知识、能力、思维、人格共表现。在对连续性文本和非连续性文本的研读中，在对各种信息的分析中，在对选择理由的表达中，在对方案、计划的制订中，在对解决问题的途径与方法的思考中，在对问题的讨论中，在争执的解决中，在 5 篇日记的撰写中，在 1 次表演的体验中，在 1 次深度讨论中，学生得到的绝不仅仅是语文素养的综合提高，还有对社会现象与问题的认识水平、与自然和他人互动的应对能力的提升。

本活动设计注意发挥学生的积极性、主动性。设计者赋予学生"探险者"的角色，神秘的荒岛探险、生存之旅，对七年级的学生来说，无疑有着巨大的刺激性和吸引力，容易激发他们的学习热情。居住岛屿由学生自己决定，旅行伙伴由学生自己选择，生活设备由学生自己配置，解决问题的方案由学生自己制定，在活动中，学生主动参与、认真观察、深入研究、反复思考、深度交流、积极合作，学会了如何在生活中运用各种知识能力、采用语文的方式解决问题，获得了丰富、宝贵的人生体验。在活动实践过程中，学生真正成了语文综合性学习的主人、社会的主人。

第十四章　灿若星辰：当代名师语文个性化教学评介

新中国成立以来，尤其是改革开放以后，中小学语文教坛出现了很多灿若星辰的大家。他们具有鲜明的教学个性、独特的教学风格、深刻的教学思想、深远的行业影响，和而不同，各美其美，美美与共。在深入研究母语教学规律、基本规范和学生语文学习规律的基础上，他们突破了程式化教学的桎梏，撞破了标准化考试和量化评价的樊篱，冲破了惯性思维的束缚，敢于标新立异，敢于勇立潮头，敢于引领航向，敢于不断超越，像夜空中明亮的星星一样放射出迷人的光芒，给语文教学带来勃勃生机，给广大语文教师的专业发展指明方向。

这是一份宝贵的、不可多得的遗产、资源。今天，我们简要介绍、评价这些名师、大家的语文个性化教学理论与实践研究的成果，既是为了仰望星空，向他们致敬，感谢他们为语文课程建设、为语文教学改革做出的杰出贡献；更是为了在星光的照耀下敞亮自己的思想，开启自己的智慧，树立专业的标杆，刷新人生的起跑线，塑造自己的教学品质，彰显自己的教学个性，铸就自己的教学风格，淬炼自己的教学思想，形成自己的教学流派。

在将近70年的时间里，有鲜明教学个性、风格和独特教学主张与思想的语文名师很多，我们精心挑选了21位介绍。遗漏肯定不可避免，这份名单也不可能得到所有人的认同。好在这里的评介不是为了书写语文教学史，而是通过列举的方式为广大语文教师的个性化教学呈现样例、开阔思路。方便起见，我们分中学和小学两个板块介绍、评价。斯霞老师的语文个性化教学成果已在第九章进行过评述，这里不再重复。

一、中学名师语文个性化教学评介

（一）于漪

1929 年出生于江苏镇江，1951 年毕业于复旦大学教育系，曾任上海市杨浦高级中学教师、上海第二师范学校校长、上海市教科文卫委员会副主任。一开始教历史，后来改教语文，虽是"半路出家"，但于漪老师却是首批获得特级教师称号的名师之一。1978 年，就通过电视台向全国直播语文课堂教学，不仅轰动了上海而且影响全国。

从事语文教学半个世纪，于漪老师形成了鲜明的教学风格，她是情感派语文教学的代表人物。于漪老师的课堂教学富有激情，具有极强的感染力、吸引力，能使学生"着魔"一般地跟着她渐入文章佳境，在学语习文的同时，受到情感的熏陶，获得思想的启迪，享受审美的乐趣。于漪老师的语文教学之所以充溢浓郁的情感，关键在于两点。一是燃烧自己，以情激情。"要使学生感动，首先教师自己要感动；要使学生热爱语文，首先教师自己要对祖国的语言文字一往情深、钻研入迷"。正因为如此，于漪老师"备到李白的诗，屈原的辞赋，备着备着，人就进入了作品的境界"，"有时激动得流下热泪，彻夜难眠"。[①]她教《周总理，你在哪里》，课堂上哀思如潮，学生热泪滚滚，就是因为她"自己的教案是用泪水写就的"。她就像一块把自己烧得通红的煤，率先产生强烈的情感体验，然后以情激情，将燃烧着的情感与能量传递给学生。二是创设情境。要想让学生真正把书读到心里，让他们的思想感情与文中人物的思想感情融为一体，与作者的喜怒哀乐产生共鸣，于漪老师认为，最好的办法是引导学生入境。办法之一是巧引。朱自清的《春》是一篇意境优美的散文，课一开始，于漪老师就满怀激情地说："一提到春天，我们就会想到春光明媚，绿满天下，鸟语花香，万象更新。古往今来，许多文人墨客用彩笔描绘它、歌颂它。同学们想一想，杜甫在《绝句》中是怎样描绘的？王安石在《泊船瓜洲》中是怎样描绘的？苏舜钦在《淮中晚泊犊头》中是怎样描绘的？"在学生分别背诵相关古诗后，于漪老师因势

---

① 参见全国中语会青年教师研究中心：《于漪语文教育艺术研究》，77～78 页，济南，山东教育出版社，1999。

利导，进一步"引"："现在就是阳春三月。但我们往往知春，而不会写春。今天，让我们看看朱自清先生是如何描绘春天的色彩、姿态的。"新课伊始，师生就进入生机盎然的春景之中，为进一步的学习奠定了良好的知识和情感基础。办法之二是美读。于漪老师认为，美读能使学生耳醉其音、心醉其情，从而入情、入境、会心。教学《周总理，你在哪里》，于老师用"四读"架构了整堂课：一读，体会情感基调；二读，了解诗歌描绘的形象；三读，感受韵律、节奏；四读，总体理解、领悟。通过读，学生不仅掌握了课文的层次、结构、要点，增强了理解和记忆，也体会到语言的气势、节奏、韵味。办法之三，情讲。所谓"情讲"，是指教师感情充沛、激情满怀、文采飞扬地讲。于漪老师是一个具有诗人气质的教师，是"情讲"的高手。她讲《雪》，雪野似在眼前；她讲《茶花赋》，满室姹紫嫣红；她讲《孔乙己》，使人满腹心酸；她讲《过零丁洋》，浩然正气顿生。充满情感和文采的讲述，"牢牢粘住学生的注意力"，"产生春风化雨般的魅力"①，激起相应的情感体验，引导学生顺利进入课文的意境。

于漪老师的情感型语文教学，源于她的语文"三观"。一是基于对母语个性深刻认识的语文性质观。于漪老师认为，"汉语言文字不是单纯的符号系统，它有深厚的文化历史积淀和独特的文化心理特征。汉语和其他民族语言的工具性和人文性，是一个统一体的不可割裂的两个侧面。没有人文，就没有语言这个工具；舍弃人文，就无法掌握语言这个工具。"②针对20世纪末我国语文教学走入应试教育的死胡同，导致"工具性的砝码越来越重，学生知情意行的培养形同虚设"的现状，已古稀之年的于漪老师接连在《语文学习》和《文汇报》发表《弘扬人文，改革弊端》等重量级论文，大声疾呼，匡谬正俗，要求语文教学注重人文，注重情感。二是从民族发展和现代人才培养的高度提出的教文育人的目的观。于漪老师认为，"学语文不是只学雕虫小技，而是学做人。语文教育就是教文育人。语言文字是文化的载体与结晶，教学生学语文，伴随着语言文字的读、写、听、说训练，须进行认知教育、情感教育和人格教育。"③三是基于长期实践经验的教学观。于漪老师强调，语文学科是

---

① 于漪：《我和语文教学》，243页，北京，人民教育出版社，2003。
② 于漪：《站在大写的人字上》，149页，上海，上海教育出版社，2001。
③ 于漪：《站在大写的人字上》，150页，上海，上海教育出版社，2001。

集智育、德育、美育于一体的三育结合的学科。因此，我们必须树立多功能的教学观，注重熏陶感染。

（二）钱梦龙

1931 年出生于上海，曾任上海市嘉定二中语文教研组长、嘉定区实验中学校长，著名特级教师，导读派语文教学的代表人物。其倡导并践行的语文导读法影响广远，特色鲜明。

语文导读法是钱梦龙老师在 20 世纪 80 年代初提出的旨在以培养学生自主阅读的意识、能力、习惯为目标的语文教学法体系。它是一种有预谋地摆脱学生的策略。[1]所谓"有预谋地摆脱"，不是消极地撒手不管，而是经过积极、有序引导，让学生从依赖教师而逐步走向少依赖最终完全不依赖。

钱梦龙老师之所以对导读法这种富有个性的语文教学方法情有独钟，很大程度上与他个人的经历有关。"我执教中学语文 40 年，（编辑注：以 2000 年为时间节点计算）提出'语文导读法'虽然是近 10 多年的事，但'导读'这一基本思路的酝酿和尝试，却是在我踏上中学讲台的时候就开始了。"[2] 1948 年，因为家庭的原因不得不辍学，钱梦龙走上自学的路。1951 年，他以初中毕业的学历走上中学讲台，又没有接受过师范专业教育，面对一双双渴求知识的眼眸，钱梦龙老师也困惑过。但自学语文的经历帮助了他，使他找到了一种适合自己的教学思路：教师尽量少讲，而重在引导学生学习。从此，他开始了对这一教学模式和风格的探索。1977 年之后进行过比较系统的教改实验。钱梦龙老师的个性化教学可概括为"三主三式导读法"。所谓"三主"，指教学要以教师为主导，学生为主体，训练为主线。"教师为主导，学生为主体"，讲的是教学中的师生关系，教师要发挥自己在教学中的组织、引导作用；教学的着眼点和活动主体应是学生。这两"主"，是教学过程的指导思想。"训练为主线"是组织教学过程、完成教学任务的基本途径。"三主"是基础理念，"三主"在操作层面体现为"三式"。所谓"三式"，指体现阅读教学过程的三种基本方式。一是自读式。这是以学生独立操作为主的阅读训练形式，又可分为先教后读、先读后教、边读边教等课型。二是教读式，即学生在教师指导下进行阅读训练，常用的方法有讲述法、谈话

---

[1] 参见钱梦龙：《语文导读法的昨天和今天》，载《课程·教材·教法》，2014(8)。

[2] 钱梦龙：《导读的艺术》，3 页，北京，人民教育出版社，2000。

法、讨论法。三是复读式。这是一种复习性的阅读训练形式，包括单篇复读和单元复读两种类型。在"三主"思想指导下，学生经过从"入格"到"破格"的阅读训练，必能达到"自能读书"的终极目标。可以说，语文导读法是在"教"与"不需要教"之间架设的桥梁。

"三主三式导读法"构想科学，理论完备，且具有完善的操作体系。它辩证地处理了教学中的师生关系，摆正了教师、学生在阅读教学中的位置，又正确地指出了贯穿阅读教学全程的最基本教学策略是训练，体现了正确的教育思想，符合语文学习的规律，既继承了我国传统语文教学重视"讲"、注重"读"的做法，又把教师的"讲"和在教学中的作用定位在"导"上，这一构想独具匠心。

(三)魏书生

1950 年出生于河北省原交河县。曾任辽宁省盘锦市盘山县三中语文教师、盘锦市实验中学校长、盘锦市教育局局长等职。担任局长期间，他仍然兼上一个班的语文课。他是自读派、管理派语文教学的代表人物。

魏书生老师认为，处于信息社会中，个人在学校所学的东西很快就会老化，终身教育是时代使然，学校教育只是为学生日后的学习和发展打基础的。为此，魏书生老师决心克服传统教学死灌硬塞的弊端，摸索出一条培养学生自学能力的有效途径。从 1978 年春到 1985 年夏，魏书生老师共进行了三轮通过语文教学培养学生自学能力的实验，主要方法是"六步教学法"。第一步，定向。教师明确教学要求，确定教学的重点、难点，让学生明晰目标。第二步，自学。学生根据重点、难点，自学教材，独立思考，解决问题。自学时，后进生可适当降低要求，比较优秀的学生可提高要求。第三步，讨论。四人一组，讨论疑点、难点；仍不能解决的问题，可编成题目，留待下一步解决。第四步，答疑。即回答上一步未能解决的问题。为提高效率，可让每个小组回答一个问题，最后由教师回答剩余的、学生难以回答的问题。第五步，自测。根据第一步指出的重点、难点以及学习情况，由学生拟出一组 10 分钟的自测题，全班学生答题，自己评分检测学习效果。第六步，小结。每个学生总结本节课学习的主要收获，再挑好、中、差三类各一两名学生，单独将总结讲给教师或同学听，教师及时获取反馈。

以上六步只是魏书生老师课堂教学的流程。为了激发学习兴趣，教给自学方法，将自学意识、能力和习惯的培养落到实处，魏书生老师在课内外的各种活动中，做了大量工作，为学生的语文自学建立了三个支撑和保障系统。第一个是计划系统。其一是每人每天必做的六件事：完成 500 字的语文练习，写一篇日记，进行一次口头作文，明确新学知识在语文知识体系中的位置，统计闲话、闲事、闲思的数量，强化效率感。其二是每天都有人做的三件事：办日报，搜集名言警句，实施上述课堂教学六步骤。其三是每人每周做一次的三件事：练字，学新歌，进行文学欣赏。另外，还有每人每学期做一次的九件事，不定期做的六件事，经常做的与语文课堂教学互相渗透的七件事。第二个是检查系统。即检查学生执行计划的情况，方法有自测、互查、班干部检查、班集体检查、老师抽查。第三个是反馈系统。学生的学习情况要及时反馈到语文老师那里，方法有讨论反馈、班干部反馈、班集体反馈、家长反馈。[1]为了帮助学生自学，**魏书生**老师专门为学生设计了"语文知识树"。语文知识被分为基础知识、文言文、文学常识、阅读与写作四个部分。这四个部分包括 22 项、131 个点。[2]

魏书生老师以自学为核心的语文个性化教学探索，理念是先进的，措施也是扎实的。但毋庸讳言，将行政管理的不少做法用到语文教学，不但比较繁琐、机械，有窒息学生语文自主学习的可能，还缺乏语文学科的特点，"语文知识树"的精细规划，更是违反了母语学习的规律。这是借鉴时应加以注意的。

（四）洪宗礼

1937 年出生，江苏镇江人，1960 年毕业于扬州师范学院，江苏省特级教师，江苏省政府命名的荣誉教授。曾任江苏省泰州中学教导主任、副校长，江苏母语课程教材研究所所长，苏教版初中语文教科书主编。

在当代语文教学名师里，洪宗礼老师是一个非同凡响的"另类"人物，他思想深邃，探索疆界宽广，是集著名语文特级教师、语文教科书主编、语文教育研究专家等多种身份于一身的人，用语文课程与教学论专家、博士生导师徐林祥老师的话说，洪宗礼老师是一个兼具"民族意

① 参见魏书生：《魏书生文选》第 1 卷，2～105 页，桂林，漓江出版社，2002。
② 参见魏书生：《魏书生文选》第 2 卷，243 页，桂林，漓江出版社，2002。

识"与"全球视野"的语文教师 ①。他的诸多语文个性化教学研究可以用一个关键词和三条路径概括:一个关键词是"母语",三条路径是从事母语教学、编写母语教材、研究母语教育。

洪宗礼老师扎根教学一线近半个世纪,对母语教学有独到、深刻的见解和做法,他提出了"五说"语文教学观和"双引"语文教学法。"五说":即确认语文的基础工具性质、工具性与思想性附于一张皮的"工具说",教师与学生双边互动的"导学说",学习语文的心理基础"学思同步说",语文教学的开放效应"渗透说",语文教育的终身学习理念"端点说";"双引":即"引读"的阅读教学观,"引写"的写作教学观,引读、引写"双剑合璧"观。在此基础上,针对长期肢解和孤立研究语文教学的现状,依据语文教学模糊与科学统一的特点,从整体建构的高度出发,他提出了构建"语文教育链"的思想。即以系统论和辩证唯物主义思想为指导,从整体上研究语文教学,找寻语文教学诸多元素之间的联系和最佳结合点,厘清各要素之间的关系,准确把握语文教学的规律。语文教育链包括了三个维度:一是内容维度,即"知识技能""习惯方法""情感与价值观";二是过程维度,即"历练""养成""渗透";三是关系维度,即"语文实践""定型""语言思维同步"。三者构成语文教育"链"的系统。这样的构成覆盖了认知、动作、情感三个领域,构成了完整的语文教学体系。

从 1983 年起,洪宗礼老师从事语文教材编写工作 30 年,将"语文教育链"思想融入教材,用教材来制约教法,他主编了 3 套经国家教材审查委员会审查通过的一类语文教材,在全国范围内 26 个省、市、自治区使用,累计印刷超亿册,使用过的学生超千万人。

60 岁后,洪宗礼老师以中学语文教师的身份主持国家"九五""十五"重点课题"中外母语教材比较研究""中外母语教育比较与我国母语课程教材创新研究",集中了海内外 200 多位高校、研究机构专家学者的智慧,研究了中国(含台湾、港澳)近 110 年各个时期母语教材及《教学大纲》,研究了世界 45 个国家和地区的母语教材和《课程标准》,覆盖全球 8 大语系、26 个语种,对全球的母语教育进行了全方位、多角度的研究探索,三期完成了煌煌 16 卷、830 万字的巨著,填补了我国母语教育理论的空白。其中 10 卷本的《母语教材研究》获国家最高图书奖、

---

① 参见徐林祥:《"民族意识"与"全球视野"的交融——洪宗礼的道路与语文教育方向》,载《中学语文》,2009(4)。

中国政府出版奖提名奖、全国教育科学研究优秀成果一等奖。

（五）宁鸿彬

1936 年出生，北京人，1955 年毕业于北京师范学校，先后在小学、中学工作。1976 年调至北京市八十中学工作，直至退休。著名语文特级教师，思维派语文教学的代表人物。

宁鸿彬老师"创造性思维训练"体系是在长期的语文教改实践中形成和发展起来的。1962 年，他创造了"卡片辅助教学法"。自 1978 年至 1995 年，他进行了六期语文教学实验。从"加强语文基础知识和基本技能训练，提高课堂教学效率"，到"教会学生学习语文"；从"减轻学生负担、提高教学质量"到通过语文教学"发展学生的创造性思维"；接着将思维训练提到哲学高度研究"语文教学中的世界观、方法论教育"，他不断探索，步步深入，由感性到理性，由现象到本质，由肤浅到深刻，最终开辟了一条具有鲜明个性的语言与思维训练相结合的语文教改之路。

所谓语文创造性思维训练，用宁鸿彬老师的话说，就是"指导学生运用创造性思维进行听、说、读、写活动，把发展学生的创造性思维寓于语文课的阅读教学、知识教学和听说读写训练之中"。简单地讲，"就是指导学生创造性地学语文"。[1]创造性思维是多种思维形式的协调活动，主要包括求异思维、求同思维、直觉思维、分析思维、灵感思维。在宁鸿彬创造性思维训练体系中，求异思维占有重要地位，因而不少人又称之为求异思维训练体系。宁鸿彬老师在语文教学中训练学生的创造性思维，注重两个方面。第一，允许学生有理解的差异；第二，培育学生创造思维的萌芽。具体的训练包括多端性训练、变通性训练、独特性训练。其一，多端性训练。要求学生多方向、多角度、多途径考虑问题。平时教学指导学生多样性解答、多答案选择、多角度回答。其二，变通性训练。训练方式包括反方向求解、变方式表达、变角度陈述。其三，独特性训练。训练方式有创造性发挥、综合性介绍、加工性修改、隐意性表达、疑难题征文。[2]

---

① 董明旺：《宁鸿彬：走"思维训练"之路》，163～164 页，武汉，湖北教育出版社，2001。

② 董明旺：《宁鸿彬：走"思维训练"之路》，166～178 页，武汉，湖北教育出版社，2001。

（六）洪镇涛

1937 年出生，湖北新洲人。1955 年中师毕业后，当了一年小学教师。后考入北京师范大学中文系。毕业后在机关和部属中专工作，1965年调至湖北省武汉市第六中学任教。他是著名特级教师，也是语感派语文教学的代表人物。

20 世纪 80 年代初，洪镇涛老师提出"变讲堂为学堂"，主张改变语文教学以教师讲授为主的做法，认为语文教学过程的本质是教师指导下的学生自学，学生是语文教学的主体。20 世纪 90 年代初，洪镇涛老师又提出"变研究语言为学习语言"，主张纠正以分析教材为主的语文教学方法，认为"组织和指导学生学习语言，培养学生正确理解和运用祖国语言文字的能力，就是语文教学的根本任务"。"这里所说的'语言'，不是理论意义上的语言学，而是实践意义上的语言运用，语文教学就是语言运用的教学。从本质上看，语文教学不是一种知识体系，而是一种能力建构。"[①]语文能力的形成，主要靠语言实践。在长期教学实践的基础上，洪镇涛老师探索出"感受—领悟—积累—运用"语言的四大途径，形成"四步四法七课型教学法"。"四步"是常规课堂教学结构：第一步，感受语言，触发语感；第二步，品味语言，领悟语感；第三步，实践语言，习得语感；第四步，积累语言，积淀语感。"四法"是实行语感教学、进行语感训练的常用方法——美读感染法，比较揣摩法，语境创设法，切己体察法。以学习语言为核心的语文教学，可设置"七种课型"——语言教读品味课，语言自读涵泳课，语言鉴赏陶冶课，书面语言实践课，口头语言实践课，语言基础训练课，语言能力测评课。

从语文课堂教学结构改革到语文教学本体改革，洪镇涛老师始终站在时代的制高点，锐意进取，努力创新。他是当代语文教学改革的开拓者。

（七）黄玉峰

1946 年出生，浙江绍兴人。毕业于上海师范大学，复旦大学附属中学语文特级教师。

深耕教坛近 50 年，黄玉峰老师一直保持独立的追求，致力于"人"的教育。为此，他大胆革新，通过语文教学，提高学生各方面的素养，激发和引导学生走自我发展之路。首先，他抛开对课文无用的分析、深挖，通过整合教材，以最快的速度将课内教学内容完成，然后进行专题教学，

---

① 洪镇涛：《构建"学习语言"语文教学新体系》，载《课程·教材·教法》，1998(3)。

拓宽学生的视野和思维，引导学生大量阅读、探究学习，先后进行过诗经、楚辞、唐诗宋词、李白杜甫、苏东坡、鲁迅、胡适、皇帝、科举、红楼梦、西方文化等 20 多个专题的教学、研究。其次，他复兴中国"从游"的教育方式，亲自带领学生到吴越等地进行文化游学，精心设计路线、课程，指导学生一路游、一路看，一路写、一路读，把课堂放在大的环境中去。最后，开放课堂，广邀学术界与社会各界的知名人士，为学生讲学、授课。从 1998 年开始，还让学生自主研究课题、写作论文，然后组织"论文答辩会"，邀请国内知名人士，进行论文鉴定和答辩。

（八）黄厚江

1958 年出生，江苏盐城人。现为江苏省苏州中学副校长，著名特级教师，正高级教师。长期从事中学语文教学工作，并形成了系统的语文教学理论和鲜明的教学风格，倡导的"本色语文"和"共生教学"在全国具有广泛的影响。

多年来，语文失去了自己的特性，要么被等同于考试，要么被拔高、夸大了责任，要么被虚化为各种新鲜时髦的教学手段。针对种种异化现象，黄厚江老师提出了"本色语文"的教学主张，并据此进行实践探索。按照黄厚江老师的意思，本色语文有三层内涵。一是"语文本原"：明了母语教育的基本任务，明确语文课程的基本定位。教语文，首先要清楚什么是语文课、为什么要开设语文课。思考这些问题必须弄清母语教育的基本任务。母语教育的任务很多，黄厚江老师认为，其最基本的任务是培养孩子热爱母语的感情，激发孩子学习母语的动力，提高孩子运用母语的能力。语文课程就是承担母语教育基本任务的学科。二是"语文本真"：探寻母语教学的基本规律，实践体现母语基本特点的语文教育。三是"语文本位"：体现语文学科基本特点，实现语文课程的基本价值。否则就会越位，甚至会走入歧途。或者"花了力气种了别人的地"，或者"在自己的地里种了别人的庄稼"。本原是目标和任务，本真是规律和途径，本位是方法和效果。一句话概括，就是"把语文当语文教，用语文教语文"。需要强调的是，本色不是守旧，本色不是倒退，本色也不是无为。本色，不排斥其他风格；本色，不反对创新；本色，不放弃更高的追求。本色，是语文教学的原点。语文教学可以走得很远，但这里是出发地。①

---

① 参见黄厚江：《语文的原点：本色语文的主张与实践》，5～67 页，南京，江苏教育出版社，2011。

本色语文的课堂是怎样的呢？黄厚江老师用近十多年的时间在全国各地执教的 200 多节公开课、用发表于各大杂志的，用他的教学行动告诉大家，本色语文的课堂是简单的、朴素的课堂，即像黄厚江老师经常用的比喻"家常菜"。本色语文的根本就是以语言为核心，以语文学习活动为主要形式，以提高学生的语文素养为根本目的。本色语文的阅读教学就是要引导学生在阅读中学会阅读，本色语文的写作教学就是要教学生能写平常的好文章。在本色语文的课堂上，黄厚江老师追求的教学风格是"自然、和谐、厚实、大气"，追求的语文课堂教学境界是"人"与"人"的和谐、内容与形式的和谐、语文和非语文的和谐。据此，他又提出"共生教学"的思想。所谓共生教学就是追求教师和学生之间、学生和学生之间互相激活、共生共长。共生教学的理论基础是共生理论、和谐思想、对话理论，其基本特征是"以活激活"，前提是"和谐"，核心是共生共长。[1]在谈到语文共生教学法和本色语文教学的关系时，黄厚江老师说："语文本色教学，是针对语文教学种种异化行为提出的教学主张；语文共生教学法，是遵循母语教学的基本规律，运用共生理论，从丰富的教学实践中总结出来的，能体现语文本色教学基本主张的教学方法。前者主要是理性思考，后者主要是实践操作。前者是守正，后者是创新。"[2]

（九）余映潮

1947 年出生，湖北武汉人。1966 年毕业于华中师范大学第一附属中学，当过知青、民办教师、农村中学教师，1982 年调至湖北省监利县教学研究室任中学语文教研员，1984 年华中师范大学中文函授毕业后，调入湖北省荆州市教研室任初中语文教研员。

余映潮老师致力于语文课堂教学艺术的研究与创新。他提出了"课型创新"的理念，并以朗读教学为主要内容进行了教读课、品读课、辨读课、说读课、演读课、联读课等新课型的探究。他提出了"板块式"教学思路。"板块式思路"也可叫作"分步组合式思路"，就是将一节课或一篇课文的教学内容及教学过程分为几个明显的而彼此之间又有密切关联的教学"板块"，即教学的过程、教学的内容呈"板块"状排列，它们组合丰富，灵活多姿，利教利学。余映潮老师丰富了学生的课中活动，在他

---

① 参见黄厚江：《语文的原点：本色语文的主张与实践》，77～123 页，南京，江苏教育出版社，2011。

② 杨九俊：《幸福教育的样子》，223 页，南京，江苏教育出版社，2014。

的课堂上，语言积累活动、有表情诵读活动、分层评说活动、反复品读活动、智能练习活动、读写结合活动、妙点揣摩活动、探求感悟活动、思绪放飞活动等不同层次、不同方式的语文实践活动都能得到有机、合理、自然的安排，突出学生语文学习的主体性和灵活性。

二、小学名师语文个性化教学评介

（一）霍懋征

1921年9月出生，山东济南人。霍懋征老师长期在北京第二实验小学担任算术、语文老师，语文特级教师，曾任全国政协委员、政协文教组副组长，民进中央委员。

1978年，在对比国外科技发达国家小学语文的阅读量，认真分析加大阅读量与提高语文水平关系的基础上，针对学生身上蕴藏着的潜在智力，霍懋征老师开始进行语文教学改革，改革的总体目标是"数量要多、速度要快、质量要高、负担要轻"[1]，着眼点是培养学生的语文能力。"数量要多"就是要多读、多写、多练；"速度要快"就是要加快学习语文的速度，一学期不能只教那么一点课文；"质量要高"就是教学效果要好，学生的语文水平要高，能力要强；"负担要轻"就是要让学生学得生动活泼、轻松愉快。为此，霍懋征老师除了致力于精讲、让学生在课堂上多练外，还根据教学的需要，合理重组课文，选择补充教材，大量扩读引读。她"把相同类型的文章组成一个个单元，有的精讲，有的略讲，有的让学生自学。用以一带二、举一反三的办法进行教学"[2]。如此扩读引读，霍懋征老师7周就教完北京教材全学期的内容，然后教自选课文，一学期可以教95篇课文。[3]这不仅加快了教学进度，启发学生课外阅读，增大学生的阅读量，扩大学生的视野，激发学生的学习兴趣，而且提高了学生的思维能力和语文能力，让他们在学习中领悟学习语文的规律。

---

① 高慧莹，潘自由，等：《霍懋征语文教学经验选编》，2页，北京，人民教育出版社，1983。

② 杨再隋：《中国著名特级教师教学思想录》（小学语文卷），779页，南京，江苏教育出版社，1996。

③ 参见霍懋征：《小学语文教学经验谈》，5页，上海，上海教育出版社，1985。

霍懋征老师基于"数量多、速度快、质量高、负担轻"教改实验的扩读引读，与《语文课程标准(2011年版)》和正在全国推出的部编版语文教材倡导的"增加阅读量，扩大阅读面，提高阅读品位""把培养读书兴趣，作为小学语文教学的头等大事"的精神是相通相承的。

(二)袁瑢

1923年11月出生，江苏南通人。袁瑢老师历任上海市实验小学教师、校长，语文特级教师。

在长期的实践中，袁瑢老师形成了"细、实、活、深、严"的语文教学特色。所谓"细"就是既备课，又备人。"备课"能统观全局，注意工具性与人文性的统一，注意语言文字教学中的重点和学段要求中的要点，注意学段要求之间的区别与联系。"备人"能注意从学生的生活实际出发，有利于学生理解；从学生的思想实际出发，有利于有的放矢教育。教学过程组织严密，每一个步骤细致而具体，由浅入深，由易到难，环环相扣，逐步提高。所谓"实"就是不搞"花架子"，不求表面热闹，而是通过各种途径、手段，使学生学有所得，教得真实，学得扎实，课风朴实；所谓"活"就是十分重视启发引导，调动学生学习的积极性和主动性，实中寓活。所谓"深"就是对教材钻研得深，教学有适当的深度。即使简单的知识，也要注意其背后深层的含义，浅者深之，不使学生浅尝辄止。所谓"严"就是对学生的语文基本功和学习习惯严格要求、严格训练。[①] 袁瑢老师的教学特色在她所进行的"加强基础，培养能力，发展智力"的教改实验中得到充分的彰显。

袁瑢老师的语文教学还有一大特点，就是重视发展学生的思维。她认为，"语文训练和思维训练是紧密联系的。人类的思维活动是在语言材料的基础上进行的，没有语言，就不能进行思维。人们进行思维的时候，要运用概念，然而没有一个概念可以脱离词语而存在。语言又是发展思维的基础和手段。说话和写话，要求学生把过去积累起来的生活知识经验和语文知识，进行新的提炼，用口头或书面形式表达出来。叙述时，要围绕一定的中心对所要表达的内容进行综合性的安排，并且还要选择适当的词、句。在这个过程中，学生的思维活动起着重要作用。因为如果没有分析比较，那么就不可能准确地选择词、句；如果没有抽象概括，

---

① 参见杨再隋：《中国著名特级教师教学思想录》(小学语文卷)，441页，南京，江苏教育出版社，1996。

那么就不可能言之有序，前后统一，合乎逻辑。所以，语文教学在发展学生语言的同时，教师还要有意识地促进他们思维的发展。"①为此，袁瑢老师善于抓住语文教学的每一个机会，注意发展学生的形象思维、抽象思维，注意培养学生思维的准确性、条理性、严密性、深刻性。

（三）李吉林

1938 年出生，江苏南通人。李吉林老师在南通师范第二附属小学任教，担任江苏省情境教育研究所所长，是江苏省首批特级教师、江苏省政府命名的荣誉教授、著名儿童教育家、全国教书育人十大楷模之一，曾任中国教育学会副会长。

李吉林老师创立了语文情境教学的理论体系和操作体系。所谓情境教学，"是充分利用形象，创设典型场景，激起学生的学习情绪，把认知活动与情感活动结合起来的一种教学模式"②。它是受外语情景教学法启发、吸纳中国古代文论"境界学说"而创立起来的具有原创性的当代语文教育理论。情境教学具有鲜明的个性，它缩短了儿童与久远事物的时空距离，以鲜明的形象，强化学生感知教材的亲切感；它情真意切，让情感参与认知活动，充分调动了学生语文学习的主动性；它意境广远，形成想象契机，能有效发展学生的想象力；它蕴含理念，能有效提高学生的认识力。"有形""有情"且"意境广远""理寓其中"的特点，使它为学生学习语文，并通过学习语文促进各方面的和谐发展，提供了一条有效的途径。正因为"不仅为了学生的学习，还为了学生主动的学习"，"不仅为了学生知识的学习，还为了学生精神世界的丰富"，"不仅是为了学生的未来做准备，还为了今天获得最初的幸福人生"③，所以情境教学对语文教学产生了巨大的影响。

在语文情境教学的基础上，李吉林老师不断掘进，相继进行了情境教育、情境课程、情境学习的探索研究，这些都取得令人瞩目的成就，被誉为具有中国特色、中国气派、中国风格的教育思想体系，成为"回应世界教育改革的中国声音"。相关成果蝉联第一届和第二届全国教育科学优秀成果一等奖、基础教育国家级教学成果特等奖第一名。

---

① 查如棠，金正扬，等：《袁瑢语文教学三十年》，196 页，上海，上海教育出版社，1983。
② 李吉林：《小学语文情境教学》，2 页，南京，江苏教育出版社，1996。
③ 马樟根：《李吉林与情境教育》，3 页，北京，人民教育出版社，2000。

（四）丁有宽

1929 年 6 月出生，广东潮州人。1951 年至退休，几十年的时间，一直在农村小学担任班主任和语文教学工作，特级教师。他创立了"读写同步，一年起步，系列训练，整体结合"的综合型训练教学体系，简称"读写结合"。

读写结合是我国传统语文教学的精华之一，但在实际操作中，读与写的结合存在机械性、随意性等缺陷，理论上的研究也比较肤浅。丁有宽老师认为，读和写是个互逆的过程，它们之间既相对独立，又密切联系，读写结合符合迁移原理、系统科学、阅读心理、儿童心理和工程学中的"时动"原理。因此，他主张"读为基础，从读学写，写中促读，突出重点，多读多写，取消每周专设的两节作文课，把读写训练有机地拧在一起，指导学生训练，从课内延伸到课外"①，并对此进行了 40 多年的教改试验。针对小学语文教学的实际，丁有宽老师明确目标，将重点放在记叙文上，归纳出记叙文读写的规律性知识，称之为"五十法"。然后，根据各年级的任务，分步训练：一年级，以字词为重点，侧重练好"四素"句（时、地、人、事四素俱全的一句话），做好起步工作；二年级，以词句为重点，从段着眼，从句入手，侧重练好连续、并列、总分、概括—具体等九种句型，为作文构段打好基础；三年级，以段为重点，从篇着眼，从段入手，练好八种基本构段方法；四年级，以篇章为重点，着重训练审题、立意、选材、组材等；五年级，侧重综合提高，进行自学自得、自作自改的训练。以上训练和知识的建构是融入讲读课文过程中进行的，按照写好一篇记叙文的要求，丁有宽老师拎出七条读写对应关系，让学生从读学写：从读学解题——练作文审题和拟题；从读学归纳中心——练作文表达中心；从读学分段、概括段意——练作文编写提纲；从读学区分内容主次——练作文详略得当；从读学捕捉中心段——练作文突出中心；从读学品评词句，练作文遣词造句；从读学作者观察事物，训练作文观察方法。综观整个训练体系，有的、有序、有点、有法，注重打好基础，分步实施，突出重点，教给规律，杂中求精，乱中求序，华中求实，死中求活。

（五）于永正

1941 年出生，山东莱阳人。于永正老师先后在徐州市东站小学、大

---

① 丁有宽：《丁有宽读写结合教学教例与经验》，1 页，北京，人民日报出版社，1996。

马路小学任教，1983 年调徐州市鼓楼区教研室工作，特级教师，教育部"跨世纪园丁工程"向全国推出的第一位名师。

从事小学语文教学和研究 50 多年，于永正老师始终把启迪学生的智慧、挖掘学生的潜能、激发学生的创新意识作为课题研究和教学改革的突破口，铸成了"儿童的语文"的教学思想，在阅读教学、写作教学、口语交际教学等方面都有极高的建树（其广有影响的"言语交际表达训练"教改实验已在口语交际教学一章专门介绍），形成了"重感悟、重积累、重迁移、重情趣、重习惯"的教学特色。针对母语简约性、灵活性、意合性强的特点，于永正老师强调"语文教学最主要的不是'知'的积累，而是'感'的积淀：不是机械分割后的穷究，而是重在整体的体味和领悟。语文学习质量的高低不在知识量的多寡，而在于实际语言材料的积累和语感的积淀"①。为此，他的语文教学"重感悟""重积累"，把学习的主动权交给学生，让学生在大量的阅读中悟情、悟理、悟法，在大量的积累中集聚语言材料、塑造语言模型、强化语言反应机制、获得文化熏陶。所谓迁移就是运用、就是举一反三。于永正老师的"重迁移"强调的是语文教学的应用性。他十分重视由读到写的迁移，指导学生读写结合；他也重视由课内到课外的迁移，让学生得法于课内，得益于课外。于永正老师的语文教学注重情趣。所谓"情"，一是教师对学生有情，二是教师上课有情。于永正老师尊重学生的人格，善于发现每一个学生的闪光点，让学生感到教师时时都在关注自己。所谓"趣"，指的是于永正老师的课上得极有趣味，他精心设计每一个教学环节，出其不意，让学生感到新鲜有趣；寓教于乐，讲话幽默，教学生动有趣。于永正老师在小学语文教学中还特别"重习惯"，让学生在"时习之"中养成良好的学习习惯和运用语言的习惯，养成受用一生的好习惯。②

在 50 多年的教学生涯中，虽然于永正老师"儿童的语文"的教学思想和"五重"教学的理念没有变化，但随着年龄增长、加之人生阅历的不同，随着语文教学生态的不同，他的课风是有明显变化的。前期，无论《草》《狐假虎威》还是《壁虎》《新型玻璃》等的教学都极生动、新奇、多

---

① 于永正：《重感悟　重积累　重迁移　重情趣　重习惯——我的语文教改探索》，载《江苏教育》，2000(8-9)。
② 参见杨九俊：《幸福教育的样子》，207～208 页，南京，江苏教育出版社，2014。

样，充满创造性；后期的教学则洗尽铅华，返璞归真，简约质朴，如《第一次抱母亲》《我和祖父的园子》。这是学习时应注意并研究的。

（六）支玉恒

1939年12月出生，河北张家口人。在中国小学语文教学界，支玉恒老师是一位传奇人物。他不是科班出身，没有专业背景，不是"五一劳动奖章"获得者，没有被评过"全国优秀教师"，甚至不是特级教师，但他蜚声全国，是小学语文教学界"四大名师"之一。

支玉恒老师近40岁才由教体育改教语文，但在很短的时间里，就教出了自己的个性，教出了名堂，教出了在全国的影响。他开了小学语文教学"以读代讲"之风，创立了"自主发展——点拨启导"式教学。①支玉恒老师的小学语文教学具有创造性。著名小学语文教学研究专家周一贯形容他的教学风格是"无法无天""心中有招而手中无招"，求异、求变、求活，从不因循守旧、墨守成规，而是独出心裁、异于前人、别于众人，让人耳目一新，甚至彻底颠覆了一般人对语文教学方法、程式的固有印象或认知。②支玉恒老师的语文课堂具有生成性。与所有优秀语文教师一样，支玉恒老师也精心备课，深入研读教材，充分了解学生，认真制定教学方案，但他从不像常见公开课包括不少名师公开课那样预设一切，说什么、怎么说、何时说，遣词造句、语气语调、手势动作，事无巨细一律预先设计周详，而是根据瞬息万变的课堂情况即时生成、灵活施教，他经常根据学生的提问或建议，临时变更教学方案，甚至根据特殊情况，临时变更教学内容。1989年，全国小学语文教学研究会举行新中国成立以来首次赛课活动，支玉恒老师本来为年轻教师准备的示范课是《草原》，因为与好几位参赛教师的课"撞车"，支玉恒老师临时改上《第一场雪》，却上得好评如潮；去义乌讲学，看了义乌的小商品市场，感慨颇多，突发奇想，将课改为《夸夸咱义乌的小商品》，教学效果极佳。因此，他的教学被弟子张学伟戏称为"即兴片"。但标新不为立异，支玉恒老师教学的创造性、多变性，来自他对小学语文教学科学性的认识，来自他求真的教学主张。他以务实的态度追寻语文教学的真谛，对语文性质、教学本质和教学有效性等都有自己深刻、独到的见解，他敢于对人们趋之若

---

① 参见支玉恒：《我这样一路走来》，载《人民教育》，2008(7)。
② 参见周一贯：《名师风范：半个世纪铸就的经典课堂》，载《语文教学通讯》（小学刊），2006(7-8)。

鸷、习以为常的观念和教法做出反思。他的"无法无天"的教学不是为了独树旗帜、哗众取宠，而是为了真心实意地致力于学生的发展。①

（七）贾志敏

1939 年出生，上海人。特级教师，浦东名师，中国民主促进会上海市委普教委员会副主任。1992 年电视系列教学片《贾老师教作文》在全国各地播出以后引起巨大反响。

在 50 多年的教学中，贾志敏老师充分凭借汉语的意合性，构筑多性质、多层面、多功能的语文教学"立交桥"，体现出本色、厚重、深邃的教学个性和艺术风格。他的作文教学以自然清新的语感培养为核心，体现了"自由写作"和"规则写作"的有机结合；他的阅读教学以语感培养为导引，启发学生自读自悟。②注重语感训练是贾志敏老师语文教学的最大特色。他遵循汉语的组合规律，在读写结合中培养学生的语感；注意阅读教学的文本重构，在师生的平等对话中培养学生的语感；善于以当场的言语诊断，在课堂生成中沉淀语感；长于以出色的语言示范，在言语实践中提升学生的语感。③正是基于对语文教学本质和原点的深刻认识，晚年的贾老师虽身患癌症仍大声疾呼"语文课堂教学首要的是真实"，语文课堂应"拒绝表演"，将精力放在"多读多练"上④，并拖着病躯，四处上课，宣传、推介"真语文"。

（八）靳家彦

1944 年 12 月出生，河北徐水人。靳家彦老师历任天津市南开区二马路小学、天津市南开小学教师、副校长、校长，特级教师。作为小学语文导读理论与实践的探索者，靳家彦老师不仅提出小学语文阅读教学导读模式设计"语思并重，口书并重，内外相通，以读为本"的四大原则，而且归纳总结出导读模式的结构框架和基本课型：引导预习—指导细读—指导议读—辅导练习。在"常式"基础上，又演绎出两种变式，即半扶半放式的"尝试自读—读议结合—辅导练习"和完全放手式的"布置

---

① 参见施茂枝：《支玉恒语文教学艺术研究》，30～112 页，福州，福建教育出版社，2016。

② 参见周一贯：《名师风范：半个世纪铸就的经典课堂》，载《语文教学通讯》（小学刊），2006(7-8)。

③ 参见周一贯：《培养语感，一条遵循语文教学本质的道路——论贾志敏老师语文教学艺术》，载《语文教学通讯》（小学刊），2005(1)。

④ 贾志敏：《语文课堂拒绝表演》，载《语文建设》，2013(1)。

要求—自读理解—报告收获"。针对不同学段、不同教材和不同的课型，靳家彦老师要求导读的方法也要富于变化，可以选用的导读方法主要有设问导读、程序导读(整体—部分—整体)、图示导读(图画导读、图表导读、板书导读、地图导读)、对比导读、赏析导读。《跳水》《田忌赛马》《陶罐和铁罐》《草船借箭》《松溪坊的冬天》都是靳家彦老师导读教学的代表课例，它们都曾对小学语文教学产生影响。

(九)窦桂梅

1967 年 4 月出生，吉林蛟河人。现为清华大学附属小学校长，博士，特级教师，全国模范教师，小学语文主题教学的倡导者、践行者。

针对小学语文单篇教学支离破碎、目标不清及教学方式僵化、工具性与人文性割裂等问题，根据教学内容和儿童身心发展特点，窦桂梅老师秉持为生命奠基的教育观和大语文教学观，"在综合思维的指引下，以主题的方式，整合课内外资源，以语文立人为核心，在核心价值观的引领下，挖掘教学内容的原生价值以及教学价值，在语言文字的理解与运用中，引导儿童生成主题，促进儿童语言发展、思维提升、精神丰富，整体提升语文素养"①。这里的主题"不是思想主题，不是知识主题，也不是写作主题，而是文化主题，如那些连接着孩子精神世界、现实生活或者与历史典故、风土人情等有关的'触发点'、'共振点'、'兴奋点'。"②为将主题教学真正落到实处，窦桂梅老师采取了以下举措：一是明确指向语文素养与核心价值观的教学目标，要求达到"一手好汉字、一副好口才、一篇好文章"的质量标准。二是以主题整合教材，确定精读、略读篇目，补充经典诵读内容及整本书阅读，重构语文课程内容。三是变化课时设置，将原来 40 分钟一节课，调整为 60、35、10 分钟不等的长、短、微课时，60 分钟大课时用来侧重落实精读文教学，或进行需要较长时间探究的语文实践活动，35 分钟的小课时用来侧重落实略读文教学。每周五第一节"主题阅读课"，采用导读、细读、分享等不同课型开展整本书阅读，每周五下午设"创新与实践"课，开展跨学科主题实践，如戏剧表演等。每天中午设 10 分钟的吟诵习字时间。四是建立包括兴趣值、方法值、容量值、意义值四个维度的多元评价体系。另外，创新"主题·整合"的教学模式，实施"预学—共学—延学"课

① 窦桂梅：《小学语文主题教学实践研究》，载《课程·教材·教法》，2014(8)。
② 窦桂梅：《窦桂梅与主题教学》，26 页，北京，北京师范大学出版社，2006。

堂操作流程，建立主题课程资源库。2014 年 9 月，相关成果获得首届基础教育国家级教学成果一等奖。近年来，窦桂梅老师又开始了"1＋X课程"的建构、实施，探索核心素养背景下的小学语文教学新路。

（十）王崧舟

1966 年出生，浙江上虞人。王崧舟老师曾任杭州市拱宸桥小学校长，现为杭州师范大学教授，特级教师，全国劳动模范，浙江省十大育人先锋，浙江省小学语文教学研究会副会长，诗意语文的倡导者、践行者。

诗意语文主张用诗意之光烛照语文教学，"以价值引领为灵魂，以文化传承为血脉，以精神诉求为旋律，以生命唤醒为光华，以感性复活为情怀，以个性高扬为风采，以智慧观照为神韵，以心灵对话为境域"，"将生命融于语文教育，将语文教育融于生活，让语文教育成为生命的诗意存在"[1]。王崧舟老师之所以热切呼唤语文的诗意，一是源于"对'没有人'的教育困顿的挣脱和救赎"[2]，希望藉此让语文教学从技术主宰一切的功利主义黑洞中走出来，发挥语文教学形象性、情感性强的优势，复活"学生的游戏天性"，引导他们进入物我同一、全心投入的自由、诗意状态，"理解言语生命、回归言语生活、融入言语情感、激活言语体验、丰富言语想象、培植言语人格"，[3]追寻教育的本真，"培养真正的人，培养具有'人的精神'的人，培养具有和谐的、多方面精神生活的人"[4]。二是出于对课程本体价值的考量，对母语诗性品质和语文教学习惯的尊重。"中国是一个诗的国度，诗教有着悠久的传统"，让诗意在语文课堂流淌，是历史赋予的时代使命。[5]三是缘于对教学境界和诗意人生的追寻。

（十一）薛法根

1968 年 10 月出生，江苏苏州人。薛法根老师现任苏州市教育科学研究院副院长、苏州市吴江区组块教学研究室主任、盛泽实验小学校

① 王崧舟：《王崧舟教学思想与经典课堂》，46 页，太原，山西教育出版社，2005。

② 王崧舟：《诗意·语文·梦想》，载《人民教育》，2013(7)。

③ 王崧舟，林志芳：《诗意语文课谱：王崧舟十年经典课堂实录与品悟》序一，3 页，上海，华东师范大学出版社，2011。

④ 王崧舟：《诗意·语文·梦想》，载《人民教育》，2013(7)。

⑤ 参见王崧舟：《王崧舟与诗意语文》，66 页，北京，北京师范大学出版社，2015。

长，特级教师，江苏省首届名教师，全国模范教师。1999 年起，致力于小学语文组块教学研究，主张"为发展言语智能而教"，形成了"清简、厚实、睿智"的教学风格。

薛法根老师认为，"言语智能指运用语言进行认知与交际的言语心理特征"，它是人的生命特性。儿童期是发展言语智能的黄金期，因此，语文教学必须紧紧围绕"发展儿童的言语智能"这个核心任务，为促进言语生命成长而教。言语智能包括言语材料、言语法则、言语思维，这些要素"并非单线独进式发展，而是在特定语境中围绕语义聚合成一个个以短语为内核的言语组块。个体言语能力的强弱不在于掌握了多少语汇、语法或言语方式，而在于生成和储存了多少个言语组块"。语文组块教学就是在关联理论、认知心理学等指导下，基于组块原理，"将零散的教学内容整合、设计成有序的实践板块，引导儿童通过联结性学习和自主性建构，获得言语智能的充分发展和语文素养的整体提升，并建构具有组块特色的语文课程，实现语文教学的科学化"。语文课程具有多重功能，丰富语言、发展思维、健全人格、传承文化，因为身负重任，常常分不清语文学科的专业属性与从属功能，以至于标的不清，迷失自我。组块教学以结构主义思想将语文课程的多重功能与三维目标在教学实践层面加以整合，形成以发展智能为核心的"功能树"与"目标群"，回归语文学科的"言语性"，明晰了语文教学的专业属性。①组块教学基于教材，植根于生活，及时充实、调整、重组教学内容，具有开放性；突破线性思维，采用板块式的教学结构，凸显教学重点，拓宽教学时空，具有灵活性；实现一个板块达成多个教学目标，减少无效劳动，具有增值性；②运用联结性学习，促进字词句篇及听说读写之间的顺畅转化，促进学科之间及学科教学与生活之间的跨界"组块"，促进学习方式的变革，具有生发性。

（十二）孙双金

1962 年 11 月出生，江苏丹阳人。现任江苏省南京市北京东路小学校长，孙双金老师是江苏省小学语文教学研究会学术委员会主任、江苏省人民教育家培养工程导师、特级教师、江苏省十大杰出青年、享受国

---

① 参见薛法根：《组块教学：指向言语智能发展》，载《语文建设》，2016(22)。

② 参见薛法根：《为言语智能而教——薛法根与语文组块教学》，11~12 页，北京，教育科学出版社，2014。

务院政府特殊津贴。

孙双金老师是情智语文的倡导者、践行者。情，指情趣、情味、情感；智，指智力、智能、智慧。孙双金老师认为，情能促智，情能生智，智能生情，二者相互促进，相互转化，共同发展。"情智语文就是充分挖掘语文课程的情感和智慧因素，调动教师的情智才能，营造积极的情智氛围，追求学生情智共生、情智和谐发展的语文。""有情有智，情智共生，是儿童发展的需求，是语文教学的呼唤，是语文学科的特点，是现代人的特征。"①情智语文课堂教学的一般模式——入境，启动情智；感悟，生成情智；交流，发展情智；表达，展现情智。②

近年来，基于宏观教育史的视野，基于对五四新文化运动的反思，基于对儿童学习语言规律的认识，孙双金老师由单纯的小学语文教学的研究转到小学语文课程与教学体系的重构，提出"13岁以前的语文"（最近改为"12岁以前的语文"）的构想。孙双金老师认为，13岁以前的语文"是童年的语文，积累的语文，种子的语文，经典的语文，综合的语文，是暂时不求甚解的语文，是逐步反刍的语文"③，是为一辈子奠基的语文。"13岁以前的语文"课程体系由三块基石支撑——第一块基石是国学经典，第二块基石是诗歌经典，第三块基石是儿童文学经典。④为此，必须建构四级课程体系——国家课程校本化，校本课程特色化，教师课程个性化，学生课程多元化。

---

① 孙双金：《情智语文——我的教学主张》，载《江苏教育研究》（C刊），2011(4)。
② 参见孙双金：《孙双金教学思想与经典课堂》，47～49页，太原，山西教育出版社，2005。
③ 孙双金：《听孙双金老师讲语文》序一，5～6页，上海，华东师范大学出版社，2014。
④ 参见孙双金：《13岁以前的语文——重构小学语文教学体系》，载《人民教育》，2009(21)。

第十五章 闪烁自己的星光：塑造教学个性 形成教学风格

　　教学个性"表现为教师教学的一种自主、自由、创新和超越的状态，表现为真正意义上的尊重生命、关注个性、崇尚智慧、追寻自我实现、追求人生幸福的教师教学境界"。①风格"是艺术所能企及的最高境界，是艺术可以与人类最崇高的努力相抗衡的境界"②。语文教学是科学，也是艺术。作为艺术高度成熟标志的风格，当然是语文教学要追求的。教学风格是个性化教学经验不断累积的结晶。"教学风格的形成标志着教者的教学已经进入了炉火纯青、卓然一家的高境界。"③教学个性、教学风格不是上述语文名师、特级教师的专利，它是每个语文教师应该不断探求的理想目标、不懈追求的人生境界。当然，对于初入职和未入门的教师而言，语文个性化教学要更多地考虑教学的适切性，即树立"为了个性的发展"的理念，从学生的个性出发进行教学；对于成熟型和优秀教师，语文个性化教学还要考虑如何有特色地教，即塑造教学个性、形成教学风格、凝炼教学思想。

　　塑造教学个性、形成教学风格，对语文教师的教学与人生有着怎样的意义和价值呢？广大语文教师又该怎样结合自身的实际，借鉴灿若星辰、星光熠熠的语文名师们个性化教学的经验和智慧，积极铸造独特的教学个性，形成鲜明的教学风格，凝成成熟的教学思想，在语文教学的星空闪烁自己的光芒呢？

---

① 安瑞霞，代建军：《教学个性的塑造》，载《教育科学研究》，2013(2)。

② 歌德，等：《文学风格论》，3 页，王元化，译，上海，上海译文出版社，1982。

③ 杨九俊：《语文教学艺术论》，535 页，南京，江苏教育出版社，1994。

一、塑造教学个性、形成教学风格的意义

(一)在教学中打上生命的烙印

在本书的第一、第二章，我们曾从学生之维，从社会和时代的角度，论述过个性化教学的意义与价值，个性化教学回应了知识经济发展的需要，顺应了创新型人才培养的时代诉求，满足了学生个性化发展的需求。从教师之维，从本体论的角度而言，个性化教学可以让教师发现自我，在教学中打上生命的烙印。

个性化教学源于教师自身所具有的独特性和唯一性。人的"独特性意味着每一个体都包含其他个体不具有的规定，唯一性则表明不存在两个完全相同的个体"[1]。在语文教学中，教师一旦把自己的教学理念、教学技能、学科视野、精神风貌、人格魅力等融入其中，势必在教学中烙上自己的印记，构筑起他人所无、己所独有的教学世界。因此，个性化教学不仅可以促进学生个性化发展，"也让教师在自己的教学中展现自身，实现了自身独特的生命价值，从而使教师的教和学生的学共在共融、相互渗透与共同提高"[2]。

毋庸讳言，在对教育规模和效益的崇拜中，在标准化考试和量化评价的樊篱中，语文教师个性的缺失是一种常态，不少教师惯于按既定的法则和程序教学，惯于跟风追潮，重复别人的精彩，让自己的头脑成为他人思想的"跑马场"。对个性化教学的追寻让语文教师意识到自我的存在。"语文教师"不仅仅是一个群体概念，"我们"的背后容纳的是一个个鲜活的个体生命"我"。这一个个"我"具有不同的人生阅历、生命感悟、言语经验、教学理念、教学特点，由这一个个"我"在不同的时空面对不同的学生实施的教学必然是五光十色、个性十足的。塑造教学个性、打造教学风格的意识的觉醒，让语文教师在体制的规约中不断突围、不断提升、不断强化自我认同，最终成就独特的自我，在语文教学的过程中探寻到职业的尊严与人生的意义。"一旦教师从职业中体验到了自由，他就把原本是陌生于人的外在世界转换成属我的生活世界，他与职业之

---

[1] 杨国荣：《成己与成物：意义世界的生成》，231 页，北京，人民出版社，2010。
[2] 李伟：《个性化教学的教师之维与建构》，载《教育研究》，2013(5)。

间就建立起活泼、丰富的联系，他就会感受到生活的完满和意义的充盈，激情在他胸中澎湃，诗意在他心底流淌，在不经意间，他成为校园优美环境的欣赏者、学生良好举止的赞赏者、教师神圣职业的吟诵者、课堂生命活力的激发者。"①

（二）驶上专业成长的快车道

众所周知，中小学教师的专业发展具有明显的阶段性特点，一名新教师走上工作岗位，到成为卓有成就的教师，大致要经历入职适应期、成熟胜任期和成功创造期等阶段。②而在这一过程中会呈现两个高原现象。第一个是在教师工作十几年比较成熟以后，一般是拿到了高级教师的职称；第二个是教师工作 20 年左右，取得了一定的成就，获得了诸如特级教师等称号之后。前一个高原现象可以称之为亚高原，它使很多教师不思进取，成为比较平庸的教师；后一个高原则使一部分很优秀的教师停滞不前。产生第一个高原现象的原因，主要是遭遇到了"动力瓶颈"，即缺少再进取的后续动力；造成后一个高原现象的原因，则主要是碰到了"思想瓶颈"，即无法在教学思想上实现新的提升和突破。③而对教学个性、教学风格的追寻，则可以使语文教师获得内在发展的无限热情和不竭灵感。个性化教学具有独特性、创造性和标识性等特点，它要求教师不把自己当成课程的执行者、他人经验的照搬者，而应该成为"有思想的实践者"，"有发现的研究者"，"有创生能力的变革者"。④ 对教学个性的塑造、教学特色的追求，要求处于第一个高原期的成熟型教师提升教学立意、凝炼教学主张、形成教学特色，要求处于第二个高原期的优秀教师打造教学风格、产生教学思想。对语文个性化教学的理论与实践研究、探索，推动成熟型教师、优秀教师驶上专业成长的"快车道"，在不断前行中突破职业发展的动力瓶颈、思想瓶颈，达到教育人生的新高度。

---

① 刁培萼、吴也显，等：《智慧型教师素质探新》，49～50 页，北京，教育科学出版社，2005。
② 参见方健华：《名师专业成长的规律、影响因素与机制——基于名师成功人生的解读》，载《教育发展研究》，2011(15-16)。
③ 参见黄厚江：《名师共同体：教学思想成长的摇篮》，载《江苏教育》，2011(32)。
④ 参见叶澜：《"新基础教育"内生力的深度解读》，载《人民教育》，2016(3-4)。

二、塑造教学个性、形成教学风格的路径

（一）外塑

塑造教学个性、打造教学风格、凝炼教学思想、培养语文教育大家，是一项非常复杂的综合工程，需要各方面齐心协力，教育行政部门和整个社会责无旁贷。为此，《国家中长期教育改革和发展规划纲要（2010—2020）》明确要求"创造有利条件，鼓励教师和校长在实践中大胆探索，创新教学思想、教育模式和教育方法，形成教学特色和办学风格，造就一批教育家"。如何积极创造条件？

1. 造势：唤醒意识，营造氛围

目前，我国出现政治清明、社会稳定、经济增长、人们安居乐业的盛世景象，但"盛世的平庸"尴尬窘况随之出现，精神危机产生，价值观异化，不思进取，耽于享乐。为此，我们必须注重精神空间的建构，让以天下为己任、勇于担当的"儒士"精神回归，让改革创新成为新时代语文教师的历史使命，让心无旁骛成为他们的精神品质，倡导敢为人先，鼓励彰显个性，唤醒他们塑造教学个性、打造教学风格、成为语文教学改革先锋、争当语文教育大家的意识。

我国教育史上先后三次涌现出教育家群。第一次是在春秋战国时期，涌现出孔子、孟子、老子、荀子等名家，形成了百家争鸣的局面；第二次是在两宋时期，出现了程颢、程颐、朱熹、胡瑗等大师；第三次为近现代，出现了蔡元培、王国维、章太炎、陈鹤琴、叶圣陶、钱穆等大家。这些教育家也是在语文教育方面卓有建树的专家。"在这些教育家群集中涌现的时代，有一个共同的特征是：教育家成长的环境是适度自由的"。[①]我们应该吸取历史的经验，在政治气候、社会思想、学术空间等方面努力，为语文教师的个性化追求创造适宜的生态环境、开辟肥沃的学术土壤、营造良好的舆论氛围，简政放权、强化服务、尊重教师教学的自主权，不设立众多的条条框框，不用一个标准进行评价，允许他们有不同的见解、异乎寻常的做法，给予他们积极探索、自由发展、

---

① 周洪宇，鲍成中：《论教育家的"群生现象"及启示》，载《中国教育学刊》，2016(8)。

张扬个性、彰显特色、不断超越的时间和空间。

2. 建制：创新机制，催生个性

注重政策空间的建构，创新管理制度，为语文教师的个性化教学探索提供有效的运行和保障机制。试举两例。一是可以变量化评价为特色评价。量化评价注重规范、外显的教学行为，通过考试成绩、优秀率、课时数等一些要素评价教师的教学，甚至简单、粗暴地将考试成绩、升学率作为唯一的标准，忽视了教师的教学思想、学生的情感态度价值观等重要的维度，框住了教学探索的空间，遏止了教师个性的发挥。教学论认为，教学是一种复杂、多维的活动，教师教学不是为了弥补缺陷，[1] 而是为了发展特长。我们必须用与这一教学观相适应的特色评价观来评价、引领教学，尊重教师个性，寻找教学特点，发展教师特长，让评价的过程变成不断发现、培养教师教学特色和风格的过程。山东省临朐县教育局正是通过机制创新，把量化教师评价转变为特色教师评价，使原来的"别人送课下乡"变成了"我们送课进城"，极大地提升了全县教师的整体素质，催生、放大了教师的教学个性。[2]二是可以建立促进中小学优秀教师向高端发展的评选考核机制，即通过评选骨干教师、学科带头人、技术拔尖人才、教学名师等手段，并通过考核的办法实施后续管理，鼓励他们塑造教学个性、打造教学风格，引导他们不断发展。

3. 助力：搭建平台，助推突破

有研究者对名师成功人生的解读显示，教师发展关键期内的"关键性因素"对他们成功的影响实质上涉及复杂性系统科学所主张的"规则"与"涌现"的关系。"处于关键期的'关键事件、关键人物、关键性活动'对教师成长的影响，也许就会导致多少年后教师成长过程中重大的质性突破。从关键期的'规则'影响到突破期的'涌现'，这也就是复杂性系统科学所强调的从'泛基因型'到'泛表现型'的基本历程。"[3]因此，把握好

---

① 参见叶澜，白益民，等：《教师角色与教师发展新探》，214 页，北京，教育科学出版社，2001。

② 参见钱丽欣，施久铭：《每位教师都是一座高山——来自山东临朐的"特色教师"发展报告》，载《人民教育》，2011(23)。

③ 方健华：《名师专业成长的规律、影响因素与机制——基于名师成功人生的解读》，载《教育发展研究》，2011(15-16)。

处于职业发展第一个高原期的成熟型教师和处于职业发展第二个高原期的优秀教师的不同特点，让骨干教师培训、名师培养工程成为助推他们成长的关键事件，让校内外优秀教师同行团队、省内外专家导师团队成为他们打造教学风格、凝炼教学思想的关键人物，让集中会课、深度研课、教学思想研讨等成为他们彰显教学个性、展现个人风采的关键活动，促使有特色、有个性的语文教学名家、大家不断涌现。在这方面，全国很多地方已经产生了很多好的做法，积累了很多好的经验。例如，上海市 2004 年开启的"双名（名校长、名师）工程"，浙江省 2007 年启动的"浙派教育家发展共同体"，江苏省 2009 年启动的"人民教育家培养工程"，福建省 2011 年启动的"中小学名师培养工程"。① 除了这些省市级的工程外，江苏省南通市的中小学名师梯队、苏州市的名师发展共同体等地市级工程也硕果累累，加快了语文教学个性化发展的脚步。

（二）内修

华东师范大学教授李政涛指出，人世间始终存在两种教育：面向他人的教育和朝向自我的教育。"朝向自我的教育，以'自我'为教育对象，目的在于自我的完善与发展。古人推崇的修身养性，大致可以归于此类。它主张在处理好'人与自然''人与他人'的关系之余，还要考虑'人与自我'的关系。这是一种'我向教育'，即"自我教育"，它追求的是自我的不断更新再生。"②塑造教学个性，打造教学风格，凝炼语文教学思想，外塑当然是必不可少的外部条件，追求自我更新再生、朝向自我教育的内修，则是更为重要的内在要素、动力源泉，是语文教师专业发展的根本路径。

1. 在磨砺中成形：由孕育到迸发

专业发展需要什么样的知识？自我更新再生从何处起步？时陈向明教授指出，教师实际需要的知识包括两类：一类是通过学习相关的知识体系获得的具有职业特性的理论性知识；另一类是教师内心真正信奉的、在日常教育教学行动中"实际使用"、对教师的思想和行动起支配作用的实践性知识。相比较前者，实践性知识所起的作用更有效、更持

---

① 参见张建：《名师基地培养模式之缘由、理念及路径》，载《教育研究》，2015(4)。
② 李政涛：《面向他人的教育和朝向自我的教育》，载《基础教育论坛》，2014(20)。

久，它是专业发展的主要知识基础。①从知识的质态看，教师的实践性知识具有隐蔽性、非系统性、缄默性、个人性、情景性等特征，不能像理论知识那样编码、传授，只能通过实践获得实践性知识。语文教师生活在课堂，生长的主阵地当然也应该在课堂。打造教学个性，寻求专业突破，自然必须以语文课堂为支点，从语文教学实践起步。在研究了众多优秀教师的成长规律之后，专家指出："'以课研教'是优秀教师由'高原'通向'高峰'的必然选择，课堂实践是教师高端发展的根基。"②成熟型教师、优秀教师应立足课堂，从课堂再出发，通过磨课、研课、会课、辩课，在语文课堂实践的不断磨砺中孕育、迸发出个性化教学的火花，踩实从经验通向理论的每一寸道路，实现从技术熟练型教师向研究型、专家型教师的转型、升级。

(1) 在由仿到创的摸索中孕育个性

作为全国小学语文百家名师工作室联盟的理事长，薛法根老师的教学可谓个性鲜明，其"幽默、智慧、简约、朴实"的教学风格和组块教学研究影响深远。然而就是这样一位小学语文教学"天王级"的人物，他的语文教学探索之路却是从模仿开始起步的。1990年，在江浙沪两省一市教育整体改革研讨会上，薛法根老师上了一节非常失败的作文课《织女塑像》。为了打翻身仗，他买了一套《贾老师教作文》的录像带，天天晚上看贾志敏老师怎么教作文，用心记录贾老师在课堂上的每一句经典用语，揣摩这样指导的理据。白天，依样画葫芦，在自己的班级模仿着上作文课。三盘录像带，整整模仿了两年。渐渐地，薛法根老师教学有了底气，学生有了灵气；渐渐地，在模仿贾志敏老师素描作文的基础上，薛法根老师开始了生活作文、实用作文的研究，创造性地开始了循环日记、交际作文的实验研究；渐渐地，他不但得到了大家的真传，而且融进了自己的东西，形成了自己的特色。17年后，当薛法根老师早已成为闻名全国的教学大家时，他被作为"典型"在《江苏教育研究》介绍自己的体会。他深有感触："佛家入境有三个境界：看山是山，看水是水；看山不是山，看水不是水；看山还是山，看水还是水。模仿、融

---

① 参见陈向明：《实践性知识：教师专业发展的知识基础》，载《北京大学教育评论》，2003(1)。

② 孙国春：《中小学优秀教师高端发展的路径——以江苏省南通市第一梯队名师培养为例》，载《教育发展研究》，2011(15-16)。

合、创新，不就是教育科研进程中三个不同的境界吗?"①距失败的作文课 27 年后，微信公众号"小学语文名师"(xxywms)2017 年 2 月 26 日发布的《名师成长方式与教学风格谈》一文中，薛法根老师再次提到这件事和自己成长经历的关系："每个人成长的方式都不尽相同，我从自己成长的经历中发现，'模仿—融合—创新'是最基本的方式。""在模仿中，自然会有选择，适合自己的就模仿，不适合自己的就舍弃。这个过程，事实上就是扬自己所长避自己所短，个人的特长就自然融入其中。有了自己的特长、见解的融入，创新的萌芽就开始显现了。"

(2)在公开教学的打磨中迸发个性

一段时间以来，因为充斥着作秀与粉饰，所以公开教学似乎成了虚假的代名词，语文教学研究界大有弃之如敝屣的态势。其实，公开教学对于磨练教学个性、形成教学风格具有非常重要的作用。区别于精心包装、弄虚作假的表演型公开教学，以向专家、同行和自己"公开"为目的的研究型公开教学，追求的不是鲜花和掌声，而是问题的诊断和智慧的发现。一节语文公开教学的打磨过程，能够使教者在教学的全过程来回穿梭，蜿蜒走进课堂教学的深处，发现课堂教学的密码。在教学及教学完成之后，教师可以在感受、反省、推敲、商讨中，"逐步澄清教学设计、实施过程中的种种混沌，揭示教学行为背后的教学理念、技巧、智慧，以及由此'暴露'出来的教学个性艺术特质，并对其进行不断的'打磨'，从而拓展原初经验，使原初经验发生异变并获得新异的艺术审美经验，提升教学实践的品位和境界，促进形成自己的风格。"②

青年名师、上海市静安区教师进修学院的李伟忠老师就是在多次的公开教学的打磨中发现自己、彰显个性、形成风格的。从参加全国青年教师阅读教学比赛获特等奖的《鼎湖山听泉》，到在研究界产生广泛影响的《三顾茅庐》《姥姥的剪纸》，每一篇课文的教学，李伟忠老师无不请专家、同行一起反复打磨，有的要推敲、修改十多次。仅《姥姥的剪纸》的磨课日志，李伟忠老师就记录了近万字。就是在这样的敲打、磨砺中，李伟忠老师铸成了情理交融的语文教学个性，形成了大气厚重的教学风格，并且把"情理语文"的探索当成了教学研究的目标。

---

① 薛法根：《模仿·融合·创新》，载《江苏教育研究》，2007(6)。
② 李建军：《有境界，则自成高格——语文教学的风格追求》，载《教育科学研究》，2007(8)。

其实，不只是李伟忠老师，老一辈的语文教育大家斯霞、霍懋征、袁瑢、于漪、钱梦龙、李吉林、于永正、支玉恒，当今活跃于语文教坛的黄厚江、余映潮、王崧舟、孙双金、薛法根、窦桂梅，其教学个性的孕育、教学风格的成型，都与各种各样的公开教学有很大的关系。

当然，不是所有的语文课堂教学都能对外公开。但是，只要我们有对待公开教学的认真态度、钻研精神、反省意识、创新习惯，把每一课都当成"公开课"，我们就一定会在这样的打磨中迸发出个性化教学的火花。

2. 在深思中升华：由火花到火炬

思想是行动的先导。教学理念、教学思想往往是教学个性和风格特色形成的原动力，因此，我们不能把语文学科探索的关注点、专业成长的支撑点仅仅停留在课堂实践的操作层面，在成为教学实践家、课例变成同行模仿的范本的同时，要进一步努力，成为有思想的行动者、有行动的思想者。

审视名师的成长，他们有着共同的特点，即他们不只埋头研究教材或者注重于教学技法创新，而是更注重教学实践和教育理论的结合，注重教学实践向教学学术研究的转化，深度思考人的本质和语文教育的本质。只有把这些问题想清楚了，语文教学才有大智慧和高标准，语文教学思想才能凝炼而成。[①]"五重教学法"的创始人于永正老师曾经写过一篇题为《崇拜思考》的文章，他这样说："应该崇拜思考。我们老祖宗一向重视思考，孔子、孟子等先哲对思考都有极深刻的论述。古今中外，哪一个成功者不是一个善于思考的人！可惜不少人宁可让岁月淹没在仿佛很有价值的忙碌中，却不拿出时间来思考，以至于思维总是在低水平上徘徊，最终一无所获。""思考可以不分任何场合，不需要任何条件。睡前，醒后，等车，坐车，还有听无关紧要的报告，最适宜思考。"[②]可见，于永正老师是个勤于思考的人，他思考的问题很多，其中最重要的是教学对象——人的问题。思考，让于永正老师的个性化语文教学有了质的升华，最终凝成其"儿童的语文"教学思想。我们也应该像于永正老师那样，带着思考进课堂，从课堂出思想，争当语文教育的思

---

① 参见程然，胡海舟：《汉语文化视野中的新课程小学语文教学》，5页，沈阳，辽宁教育出版社，2009。

② 于永正：《崇拜思考》，载《小学教学参考》，2004(28)。

想者、课改的领跑者，在深思中升华，在深思中超越，将内隐的、碎片化的实践智慧升华为具有前瞻性的个人教学理论，让语文个性化教学的火花变大并熊熊燃烧，变成照亮专业发展之路、照亮语文教育人生的火炬。

(1)在对独特教学理念的探求中升华个性

教学理念是人们对教学活动内在规律认识的集中体现，同时也是人们对教学活动的看法和持有的基本态度、观念，是人们从事教学活动的信念。教学理念是对教学实践的反映，同时又对教学的奋斗目标和努力方向有所设定，约束并引导着人们的行为方向，体现出对教学未来发展状态的期待，是教学行动的思想先导。江苏省人民教育家培养对象、特级教师朱爱华，就是沿着这一路径脱颖而出的。

受工业革命引发的专业化与分工的影响，目前学校里的课程基本上是学科课程，呈现给学生的教学内容在很大程度上都属于分科知识，彼此独立且界限明显。但是，学生要面对和处理的生活问题，却不可能是分科的。2001年颁布的《基础教育课程改革纲要（试行）》，明确提出"小学阶段以综合课程为主"的要求，可很长时间，语文教学壁垒森严，与其他学科隔绝，与学生的经验世界隔绝，与社会生活隔绝。朱爱华为此忧心忡忡，振臂高呼，认真思考，积极探索。20世纪90年代，刚工作两年，朱爱华老师就在《江苏教育》上发表了以"国旗"为主题，将语文、音乐、美术、劳动等多门课程内容统整起来学习的文章；随着实践步子的加大，思考的加深，在认真钻研贝塔朗菲系统论的基础上，在当面请教美国课程改革专家小威廉姆·E. 多尔（William E. Doll）并获得上位理论混沌学的启发后，她确立了"大语文"教学理念并用这一理念去指导实践，形成了主题整合这一实施路径。有了语文主题阅读，有了语文整合课程，有了《走近莫高窟》《如梦令》《慈母情深》等代表课例的诞生和教学专著《大语文：主题整合下的微课程》的出版，于是就有了核心素养背景下主题跨界整合这一江苏省基础教育前瞻性改革项目的获批、研究，有了"大成语文"向"大成教育"的进发，有了江苏省教学成果特等奖的获得，她个人的学科教学探索之路和学校的整体改革之路也因为有这一个性化教学理念火炬的照耀而越走越宽。①

---

① 参见胡海舟：《在对"自我"的找寻中走出"高原期"——许友兰工作室助推新一代名师策略述评》，载《小学语文教学》，2014(33)。

（2）在对个性化教学主张的追寻中升华个性

在教学实践中，教师都会自觉或不自觉、有意或无意地对相关现象、问题进行思考，这些思考不乏有价值的见解。但总体而言，是零散、模糊、肤浅的，不够系统，不够清晰，没有深度。只有对这些教学现象、问题进行理性的发酵与加工，教学思考才能升华为教学思想。"教学主张是教学思想的具体化、个性化和学科化，是教学经验的提炼、概括和提升，是理论与实践、认识与情感、知识与智慧的'合金'"，[①]是衡量一个教师是否成熟、是否优秀的重要标志。因此，提出个性化的教学主张是语文教师形成教学思想、实现个人专业跨越的重要一步。

特级教师姜树华正是在渐进看清"自我"、追寻"言意共生教语文"这一个性化教学主张的过程中实现专业腾飞的。"言意"问题是语文教学与研究的关键问题，其间纠缠着文与道、工具与人文、形式与内容、感悟与训练、表达和思维等众多复杂的关系。姜树华老师迎难而上，认真梳理言与意之间的关系以及学术界已有的研究成果，然后借鉴共生理论，实现了对"言意兼得"这一学界共识的超越："言意共生"不仅着眼于"言意兼得""文意兼得"之意，而且落点于"言""意"的彼此交融、彼此支撑、彼此相长之实。"言意共生"的教学风景是在"言""意"新生的双向通途之上。紧紧抓住"言意共生"教语文的缰绳，顺着语文教学本真的"来路"与"去路"，语文教学就可以神形兼备，步入语文教学的正途。有了感性经验向理性思考提升的这一步，有了言意共生教语文这一个性化的教学主张，姜树华老师的语文教学上升到新的高度，几年间，不仅《窃读记》《鞋匠的儿子》《伊索寓言》《假如没有灰尘》等课例叫响全国，而且专著《言意共生教语文》也产生了影响，其研究获江苏省教学成果特等奖。

（3）在对个性化教学思想的凝炼中升华个性

有没有独具特色的、成熟的语文教学思想是语文实践者、研究者与语文教育家之间最明显的区别。首届基础教育国家级教学成果特等奖获得者、当代语文教育大师李吉林在总结自己的教学经验和成长体会时，说过这样一段肺腑之言："别以为我们是小学教师，是孩子王，就妄自菲薄，认为我们的思想就可以简单，就可以贫乏。恰恰相反，教师必须是一个思想者"。"我们的思想直接影响着我们怎么爱学生、怎么教

---

① 余文森：《论名师的教学主张及其研究》，载《教育研究》，2015(2)。

学生。"①

"教学思想从哪里产生呢？当然从教学实践中产生。但有了教学实践乃至有了丰富的教学实践，未必能够产生教学思想；而且教学实践只是孕育教学思想的种子。"②"植根于自身实践、追求教育个性的课题研究，能够实现'实践、反思、阅读、研究、写作'之间的有效串联，是中小学优秀教师高端发展的载体"③，是促进教学思想形成的重要手段。李吉林老师的成长经历充分证明了这一点。

1978 年，李吉林老师开始小学语文教学改革实验。1983 年，第一轮为期五年的实验结束。在实验进行的五年，情境教学已经初成体系并且出版了专著《情境教学实验与研究》。但李吉林老师没有满足于已经取得的成绩，没有将探索的脚步停留于实践层面，而是以课题研究为抓手，以理论与实践的融合为路线，以课堂与课题并重的行动研究为驱动，淬炼教学思想，升华教学境界。1990 年，她主持的"运用情境教学，全面提高语文教学质量的实验与研究"被教育部列为"八五"全国教育科学规划重点课题。此后，李吉林老师申报、主持的以"情境"为核心的系列课题成为"九五""十五""十一五"国家级课题。近年，年迈的李吉林老师仍在指导南通大学的王灿明教授进行国家社会科学基金教育学课题《情境教育与儿童创造力发展的实验与研究》。正是在这种滚动式的课题研究和"挖井式"的深入探索中，李吉林老师最终凝炼成了语文情境教学这一具有中国特色、符合全球教育趋向的个性化教学思想，构建了情境教学、情境教育的理论体系和操作体系，开辟了情境课程、情境学习等研究领域，成为语文教育大家、儿童教育专家。

自英国课程论专家斯腾豪斯 20 世纪 60 年代提出"教师成为研究者"这一口号以来，教师角色产生了巨大变化。作为研究者，相对于高校教师和教科院的专家而言，身居教学一线的中小学语文教师主要研究的应该不是教育科学而是教学学术，即着重研究"怎样才能更好地传播和学习知识""怎样才能提高教学效率"④。让我们像李吉林等老师那样，在

① 李吉林：《情境教育的诗篇》，421 页，北京，高等教育出版社，2004。
② 黄厚江：《名师共同体：教学思想成长的摇篮》，载《江苏教育》，2011(32)。
③ 孙国春：《中小学优秀教师高端发展的路径——以江苏省南通市第一梯队名师培养为例》，载《教育发展研究》，2011(15-16)。
④ 参见张忠华：《教学学术研究的实施方式》，载《中国高等教育》，2012(17)。

教学学术研究中塑造教学个性，打造教学风格，形成教学思想，在对语文个性化教学的追寻中，进入语文教学的新境界，实现语文教育人生的新跨越。

3. 在丰富中蔓延：由火炬到火光

从哲学的视阈审视语文教师的课堂实践，"出场"的教学行为只不过是这个独特生命表现出来的一个表象、一个镜像，"未出场"的则是他生命状态的全息——其学科视野、思维品质、文化修养等生命的综合。借此，在为《语文教学通讯》撰写的卷首语《时代呼唤名师》中，语文课程与教学论专家杨再隋教授指出，教学风格是教师个人的心、性在教学中的投影，是教师的文化视野、精神风貌、人格魅力、人生境界在教学中的反映。文章虽短却一语中的，道出了教学个性、教学风格与教师的个性气质、人生格局、生命状态等的关系。之所以再次复述这段话，是想强调一点：要想让自己语文个性化教学的火炬不断燃烧，并呈蔓延、燎原之势，成为一片明亮的火光，就必须努力丰富和提升自己的学养、素质。

（1）丰富爱好，善于借鉴，在触类旁通中明亮个性

靳家彦老师说过："教师不是诗人，但要有诗人的气质。教师不是演员，但要有演员的才能。教师不是哲人，但要有哲人的思考。教师不是将军，但要有指挥千军的气概。语文教师尤其应当如此。"①贾志敏老师说过与其意思相近的话："一位称职的语文教师应该是半个作家、半个评论家、半个语言学家、半个导演、半个演员、半个播音员、半个剧作家……"于永正老师有"五缘"：琴缘、书缘、画缘、戏缘、人缘。他会拉胡琴，会书法，家里贴的年画是自己画的，会唱京剧，朋友、徒弟遍布全国。年青一代的语文名师也非常注意丰富自己的爱好、提高各方面的修养：薛法根老师做学生时苦练书法；孙双金当老师后仍练习粉笔字、朗诵；韩军老师当初的梦想是当播音员，因为朗诵水平高超，曾被山东经济广播电台录取；李伟忠老师教过美术，热爱篆刻、书法、音乐，当地大型艺术活动都由他主持，《慈母情深》结课歌曲《母亲》的哼唱颇有专业水准，《姥姥的剪纸》的"课前热身"环节展示的剪纸都是自己创作的。所以，这些教师站在讲台上就底气十足，就是一道风景："我就是语文，我就是语文教师！"从众多语文名师的身上，我们能深刻感受到

---

① 符德新：《语文教育，我的挚爱》，载《中国教育报》，2005-08-15。

丰富的爱好、深厚的底蕴，对于他们教学个性、风格形成有很大的帮助。于永正老师就曾透露过自己成功的原因是酷爱京剧，其语文教学艺术很多是从京剧里"偷"来的。

（2）广读博览，丰厚学养，在纵贯古今中点亮个性

要使自己的语文教学有个性、有思想、见风格，不断突破、不断超越，从"高原"走向"高端"，必须有开阔的视野、丰厚的学养，这样"才能思接千载，视通万里，纵贯古今，跳出思维定式，从广阔处、新颖处立意教学，让教学活动充满创造的激情和向前的不竭动力。为此，我们必须广采博览、海量阅读。不光要读本学科书籍，读教育学、心理学书籍，精通学科理论和教育教学理论，立足学科教学和教育科学研究的前沿阵地，还要读哲学、文化学、社会学、传播学、脑科学、美学等方面的书籍，成为杂家和'时尚达人'，不断更新知识结构，提升学养，跟上时代脚步，适应新世纪对人才培养的新变化、新要求。"①

他山之石，可以攻玉。这里，我们以著名数学特级教师华应龙为例。华应龙老师的数学教学之所以个性鲜明，有数学的精气神、有浓厚的文化味儿，其"融错教学"之所以蕴含哲理、诗意、思想，华应龙老师之所以能不断实现教育人生的突破与超越，关键在于他爱好阅读、大量阅读、不断阅读，他的阅读书目中不只有《数学课程与教学论》《数学思想史》《数学文化史》，还有《老子》《庄子》《易经》等中国古代哲学著作。华应龙老师通过"读无止境"来驱动"教无止境"，借助阅读以丰厚学养、铸造教学个性、滋生教学思想、涵养职业生命的经验，对我们是有启迪意义的。

（3）结交同志，丰富队伍，在专业碰撞中擦亮个性

"从社会学角度看，交往是人与人在共同活动中发生联系并产生相互作用的基本方式，也是群体赖以存在和发展的必要条件。从教师专业发展角度谈起的交往，应该是处于特定专业关系中的人们，通过心理接触、直接沟通、合作共事，进而相互影响、相互作用的过程。"②打造教学风格，凝炼教学思想，从"高原"走向"高端"，必须结交这些志同道合的同人、高人，与校内教师团队、本土导师团队、省内外高层次专家团队组成专业共同体，在合作文化的暖风中，借助专业碰撞、智慧援助，

---

① 胡海舟：《教学立意的实践误区及提升路径》，载《中国教育学刊》，2015(12)。
② 唐江澎：《说说我的专业交往圈子》，载《人民教育》，2014(17)。

擦亮语文个性化教学的火光。这个专业共同体，既不同于一般的培训班、课题组、行业协会，也不同于传统的青蓝结对、师徒关系，它的主要行事方式是对话，有针对性的专业对话、多元碰撞。通过多向对话，开阔视野、提升境界、明晰目标、擦亮思想，通过多元文化的倾听与接纳、吸收与变化，澄明模糊的观点，催生个性化的主张。

正是在名师共同体的多次交流对话中，黄厚江老师意识到必须要有自己的学科主张，即要有科学的又是个性化的学科理解。渐渐地，"以前如同天上星月的'思想'似乎落地了。我也开始了对自己30多年语文教学实践的回顾和整理，开始对30多年尤其是近10(十)几年的研究成果进行梳理和提炼，对以前用400多篇零散论文表达的各种观点进行整合和系统构建。于是我的本色语文的教学思想逐步地清晰起来，其系统的理论框架也逐步形成。"①正是在名师共同体的推动下，薛法根老师"逐渐清晰'为言语智能而教'的教学思想，自觉践行'清简'的教学风格，走出具有自身特色的'智慧教学'之路。"②

善于认识同行、结交高人，丰富自己的研究队伍，借助团队新元素的加入，来促进自己专业修炼的深化，在专业碰撞中擦亮自己的教学个性，也是名师教育人生再出发、攀登事业新高峰的捷径之一。江苏省首批教授级教师唐江澎个性化语文教学成果的取得，得益于其专业朋友圈课程专家、命题专家、教材专家的启迪、帮助；李吉林老师的情境教学能够光芒四射，得益于杜殿坤、刘佛年、顾明远等堪称豪华的顶级课程与教学论专家的点拨、引领，得益于柳斌、王湛等教育行政领导的大力支持。

美国作家海明威有句名言："寻找属于自己的句子"——强调一个作家观察生活、认识世界、思考问题、表达思想都要有独到的地方。要想在语文教学的天空闪烁自己的星光，语文教师也必须从"寻找属于自己的句子"切入，在情境中学习，在实践中研究，在对话中反思，以理论与实践相互交融的成长路径为根本，以课堂与课题双向并重的行动研究为载体，以"我者"与"他者"互助合作的群体超越为动力，终身学习，拔节成长。③

---

① 黄厚江：《名师共同体：教学思想成长的摇篮》，载《江苏教育》，2011(32)。
② 薛法根：《共同体：助推名师成长》，载《江苏教育》，2011(32)。
③ 参见张建：《名师基地培养模式之缘由、理念及路径》，载《教育研究》，2015(4)。

第十六章 个性化教学与教学模式化
悖论关系的突破

改革开放以来，尤其是进入 21 世纪之后，为适应时代对创造型、个性化人才的需求，为加速自己的专业成长、实现教育人生价值，广大语文教育工作者纷纷投身基础教育改革的洪流，主动探索教学新路，努力"寻找属于自己的句子"，力求以教师个性化的教，促进和提升学生个性化的学。于是，有创建、有成效的语文个性化教学如雨后春笋般不断出现，对课程改革起到了积极的推动作用。但是，我们在为这一良好态势欣喜之余，也遗憾地发现，为了扩大影响，提升品位，强调可操作性和理论性，很多个性化教学实践在总结、深化阶段渐渐画地为牢，自我封闭，不断细化、固化、理论化，鲜活的、流动的、生长的、充满创造力的语文个性化教学日益技术化、结构化、固定化，更有甚者，在行政命令式的推广过程中，被模式化了，走进程式化、僵化的泥沼，不但限制了自身的进一步发展，也给大面积的语文教学工作带来负面影响。

语文教学改革如何打破魔咒，突破语文个性化教学与教学模式化之间的悖论关系？语文个性化教学如何在被当作"典型、范式"提升、推广的过程中不被模式化、格式化、机械化，永葆旺盛的生命力和创造性？这是摆在一线教师和教育行政领导面前的一道难题。

要想找出问题的真正关节，实现个性化教学与教学模式化悖论关系的有效突破，永葆语文个性化教学的生命活力，永远闪烁自己的星光，必须从以下几个方面入手。①

---

① 参见胡海舟：《个性化教学及教学模式化悖论关系的突破》，载《教学与管理》，2015(12)。

一、厘清复杂关系

个性化教学、教学模式、教学模式化是三个不同的概念，三者之间的关系错综复杂，我们必须仔细辨析、认真厘清，才能明确认识、把握分寸。这是突破语文个性化教学与教学模式化悖论关系的思想、理论基础。

在本书的第二章，我们已经强调，个性是一个在哲学、心理学和教育学等领域广泛使用的概念，各个领域对个性的解释也各不相同。哲学意义上的个性指一事物区别于其他事物的特殊性质，与共性相对。心理学意义上的个性指个人区别于他人的独特的、稳定的心理特征，包括性格、气质、能力、兴趣、习惯等。教育学中的个性，指的是"个体在先天基础上，通过与后天环境（主要为教育）的相互作用而形成的有利于自身解放的，由多种素质融合而成的独特整体"①。所谓个性化教学，指在尊重教育教学规律与共性的前提下，针对学生的个体差异，适应学生的个人需求，发挥教师的个性特长，采用个性化的手段，运用灵活多样的形式进行教学，以促进学生个性的积极发展和素养的全面提高。个性化教学具有个体性、多样性、创造性、灵活性、开放性等特点。

在汉语中，模式的意思是"某种事物的标准形式或使人可以照着做的标准样式"；在英语中，它和"模型""范式""典型"是同一个词，都是model。将"模式"一词引入教学领域的是美国的乔伊斯和韦尔，在1972年出版的《教学模式》一书中，他们下了这样的定义："教学模式，是构成课程和课业、选择教材、提示教师活动的一种范型或计划。"②自那以后，教育界对教学模式的研究从未间断，并渐渐形成热潮。我国学者认为："教学模式就是在一定的教学思想指导下，围绕着教学活动中的某一主题，形成相对稳定的、系统化和理论化的教学范型。"③教学模式具

---

① 李如密，刘玉静：《个性化教学的内涵及其特征》，载《教育理论与实践》，2001(9)。

② 钟启泉：《着眼于信息处理的教学模式——现代教学模式论研究札记之一》，载《外国教育资料》，1984(1)。

③ 汪刘生：《教学论》，179页，合肥，中国科学技术大学出版社，1996。

有独创性、系统性、稳定性、可操作性、综合性、发展性等特点。

从概念的界定和特征的揭示，我们可以看出，个性化教学与教学模式之间并不存在必然的悖论关系。事实上，二者还是你中有我、我中有你，相互交叉、彼此依存的关系。"从方法论的角度看，国内外教学模式的建构不外乎两种方法：演绎法和归纳法。演绎法是指从一种科学理论假设出发，推演出一种教学模式，然后用严密的实验证实其优效性，它的起点是科学理论假设，形成的思维过程是演绎。""归纳法是指从教学经验中总结归纳出来的教学模式，它的起点是经验。用这种方法形成的模式，有的是在历史上的人总结的各种经验基础上进一步加工改造而成的，有的是对现阶段许多优秀教师在教学实践中所积累起来的先进经验加以总结、提高、系统化而成的，因而又叫升华法。"[①]课程与教学论专家对教学模式宏观层面的研究和统计，让我们清楚地发现相当一部分的教学模式正是由个性化教学归纳、升华成的。一位教师或一个教学团队，在长期的探索中渐渐有了自己的教学主张、形成了独特的教学风格、取得了理想的教学效果，如果他想使探索走向深入，想在面上推开，那么他就必须对这一个性化的教学加以总结、提炼、浓缩，让实践经验得以升华，找到理论依据，并提供结构方式和运行程序用以指导实践，使人们可以精确操作，可以由不同的人重复操作并得到近似的结果。这样，个性化教学便演变为个性化的教学模式，那些新颖独特的教学理念、那些灵动多变的教学流程、那些多姿多彩的教学方法，经过思想的淬火、理性的磨砺、抽象的概括，变得相对稳定、系统有序，便于把握、便于模仿。

为防止理解上的偏差和行动上的失误，需要特别指出的是我们必须全面认识教学模式的特性，辩证地看待个性化教学与教学模式之间的关系。虽然我们强调它作为模式的系统性、稳定性、可操作性，强调它是一种"教学范型"，是人们"可以照着做的样式"，但教学模式绝不是"固化""僵化"的代名词，绝不是与个性化教学水火不容的东西，而是个性化教学的归纳、简化、抽象、升华，内在本质上与个性化教学是相通的。某一种类型的教学之所以被称为教学模式，首先在于它的独创性，它是独树一帜的，是有个性色彩的。其次，前面已经指出教学模式还具

---

① 郝志军，徐继存：《教学模式研究 20 年：历程、问题与方向》，载《教育理论与实践》，2003(23)。

有综合性、发展性等功能、特性。教学模式不是单纯的教学流程、教学结构、教学手法，它是由教学流程、教学结构、教学手法等多种要素复合而成的教学模型，它不是孤立的、静止的、僵化的理论线路，而是综合的、立体的、可变的行动框架，它会在教学主客体等多方要素相互联系、相互作用下发生变化，它也会随着时间的推移向前发展。

可见，语文个性化教学与教学模式化之间的悖论问题，根源不在语文个性化教学和教学模式本身，而在对教学模式的模式化操作、机械化运用上，即教学的模式化：忽视教学模式的独创性，漠视教学模式的综合性和发展性，无视学生个体的认知水平、身心特点，无视学科、年段、知识的巨大差别，统一按一个套路思维，一个范式教学，一个尺度评价。教学模式化的结果只能是既害了这个教学模式自身，使之失去生命力，更害了使用这个教学模式的当地教育。因此，我们说语文个性化教学可以归纳、升华为语文教学模式，教学可以有模式，但教学切忌模式化。

二、去除行政干预

个性化教学、教学模式、教学模式化三者本身关系复杂、疆界交错，这一因素容易导致人们认识模糊、行为偏执。毋庸讳言，语文课堂教学模式化之所以会在一些地区泛滥成灾，"大一统"思维、功利主义思想难脱干系，地区教育行政领导的强行推广、某些所谓教育专家和媒体的鼓吹呼应是形成这种局面的另一个重要因素。去除违反教育规律的"运动式"的野蛮行政干预，是实现语文个性化教学与教学模式化悖论关系有效突破的组织保证。

基础教育课程改革激活了教师的思想，激活了教学方法的创新，催生了一批批个性化教学成果，这本是一件大好事。然而，如果某一个性化教学实验在业界产生了影响、提升为教学模式、被某些教育行政领导"看好"，那么问题就来了。为了作秀造势、为了大面积提高所在地区的教育教学质量、为了漂亮的升学率、为了自己的政绩，习惯了以流水线为特征的现代工业生产模式、"大一统"思维、"一刀切"做法的这些教育管理者，便会打起现代教育的旗号干起反教育的勾当：动用行政手段，不遗余力地在自己管辖的区域强行推广某一种教学模式（杨思模式、杜郎口模式、如皋活动单导学模式等都有过这样的"幸运"），从幼儿园到小学、从初中到高中，不管学情、不论年段、不顾学科、不分课型，统一使用这一种教学模式，禁用别的教学模式、教学方法，甚至派出由校长、教研人员组成的督查组随时深入学校、课堂检查。本应充满个性与生机的课堂，变得刻板僵硬，万马齐喑。

应该说，杨思模式也好、杜郎口模式也好、如皋活动单导学模式也好，这些课堂教学模式都是由个性化教学实践归纳、升华而来，本身都有先进的理念、科学的程序、完备的体系，都在本校或者当地取得过很好的教学效果。但是，如果神化它们、把它们模式化，作为放之四海而皆准的教育真理、作为所有教师必须奉行的教学圭臬、作为包治教育百病的灵丹妙药、作为包打天下的教学法式，运动式推开、排他式使用，必然贻害无穷：抑制教师的创新热情、阻碍教师的专业发展，让教师把自己从"研究者"降格为"教学模式的照搬者"；压制学生的人格发展、影响学生的创新思维，让学生变成缺少个性、唯唯诺诺的庸人。

其实，不只在 21 世纪开始的基础教育课程改革阶段才有语文个性化的教学探求。前文已经介绍，20 世纪 80 年代开始，就出现了钱梦龙的"三主三式导读"、李吉林的情境教学、丁有宽的读写结合等由优秀的个性化教学实践归纳而成的语文教学模式。这些声名远扬的教学模式，为什么至今仍然个性鲜明，拥有强大的生命力，被全国各地的教师主动学习、灵活借鉴？其中很重要的一个原因是在推广使用的过程中，各级各地行政部门的领导和教育专家深谙教育规律和管理之道，把好了分寸，给足了空间：既热情宣传，积极试验、推广，又不搞一刀切、齐步走，允许教师根据不同的教学目标、不同的教学内容、不同的教学对象、不同的教学条件，灵活选择、运用教学模式，而不是将个性化教学模式机械化、模式化、妖魔化。他们深知，任何一种个性化教学改革、任何一种由个性化教学实践演化而成的教学模式，即便理念再先进、理论体系再完备、操作程序再科学，也不可能一统江山，适应不同地区、不同学校、不同教师、不同学生、不同学科的教学。教学有法，但教无定法。

比较两个时期两种行政领导对待个性化教学和教学模式不同的认识、态度、做法和结果，我们只能说，靠行政干预、靠权势压制，不按教育的规律办教育的事情，是愚蠢的，也是行不通的。

三、敢于不断超越

敢于不断超越自己、超越过去，保有积极进取的人生状态和不断向上的学术姿态，让语文个性化教学模式保持丰沛的生命力和旺盛的创造力，是突破个性化教学与教学模式化悖论关系的内在动力。

首先，要敢于不断超越自己，努力使语文个性化教学模式呈现开放、流动的姿态。在总结、提升的过程中，教师必须处理好作为个性化教学所具有的独特性、灵活性、开放性与作为教学模式所具有的系统性、稳定性、可操作性之间的关系，既有相对稳定、体现模式特征的基本"常式"（即范型），也要有弹性机制，有可以根据实际情况变通处理的"变式"，常中有变，变中守常。这样，教学模式本身就不会固化，也可以减少或避免机械套用、生硬效仿的模式化操作的发生。

其次，要敢于不断超越过去，努力使语文个性化教学模式呈现不断发展的态势。在推广过程中教师不能自我满足、裹足不前，不能作茧自缚、因循守旧，而要满怀激情，与时俱进，不断充实、丰富、发展模式。这样，教学模式就不会僵化、就不会变成死水，自然会远离模式化的泥沼。

在这一点上，李吉林老师为我们树立了榜样。从20世纪70年代末到现在，四十多年的漫长岁月，李吉林老师始终钟情于情境教育学派的研究，从情境教学到情境教育，从情境课程的开发、建构，再到情境学习领域的探索，从语文单科实验，到小学教育的整体改革，从未停下向前的步伐。其间，李吉林老师对情境教育流派的探索不断深入、不断完善，先后研究出"以生活展示情境、以实物演示情境、以图画再现情境、以音乐渲染情境、以表演体验情境、以语言描述情境"六大创设情境的途径，研究出情境教学"形真、情切、意远、理寓其中"的四大特点，研究出情境教育"情感驱动、暗示导引、角色转换、心理场整合"的四大基本原理，研究出情境课程"核心领域、综合领域、衔接领域、源泉领域"的四大板块的建构，研究出"以美为境界、以情为纽带、以思为核心、以儿童活动为途径、以周围世界为源泉"的五大操作要义。[①] 之所以不

---

① 参见顾明远：《李吉林和情境教育学派研究》，2～3页，北京，教育科学出版社，2011。

厌其烦地介绍李吉林老师的成果，是为了引起大家的注意，她的研究既始终盯着情境教育这一个模式、课题，又涉猎教育学、心理学、哲学、美学、脑科学、古代文论、课程与教学论等多个领域。是什么使一个在小学工作了一辈子的普通教师广涉博览，深度掘进，并成了当代著名的教育家，登上了教育理论与教学实践的双重巅峰？是敢于超越、与时俱进的胆识，是锲而不舍、孜孜不倦的精神，是善于学习、结交高人的才能，是博采众长、融会贯通的智慧。有了这样的胆识、精神、才能、智慧，语文个性化教学怎么可能陷入模式化的悖论之中？语文教学模式又哪里可能步入封闭、固化、僵化的死胡同？

四、健全奖评机制

当然，除了教师自身的努力，要想实现个性化教学与教学模式化悖论关系的有效突破，健全的奖评机制、良好的社会氛围等外部动力和基本条件也必须跟上。

基础教育课程改革的一个重要任务就是解放教师的个性，激发教师的创新热情，使教师善教、创造性地教，以教师个性化的教促进学生个性化的学，促进学生个性的发展和人格的成长。语文个性化教学的创立、提升以及向教学模式的归纳、演化，都需要良好的外部环境和良好的研究氛围。各级领导要给语文名师松绑、给语文教育松绑，既热情鼓励、提供必要的研究条件，又不急不躁，允许语文个性化教学改革、教学模式的推广按自己的生长周期和发展规律进行，不急功近利、不给太大压力、不人为催熟、不夸大某一教学模式的功能、不搞运动推进式等教学模式化操作。

在所有的教育因素中，教师是最重要、最具活力的因素。"没有教师的发展，就没有教育的发展。"因此，要建立、健全奖励评价机制，为教师的不断成长、可持续发展提供平台。目前，一些省市设立的名师工作室研讨—特级教师评审—正高级教师评审—人民教育家培养对象遴选等阶梯式培养机制，对于优秀教师开阔视野、提升素养、持续攀登、不断追求是很有好处的。教师的眼界宽了、定位高了、学术伙伴多了、有了自己明确的教学思想，就不会自我满足、停滞不前，而会像李吉林老师那样，不断引进时代活水，将自己个性化的语文教学模式抬升到更高的位置，并始终保持开放、流动和发展的态势。

当今时代是一个多元、开放和发展的时代，随着时代对个性化、创新型人才需求的增加，模式化教学越来越不能适应当前教育的形势和社会的需要。在这样的背景下，我们找到语文个性化教学与教学模式化之间悖论问题的症结、找到突破悖论关系的策略、找到确保语文个性化教学顺利发展的措施，对促动语文教师的专业成长、促使语文课程改革向深水区迸发、促进语文教育繁荣局面的早日到来，都具有重要的意义和深远的影响。

余论　核心素养时代的语文个性化教学

2014 年 3 月 30 日，教育部印发《关于全面深化课程改革　落实立德树人根本任务的意见》，提出研究制订"学生发展核心素养体系"。2016 年 9 月 13 日，《中国学生发展核心素养》总体框架在北京师范大学正式发布。我国基础教育由"知识本位"时代进入"核心素养"时代。

对于核心素养的研究，国外比国内要早。从 21 世纪初开始，一些国际组织和国家、地区就对这个问题展开了探讨。他们从不同维度，对核心素养作出了阐述。2003 年，联合国教科文组织提出学会求知（learring to know）、学会做事（learning to do）、学会共处（learning to live together）、学会发展（learning to be）、学会改变（learning to change）的"五大支柱说"；2005 年，经济合作与发展组织提出"三种关键能力说"，即：交互作用地运用社会、文化、技术资源的能力，在异质社群中进行人际互动的能力，自立自主地行动的能力；2005 年，欧盟提出"八大素养说"：母语沟通，外语沟通，数学能力及基本科技能力，数位能力，学会如何学习，人际、跨文化与社会能力及公民能力，创业家精神和文化表达，同时提出贯穿于八大核心素养之中的共同能力，如批判性思维、创造力等。①我国对核心素养也进行了多年的研究，以林崇德教授为首的专家团队提出了分为三个方面、六大指标、十八个要点的中国学生发展核心素养，即以培养"全面发展的人"为核心，从"文化基础、自主发展、社会参与"这三个方面，着眼"人文底蕴、科学精神、学会学习、健康生活、责任担当、实践创新"六大指标，从"人文情怀"等十八个基本点提出要求。

所谓"素养"指"在特定情境中、通过利用和调动心理社会资源（包括

---

① 参见钟启泉：《核心素养的"核心"在哪里》，载《中国教育报》，2015-04-01。

技能和态度）、以满足复杂需要的能力"①。每个人在终身发展的过程中，都需要许多素养作为支撑，其中最基本、最关键、居于核心地位的就称为核心素养。从上面的引述可以看出，虽然学界对核心素养概念的界定见仁见智，国际组织和各个国家、地区的表述也不尽相同，但都指向学生个人发展和社会需要的必备品格和关键能力，都是以"人的发展"为价值追求，其用意在于提升个体应对复杂情境的能力，促进个体的可持续发展。

因此，核心素养时代，必须"为每一个学生提供适合的教育"，基于核心素养的教育教学，必须具备多样性、可选择性、针对性等基本特征。这就对学科教学包括语文教学的个性化，提出了内在的、本质的要求，为教学的多样性、艺术性、创造性提供了机会。

落实到操作层面，则需要各个学科根据核心素养体系和本学科特点，厘清核心素养和学科素养的关系，进行通盘考虑和深入探究。"核心素养和学科素养是相辅相成的，是全局与局部、共性与个性的关系。""虽然每门学科都具有自身的特殊功能，其最终指向仍应是核心素养"，"学科素养是形成核心素养的基础，核心素养始终是学科素养的追求目标。"②

具体到语文学科，就是既不能拘泥于学科又不能丧失学科性，即既要指向学生的核心素养这个总目标，又要体现语文学科的个性、弄清语文学科教学对学生成长和终身发展的独特贡献。语文学科通过基于核心素养的教学，以其特有的方式，承担起语文教学在促进学生形成必备品格和关键能力过程中的独当之任。

就语文学科而言，其核心素养涉及社会参与、自主发展、文化修养三大领域，具体包括语言符号与表达、人文与审美、沟通与合作、主动适应与创新等要点。这是语言知识与语言能力、思维方法与思维品质、情感态度与价值观的综合体现。

着眼学生全面发展这个总目标，着眼核心素养和语文学科素养全局与局部、共性与个性的关系，着眼语文学科素养的综合性，语文教学必

---

① 张华：《核心素养与我国基础教育课程改革"再出发"》，载《华东师范大学学报》（教育科学版），2016(1)。

② 贡如云，冯为民：《高中语文核心素养的实质内涵及培育路径》，载《教育理论与实践》，2017(5)。

须强化整体思维，注重统整、融合。

首先，注意上下勾连、纵向沟通。小学、初中、高中阶段的语文教学必须打破目前条块分割、各自为政的格局，从目标到内容都要整体设计，真正打通。

其次，注重学科内的统整、融合。长期以来，语文教学内容过于碎片化，学生难以通过支离破碎的课程进行深度学习，学科核心素养很难得到提高。语文学科内的统整、融合，必须将语言建构与运用、思维发展与提升、审美鉴赏与创造、文化传承与理解四个方面有机结合，以整体实现语文立人的核心目标。《普通高中语文课程标准（2017 年版）》，以"学习任务群"的形式来建构语文课程内容，就是这一理念在操作层面的体现。

最后，注重跨学科的统整和融合。"核心素养是基于学生终身发展和适应未来社会的基本素养建立的，而非基于学科知识体系建立。学生的问题解决能力、创新精神、社会责任感等方面的素养不是仅靠某一个学科就能够培养的，而是需要借助多学科、多种知识和多种能力的共同作用。"①因此，我们要打破分科教学的壁垒，努力创设真实的学习环境，为学生提供具体的、需要解决的问题，促进语文学科与其他学科的统整和融合，通过不同课程的合力共同培养学生的核心素养，又体现语文课程在培养学生核心素养方面的侧重。

从学生核心素养提升的角度教学语文，意味着听说读写、语言思维审美文化、课内课外、学校与社会发生紧密的联系，意味着语文与其他学科发生自然的联系。无论学科内部的还是跨学科的统整、融合，都会形成交叉地带、边缘地带，都会形成新的开阔地，学习内容将打破学科界限、学校界限，向定制化、个性化方向发展，再加上大数据、云计算、人工智能等新兴技术的快速发展，以学生为中心，以移动学习、项目学习、混合学习、体验学习、探究学习为代表的多元化、个性化学习方式也将风起云涌。可以说，核心素养时代为语文个性化教学提供了更加广阔的空间。当然，对学生和教师的自由精神、独立人格、探究勇气和创造意识也提出了更高的要求。

让我们抓住课程改革"再出发"的机遇，带着激情和智慧，上路吧！

---

① 姜宇，辛涛，等：《基于核心素养的教育改革实践途径与策略》，载《中国教育学刊》，2016(6)。

参考文献

1. 阿尔文·托夫勒．未来的冲击[M]．孟广均，等，译．北京：新华出版社，1996.

2. 安瑞霞，代建军．教学个性的塑造[J]．教育科学研究，2013(2).

3. 蔡宝来，张诗雅，等．慕课与翻转课堂：概念、基本特征及设计策略[J]．教育研究，2015(11).

4. 曹培杰．未来学校的变革路径——"互联网＋教育"的定位与持续发展[J]．教育研究，2016(10).

5. 查如棠，金正扬，等．袁瑢语文教学三十年[M]．上海：上海教育出版社，1983.

6. 巢宗祺．关于语文课程性质、基本理念和设计思路的对话[J]．语文建设，2012(5).

7. 巢宗祺．语文综合性学习的价值与目标定位[J]．人民教育，2005(5).

8. 陈向明．实践性知识：教师专业发展的知识基础[J]．北京大学教育评论，2003(1).

9. 陈炎，赵玉，等．儒、释、道的生态智慧与艺术诉求[M]．北京：人民文学出版社，2012。

10. 陈友松．当代西方教学哲学[M]．北京：教育科学出版社，1982.

11. 程然．汉语口语交际史[M]．呼和浩特：远方出版社，2005.

12. 程然，胡海舟．汉语文化视野中的新课程小学语文教学[M]．沈阳：辽宁教育出版社，2009.

13. 褚树荣．关于"因体而教"的对话[J]．语文学习，2015(12).

14. 大卫·杰弗里·史密斯．全球化与后现代教育学[M]．郭洋生，译．北京：教育科学出版社，2000.

15. 邓志伟．个性化教学论[M]．上海：上海教育出版社，2002.

16. 刁培萼，吴也显，等．智慧型教师素质探新[M]．北京：教育教育出版社，2005.

17. 丁钢. 创新，新世纪的教育使命[M]. 北京：教育科学出版社，2000.

18. 丁海东，杜传坤. 儿童教育的人文解读[M]. 济南：山东教育出版社，2008.

19. 丁有宽. 丁有宽读写结合教学教例与经验[M]. 北京：人民日报出版社，1996.

20. 董明旺. 宁鸿彬：走"思维训练"之路[M]. 武汉：湖北教育出版社，2001.

21. 窦桂梅. 窦桂梅与主题教学[M]. 北京：北京师范大学出版社，2006.

22. 窦桂梅. 小学语文主题教学实践研究[J]. 课程·教材·教法，2014(8).

23. 杜殿坤，朱佩荣. 苏联关于教育思想的论争[M]. 北京：教育科学出版社，1988.

24. 杜威. 学校与社会·明日之学校[M]. 赵祥麟，等，译. 北京：人民教育出版社，1994.

25. 恩斯特·卡西尔. 人论[M]. 甘阳，译. 上海：上海译文出版社，1985.

26. E·拉兹洛. 决定命运的选择：21世纪的生存抉择[M]. 李吟波，译. 北京：生活·读书·新知三联书店，1997.

27. 方健华. 名师专业成长的规律、影响因素与机制——基于名师成功人生的解读[J]. 教育发展研究，2011(15-16).

28. 冯建军. 生命与教育[M]. 北京：教育科学出版社，2004.

29. 高慧莹，潘自由，等. 霍懋征语文教学经验选编[M]. 北京：人民教育出版社，1983.

30. 高玉祥. 个性心理学[M]. 北京：北京师范大学出版社，1989.

31. 贡如云，冯为民. 高中语文核心素养的实质内涵及培育路径[J]. 教育理论与实践，2017(5).

32. 顾明远. 个性化教育与人才培养模式创新[J]. 中国教育学刊，2011(10).

33. 顾明远. 李吉林和情境教育学派研究[M]. 北京：教育科学出版社，2011.

34. 顾明远. 再论教师的主导作用和学生的主体作用的辩证关

系[J]. 华东师范大学学报(教育科学版),1991(2).

35. 管建刚. 寻找阅读的专业属性[J]. 人民教育,2014(9).

36. 郭法奇. 论美国的个性化教育[J]. 教育理论与实践,2001(1).

37. 郭方玲."走班制":让课堂教学唤醒学生的尊严[J]. 当代教育科学,2015(21).

38. 郭华. 让学科气质与平常性丰足课堂——谈分科背景下的综合性学习[J]. 人民教育,2005(5).

39. 郭华. 选课走班制:从"班"到"个人"[N]. 中国教育报,2014-05-21.

40. 郭思乐. 教育走向生本[M]. 北京:人民教育出版社,2001.

41. 郭思乐. 以生为本的教学观:教皈依学[J]. 课程·教材·教法,2005,(12).

42. 郭元祥. 生活与教育——回归生活世界的基础教育论纲[M]. 武汉:华中师范大学出版社,2002.

43. 郭元祥. 知识的性质、结构与深度教学[J]. 课程·教材·教法,2009(11).

44. 国家教委情报研究室:今日日本教育改革[M]. 北京:北京工业大学出版社,1988.

45. 国家教育发展研究中心:发达国家教育改革的动向和趋势[M]. 北京:人民教育出版社,1986.

46. 海德格尔. 人,诗意地安居——海德格尔语要[M]. 郜元宝,译. 上海:上海远东出版社,1995.

47. 韩军. 韩军与新语文教育[M]. 北京:国际文化出版公司,2003.

48. 韩震. 生成的存在:关于人和社会的哲学思考[M]. 北京:北京师范大学出版社,1996.

49. 何雁,洪世昌. 试论个性化教学的基本特征[J]. 江西教育科研,2003(12).

50. 贺国庆. 美国中小学的个别化教学[J]. 外国教育,1988(1).

51. 洪镇涛. 构建"学习语言"语文教学新体系[J]. 课程·教材·教法,1998(3).

52. 胡海舟. 按汉语的特点教学汉语——语文教学民族化的思考与探索[J]. 江苏教育研究,2009(5).

53. 胡海舟. 程式化·潮流化·个性化——对"语文竖旗"的透视、剖析与超越[J]. 江苏教育研究，2011(9).

54. 胡海舟. 个性化教学及教学模式化悖论关系的突破[J]. 教学与管理，2015(12).

55. 胡海舟. 汉语言的意象性与语文教学方法的选择[J]. 教育导刊，2010(7).

56. 胡海舟. 简析语文名师课堂教学借鉴文学艺术的方略[J]. 教育导刊，2014(4).

57. 胡海舟. 简约而不简单：有感于永正老师教学《第一次抱母亲》[J]. 教学与管理，2006(35).

58. 胡海舟. 教学立意的实践误区及提升路径[J]. 中国教育学刊，2015(12).

59. 胡海舟. 强化语言实践与运用中不能无视文体特征——由对名师教学案例的分析谈目前阅读教学存在的主要问题[J]. 教育导刊，2015(2).

60. 胡海舟. "亲近鲁迅"主题研读课群总评[J]. 小学语文教学，2017(1-2).

61. 胡海舟. 让古典作品与现代教学顺利对接：李伟忠老师教学〈三顾茅庐〉赏析[J]. 小学语文教学 2008(5).

62. 胡海舟. 让教案成为一首流动的诗[J]. 教学与管理（小学版），2005(2).

63. 胡海舟. 让说明文教学守望自己的家园：评特级教师姜树华教学《假如没有灰尘》[J]. 新语文学习（教师版），2013(5).

64. 胡海舟. 文本创意解读的基本策略[J]. 语文学习，2008(7-8).

65. 胡海舟. 文本解读必须立足文化的高度[J]. 教学与管理，2016(4).

66. 胡海舟. 文化视阈中的识字教学[J]. 教育评论，2008(5).

67. 胡海舟. 我这样教《雷雨》[J]. 中学语文教学，1997(1).

68. 胡海舟. 小学阅读教学的个性化[J]. 中国教育学刊，2006(7).

69. 胡海舟. 引领学生在游戏中直抵语文教学的核心——评李继东老师教学《鹬蚌相争》[J]. 中小学课堂教学研究，2016(1).

70. 胡海舟. 语文个性化教学的理论依据[J]. 新语文学习（教师版），2012(5).

71. 胡海舟. 语文教育应契合汉语文化思维方式[J]. 教学与管理，

2011(3).

72. 胡海舟. 语文课程改革问题的哲学审思[J]. 教学与管理，2007(9).

73. 胡海舟. 语文课程改革问题与对策[M]. 长春：东北师范大学出版社，2010.

74. 胡海舟，喻芳. 一激发　二鼓励　三加强——写作教学实施课程标准的策略[J]. 现代中小学教育，2003(10).

75. 胡海舟. 在对"自我"的找寻中走出"高原期"——许友兰工作室助推新一代名师策略述评[J]. 小学语文教学，2014(33).

76. 胡海舟. 在"有法"与"无法"之间"自由活动"——语文阅读课第一课时教学的守常与变革[J]. 新语文学习（教师版），2011(2).

77. 胡海舟. 中国传统文化及现代教育制度对个性化教学的影响[J]. 教育探索，2013(3).

78. 胡克英. "人"在呼唤[J]. 教育研究，1989(3).

79. 黄厚江. 语文的原点：本色语文的主张与实践[M]. 南京：江苏教育出版社，2011.

80. 黄济. 教育哲学[M]. 北京：北京师范大学出版社，1985.

81. 黄济. 人的主体性与教育[J]. 教育研究与实验，1997(1).

82. 黄伟. 阅读教学中语文知识提取、激活与内化[J]. 中学语文教学，2018(4).

83. 霍懋征. 小学语文教学经验谈[M]. 上海：上海教育出版社，1985.

84. 季苹. 西方现代教育流派史论[M]. 北京：北京师范大学出版社，1995.

85. 贾志敏. 语文课堂拒绝表演[J]. 语文建设，2013(1).

86. 江苏母语课程教材研究所. 当代外国语文课程教材评介[M]. 南京：江苏教育出版社，2004.

87. 姜宇，辛涛，等. 基于核心素养的教育改革实践途径与策略[J]. 中国教育学刊，2016(6).

88. 蒋长兰. 非连续性文本及教学研究问题检视与讨论[J]. 教学与管理，2016(16).

89. 蒋长兰. 非连续性文本群文阅读的功用及策略[J]. 教学与管理，2017(7).

90. 康万栋. 对儿童的重新发现——阿莫纳什维利的儿童观述评[J]. 外国教育动态，1989(1).

91. 莱斯利·P. 斯特弗，杰里·盖尔. 教育中的建构主义[M]. 高文，等，译. 上海：华东师范大学出版社，2002.

92. 李定一. 中华史纲[M]. 北京：北京大学出版社，1997.

93. 李海林. 个性化阅读的学理依据和教学形态[J]. 小学语文教学，2005(9).

94. 李吉林. 李吉林文集[M]. 北京：人民教育出版社，2007.

95. 李建军. 有境界，则自成高格——语文教学的风格追求[J]. 教育科学研究，2007(8).

96. 李如密，刘玉静. 个性化教学的内涵及其特征[J]. 教育理论与实践，2001(9).

97. 李山林. 语文教学内容辨正[J]. 语文建设，2006(2).

98. 李伟. 个性化教学的教师之维与建构[J]. 教育研究，2013(5).

99. 李伟忠. 李伟忠讲语文[M]. 北京：语文出版社，2012.

100. 李希贵. 教育，何时才能现代化[J]. 人民教育，2014(13).

101. 李希贵. 面向个体的教育[M]. 北京：教育科学出版社，2014.

102. 李杏保，顾黄初. 中国现代语文教育史[M]. 成都：四川教育出版社，2000.

103. 李政涛. 面向他人的教育和朝向自我的教育[J]. 教师博览，2014(7).

104. 梁漱溟. 东西文化及其哲学[M]. 北京：中华书局，2013.

105. 刘大为. 语言知识、语言能力与语文教学[J]. 全球教育展望，2003(9).

106. 刘胐胐，高原. 作文三级训练体系简介[J]. 北京师范大学学报，1986(6).

107. 刘宏武. 个性化教育与学生的自我发展[M]. 北京：中央民族大学出版社，2004.

108. 刘军伟. 为了每位学生全面而自由的成长——北京中学课程规划与个性化实施[N]. 教育文摘周报，2015-05-27.

109. 刘文霞. 个性教育论[M]. 呼和浩特：内蒙古大学出版社，1997.

110. 刘艳平，艾庆华，等．个性化教学组织形式中的小组学习类型[J]．中国教育学刊，2014(7).

111. 卢梭．爱弥儿[M]．李平沤，译．北京：人民教育出版社，1985.

112. 鲁洁．走向世界历史的人——论人的转型与教育[J]．教育研究，1999(11).

113. 陆志平．关于非连续性文本问题的思考[J]．语文教学通讯(小学版)，2013(15).

114. 骆应华，王小毅．《〈穷人〉教学实录及评析》[J]．小学语文教学，2017(1-2).

115. 马斯洛，等．人的潜能和价值[M]．林方，编．北京：华夏出版社，1987.

116. 马笑霞．语文教学心理研究[M]．杭州：浙江大学出版社，2001.

117. 马正平．中学写作教学新思维[M]．北京：中国人民大学出版社，2003.

118. 莫伟民．主体的命运——福柯哲学思想研究[M]．上海：生活·读书·新知上海三联书店，1996.

119. 倪文锦，欧阳汝颖．语文教育展望[M]．上海：华东师范大学出版社，2002.

120. 倪文锦，谢锡金．新编语文课程与教学论[M]．上海：华东师范大学出版社，2006.

121. 潘涌，杨培培．积极语用：为真语文教学注入科学内涵[J]．语文建设，2015(22).

122. 庞维国．自主学习：学与教的原理和策略[M]．上海：华东师范大学出版社，2003.

123. 皮连生．学与教的心理学[M]．上海：华东师范大学出版社，1997.

124. 启功．古代诗歌、骈文的语法问题[J]．北京师范大学学报，1980(1).

125. 钱丽欣，施久铭．每位教师都是一座高山：来自山东临朐的"特色教师"发展报告[J]．人民教育，2011(23).

126. 钱梦龙．导读的艺术[M]．北京：人民教育出版社，2000.

127. 钱梦龙 . 语文导读法的昨天和今天[J]. 课程·教材·教法，2014(8).

128. 乔炳臣 . 中国古代学习思想史[M]. 北京：人民教育出版社，1996.

129. 全国比较教育研究会，全国教育史研究会：马卡连柯教育思想研究论文集[M]. 北京：北京师范大学出版社，1988.

130. 全国中语会青年教师研究中心 . 于漪语文教育艺术研究[M]. 济南：山东教育出版社，1999.

131. 荣维东 . 基于交际语境的写作内容框架构想[J]. 新作文（中学作文研究），2016(10).

132. 阮真 . 中学国文教学法[M]. 南京：正中书局，1936.

133. 申小龙 . 汉语语法的"虚"和"实"[J]. 汉字文化，2002(2).

134. 沈毅，崔允漷 . 课堂观察：走向专业的听评课[M]. 上海：华东师范大学出版社，2008.

135. 施良方 . 学习论[M]. 北京：人民教育出版社，2001.

136. 施茂枝 . 支玉恒语文教学艺术研究[M]. 福州：福建教育出版社，2016.

137. 石中英 . 知识转型与教育改革[M]. 北京：教育科学出版社，2001.

138. 史耀芳 . 从个别化教学到后个别化教学——国外群体化教学中的社会交往技能教学简介[J]. 外国中小学教育，1994(5).

139. 斯霞.《我们爱老师》课堂纪实（节选）[J]. 小学语文教学，2004(7-8).

140. 孙宝林 . 阅读因个性的张扬而美丽诱人——谈谈个性化阅读的衡量标准[J]. 语文教学通讯（小学版），2005(4).

141. 孙国春.中小学优秀教师高端发展的路径——以江苏省南通市第一梯队名师培养为例[J]. 教育发展研究，2011(15-16).

142. 孙培青 . 中国教育史[M]. 上海：华东师范大学出版社，2009.

143. 孙双金 . 孙双金教学思想与经典课堂[M]. 太原：山西教育出版社，2005.

144. 孙双金 . 听孙双金老师讲语文[M]. 上海：华东师范大学出版社，2014.

145. 唐江澎. 说说我的专业交往圈子[J]. 人民教育，2014(17).

146. 陶青. 我国小班化教育的历史演进及其深层思考[J]. 广西师范大学学报(哲学社会科学版)，2010(3).

147. 田本娜. 外国教学思想史[M]. 北京：人民教育出版社，1994.

148. 涂艳国. 走向自由——教育与人的发展问题研究[M]. 武汉：华中师范大学出版社，1999.

149. 瓦·阿·苏霍姆林斯基. 给教师的建议[M]. 杜殿坤，译. 北京：教育科学出版社，1984.

150. 瓦·阿·苏霍姆林斯基. 少年的教育和自我教育[M]. 姜励群，译. 北京：北京出版社，1984.

151. 王本陆. 课程与教学论[M]. 北京：高等教育出版社，2007.

152. 王承绪，赵祥麟. 西方现代教学论著选[M]. 北京：人民教育出版社，2001.

153. 王力. 中国语法理论[M]. 北京：中华书局，1954.

154. 王荣生，宋冬生. 语文学科知识与教学能力(初中版)[M]. 北京：高等教育出版社，2011.

155. 王荣生. 系列讲座：教学内容的选择与教学环节的展开(第三讲)根据学情选择教学内容[J]. 语文学习，2009(12).

156. 王荣生. 语文科课程论基础[M]. 上海：上海教育出版社，2005.

157. 王荣生. 语文课程与教学内容[M]. 北京：教育科学出版社，2015.

158. 王荣生. 语文综合性学习教什么[M]. 上海：华东师范大学出版社，2014.

159. 王荣生. 阅读教学的基本任务与路径[J]. 课程·教材·教法，2012(7).

160. 王升. 主体参与型教学探索[M]. 北京：教育科学出版社，2003.

161. 王淑芬，吴永军. 小班化教育：是权宜之计，还是长久之策？[J]. 教育发展研究，2016(8).

162. 王淑杰. 日本开放式个性化教育改革及其启示[J]. 肇庆学院学报，2011(4).

163. 王崧舟. 例谈"学情视角"下的课堂教学设计[J]. 语文教学通讯，2014(27).

164. 王崧舟，林志芳. 诗意语文课谱：王崧舟十年经典课堂实录与品悟[M]. 上海：华东师范大学出版社，2011.

165. 王崧舟. 诗意·语文·梦想[J]. 人民教育，2013(7).

166. 王崧舟. 王崧舟与诗意语文[M]. 北京：北京师范大学出版社，2015.

167. 王自文.《古诗两首》教学设计[J]. 小学语文教学，2005(1).

168. 威廉·冯·洪堡特. 论人类语言结构的差异及其对人类精神发展的影响[M]. 姚小平，译. 北京：商务印书馆，1999.

169. 维克托·迈尔-舍恩伯格，肯尼思·库克耶. 大数据时代：生活、工作与思维的大变革[M]. 盛杨燕，周涛，译. 杭州：浙江人民出版社，2013.

170. 魏本亚. 语文教育评价[M]. 上海：华东师范大学出版社，2012.

171. 魏本亚. 中学语文教学设计[M]. 北京：高等教育出版社，2016.

172. 魏书生. 魏书生文选[M]. 桂林：漓江出版社，2002.

173. 温儒敏，巢宗祺. 义务教育语文课程标准（2011 版）解读[M]. 北京：高等教育出版社，2012。

174. 文喆. 关于教学设计的若干思考[J]. 人民教育，20013(13-4).

175. 吴永军. 教学规程：将教学理念转化为教学行为的指南[J]. 课程·教材·教法，2015(5).

176. 吴忠豪. 外国小学语文教学研究[M]. 上海：上海教育出版社，2009.

177. 夏惠贤. 多元智力理论与个性化教学[M]. 上海：上海科技教育出版社，2003.

178. 熊梅，王艳玲，等. 个性化教学设计与实施策略[J]. 课程·教材·教法，2011(8).

179. 徐林祥."民族意识"与"全球视野"的交融——洪宗礼的道路与语文教育方向[J]. 中学语文，2009(4).

180. 徐林祥. 中学语文课程标准与教材研究[M]. 北京：高等教育出版社，2016.

181. 许红琴. 以"学"为基点　开掘"本"的价值——不同年级同题异构引发的思考[J]. 中小学教师培训，2016(2).

182. 许嫣娜. 尊重差异，从目标制订开始[J]. 小学语文教学，2015(10).

183. 薛法根. 为言语智能而教——薛法根与语文组块教学[M]. 北京：教育科学出版社，2014.

184. 薛法根. 组块教学：指向言语智能发展[J]. 语文建设，2016(8).

185. 雅思贝尔斯. 什么是教育[M]. 邹进，译. 北京：生活·读书·新知三联书店，1991.

186. 闫淑惠，徐林祥. 口语交际课程的实践性及其实现[J]. 赣南师范学院学报，2016(1).

187. 杨国荣. 自我与群体——价值选择的历史走向[J]. 社会科学，1994(5).

188. 杨九俊，王一军. 教育家群体：从自然涌现走向自觉成长——以江苏教育家培养为例[J]. 人民教育，2014(14).

189. 杨九俊. 幸福教育的样子[M]. 南京：江苏教育出版社，2014.

190. 杨九俊，姚烺强. 小学语文课程与教学[M]. 南京：南京大学出版社，2013.

191. 杨九俊. 语文教学艺术论[M]. 南京：江苏教育出版社，1994.

192. 杨裕海.《壮哉，中国龙》教学设计[J]. 小学语文教师，2005(11).

193. 杨再隋. 时代呼唤名师[J]. 语文教学通讯，2003(7-8).

194. 杨再隋. 中国著名特级教师教学思想录（小学语文卷）[M]. 南京：江苏教育出版社，1996.

195. 叶澜，白益民，等. 教师角色与教师发展新探[M]. 北京：教育科学出版社，2001.

196. 叶澜."新基础教育"内生力的深度解读[J]. 人民教育，2016(3-4).

197. 叶圣陶. 叶圣陶语文教育论集[M]. 北京：教育科学出版社，2015.

198. 于漪. 我和语文教学[M]. 北京：人民教育出版社，2003.

199. 于永正. 崇拜思考[J]. 小学教学参考，2004(28).

200. 于永正. 发展情节 揭示寓意[J]. 小学语文教师，1992(6).

201. 于永正，潘自由. 于永正小学"言语交际表达训练"作文实验[M]. 济南：山东教育出版社，2000.

202. 于永正. 于永正课堂教学教例与经验[M]. 北京：人民日报出版社，1995.

203. 于永正. 重感悟 重积累 重迁移 重情趣 重习惯——我的语文教改探索[J]. 江苏教育，2000(8-9).

204. 余文森. 论名师的教学主张及其研究——以福建省为例[J]. 教育研究，2015，(2).

205. 余映潮. 说明文的教学研究奥秘无穷[J]. 语文教学通讯（小学版），2016(9).

206. 袁贵仁. 马克思的人学思想[M]. 北京：北京师范大学出版社，1996.

207. 袁浩，戴汝潜. 袁浩小学作文教学心理研究与实践[M]. 济南：山东教育出版社，1997.

208. 袁振国. 教育质量的国家观念[J]. 中国教育学刊，2016(9).

209. 臧松刚. 给非连续性文本阅读一个合理的定位[J]. 教学与管理，2014(32).

210. 曾继耘. 差异发展教学研究[M]. 北京：首都师范大学出版社，2012.

211. 张岱年，方克立. 中国文化概论[M]. 北京：北京师范大学大学出版社，2004.

212. 张华. 核心素养与我国基础教育课程改革"再出发"[J]. 华东师范大学学报（教育科学版），2016(1).

213. 张华. 课程与教学论[M]. 上海：上海教育出版社，2000.

214. 张建. 名师基地培养模式之缘由、理念及路径[J]. 教育研究，2015(4).

215. 张隆华，曾仲珊. 中国古代语文教育史[M]. 成都：四川教育出版社，2000.

216. 张庆. 面向未来的母语教育——献给奋战在课改第一线的语文老师[M]. 南京：江苏教育出版社，2003.

217. 张如珍. "因材施教"的历史演进及其现代化[J]. 教育研究，1997(9).

218. 张田若，陈良璜，等．中国当代汉字认读与书写[M]．成都：四川教育出版社，1998.

219. 张心科．论言语形式在阅读与写作教学中的归属[J]．课程·教材·教法，2016(8).

220. 张忠华．教学学术研究的实施方式[J]．中国高等教育，2012(17).

221. 赵婀娜．让教育发现每一个学生[N]．人民日报，2014-09-04.

222. 支玉恒．我这样一路走来[J]．人民教育，2008(7).

223. 郅庭瑾．多元智能理论与个性化教育：诠释、悖离与超越[J]．上海教育科研，2013(4).

224. 钟启泉．个性发展与教学改革[J]．教育理论与实践，1996(2).

225. 钟启泉．核心素养的"核心"在哪里[N]．中国教育报，2015-04-01.

226. 钟启泉．现代课程论[M]．上海：上海教育出版社，1989.

227. 周洪宇，鲍成中．论教育家的"群生现象"及启示[J]．中国教育学刊，2016(8).

228. 周一贯．名师风范：半个世纪铸就的经典课堂[J]．语文教学通讯(小学版)，2006(7-8).

229. 周一贯．小学语文名师课堂教学经典设计[M]．上海：上海教育出版社，2004.

230. 周志毅．人的发展与个性教育[J]．教育研究，1990(6).

231. 朱爱华．大语文：主题整合下的微课程[M]．南京：江苏人民出版社，2015.

232. 朱智贤．儿童心理学[M]．北京：人民教育出版社，1993.

233. 朱作仁，祝新华．小学语文教学心理学导论[M]．上海：上海教育出版社，2001.

234. 宗白华．美学散步[M]．上海：上海人民出版社，1981.

235. 佐藤正夫．教学原理[M]．钟启泉，译．北京：教育科学出版社，2001.

后 记

个性化教学是中外教育界都关注的问题，进入 21 世纪，个性化教学更成为研究的热点问题。西方国家历来崇尚个人价值，拥有重视个性发展的教育传统，因此他们对个性化教学一直高度重视，研究成果丰硕。虽然早在春秋战国时期，伟大的教育家孔子就提出并实施了"有教无类"和"因材施教"的教学主张，但长期以来，家国同构的政治结构、重群体轻个体的整体主义等传统文化因素，以及现代教育工具性的价值取向、高度统一的教学制度、忽视差异的教学评价，都钳制了我国个性化教学的进行。改革开放以来，为适应网络化、智能化、大数据对教育教学的要求，回应创新型人才培养的时代诉求，满足学生个性发展的需求，我国积极探索个性化教学，出版了一些专著，如《个性教育论》《个性化教学论》。语文个性化教学则未曾有人进行过全面的思考，研究呈零散、碎片化状态。

作为国内第一部系统、深入探究语文学科个性化教学的专著，本书力求做到理论性与实践性、时代性与前瞻性、系统性与具体性、学术性与可读性的统一。一方面，注重探讨语文个性化教学的终极目标、学理依据和内外机制等一系列理论问题，力图把语文个性化教学提升到人格发展的高度，使研究突破"术"的层面，进入"道"的境界，以教师个性化的教促进、提升学生个性化的学，培养自由精神、探究勇气和创新意识；另一方面，指向中小学语文教学实践，试图革除传统语文教学程式化、单一化、同质化的弊端，走出当下乱举大旗的个性化教学误区，实现中小学语文教学的科学性、灵活性、艺术性、创造性，提高学生的语文素养，培养学生的健全人格，促进语文教师的专业成长。全书共十六章，大致可分为五个板块。第一板块是第一章，立足历史与时代的交汇点，思考社会进步与生命成长、教育发展的关系，强调个性化是 21 世纪教育教学的必然选择，这是全书的引论部分。第二板块为第二至第五章，探讨个性化教学的内涵、特征、价值，回顾国内外个性化教学的历史，分析中国传统文化及现代教育制度对语文个性化教学的影响，剖析当下"语文举旗"现象，揭示我国语文个性化教学的基础、背景和面临的形势，提示问题的迫切性和研究的针对性。第三板块为第六至第八章，总论语文个性化教学的理论依据、实施策略，除了学情评估精准化、目标制订针对化、内容选择个性化、方法运用灵活化、组织形式多样化和教学评价多元化，还必须体现母语教学的个性，按照汉字的特点教学汉字，依据汉语的特质教学汉语。第四板块第九至第十三章具体阐述识字写字、阅读、写作、口语交际、综合性学习的个性、要则。第五板块是最后三章，简要评介当代 21 位有代表性的语文名师个性化教学的成果，破解个性化教学与教学模式化之间的悖论关系，启发广大语文老师彰显教学个性、形成教学风格、淬炼教学思想，在语文教学的星空闪烁自己的光芒。前期研究论文 20 多篇，分别在《中国教育学刊》等 CSSCI 来源期刊、中文核心期刊、省级以上期刊发表，其中 4 篇被人大复印资料全文转载；课题研究获江苏省教育科学优秀成果奖。

将语文个性化教学作为研究的重心，除了时代因素，与自己求学、执教的经历有很大的关系。语文课程与教学论研究大家顾黄初先生是我们大三的专业课老师，在中学语文教材教法课上，顾黄初老师请来著名特级教师钱梦龙现身说法；教育实习，在百年名校扬州中学进行，包括校长郑万钟在内的诸多语文名师为我们开设示范课。大师、名师们充满个性魅力的语文课，与我中小学学习阶段听了十来年的千篇一律、千人一腔、味同嚼蜡的语文课，形成了多么鲜明的对比。而这一切，对一个还不到 20 岁、即将开始语文教师生涯的青年来说，其巨大冲击和深远影响是无法用语言形容的！毕业了，分在师范学校。学校气氛宽松，鼓励探索。从模仿到借鉴，从借鉴到创新，二十多年的时间，我用自己的行动在文选、写作、汉语、大学语文课上实践着教学的个性化。直到 2006 年相关论文在《中国教育学刊》发表，才意识到，要想使研究系统、有用，必须由术而道，必须在理论与实践两个层面同时发力，并致力于理论与实践的结合。于是，联合两位教授、四位中小学语文特级教师，组成研究团队，申报课题，编写教材，举办讲座，发表论文，推出课例，深入开掘。作为江苏省"十二五"教育科学规划立项课题研究的成果，本书原计划在 2015 年出版，因为课务繁重，杂事缠身，拖到 2016 年暑假才动笔。专著写到大半的时候，身体出了状况。好在有惊无险。但是，书稿的完成又延后了近一年。

之所以提这段"个性化"的写作经历，是想衷心感谢为本书作序的巢宗祺先生。与先生结识是在浙江大学举办的 2016 年秋季的"千课万人"

活动现场，巢宗祺老师和我都是主办方邀请的评课专家。作为国家《语文课程标准》研制与修订工作组负责人、国家语委咨询委员会委员、教育部基础教育课程教材专家工作委员会委员、华东师范大学中文系博士生导师，巢宗祺教授工作繁忙。为我的专著作序，他抽得出时间吗？怀着忐忑的心情，提出请求。谁知先生热情地握着我的手，毫不犹豫地答应了！一个多月后，我不得不住院治疗。进手术室之前，给先生发去短信，告知书稿完成时间要推后。先生立即回信，"十分震惊"，因为出差，不能来医院看望，嘱我"勇敢面对，抵抗邪恶细胞"；春节期间，再次询问病情，祝我"早日康复"。以前，读先生的论文、著作，感受的是大家的学术风范；现在，在与先生的交流中，触摸到的是仁者之心！作为语文学科国家层面纲领性文件《语文课程标准》制定团队的负责人，巢宗祺先生高瞻远瞩，在对拙著热情鼓励、对语文个性化教学予以肯定的同时，也对目前语文教学乱举大旗的浮躁现象进行了冷静的思考、理智的纠偏，并针对全国师资水平参差不齐的实际，指出课题研究的复杂性，提醒广大语文教师在进行个性化教学探索时，应融入平衡理念，既要讲求全面发展和学科规范，又要提倡发挥各自的特长和优势，创建个人特色。这，也为我们今后更进一步的研究指明了方向。

感谢课题研究团队的各位老师！他们是与我共同主持研究的张松祥校长，核心成员程然教授、上海市静安区教育学院教研员李伟忠、江苏省如皋市安定小学校长姜树华、江苏省南通市教育科学研究院小学科科长董一红、江苏省苏州市姑苏区教师发展中心科研部主任陈建先、南通师范高等专科学校教师祝伟。李伟忠、姜树华、董一红、陈建先，都是著名的语文特级教师。

中国高等教育学会语文教育专业委员会学术委员会副主任、江苏省语文课程与教学论研究中心主任、扬州大学博士生导师徐林祥教授，《语文课程标准》研制组核心成员、教育部基础教育课程教材专家工作委员会委员、中国教育学会中小学信息技术教育专业委员会副理事长、江苏省教育学会常务副会长、江苏省教育厅基础教育处原处长陆志平研究员，在课题研究过程中给予过精心的指点；山东师范大学林志芳博士，淮阴师范学院孔凡成教授，江苏师范大学连云港校区李明高教授，苏州大学王家伦教授，语文特级教师、湖北省武汉东湖新技术开发区教育发展研究院夏循藻副院长，在成书和出版过程中给予过热情的帮助、提出了中肯的建议。著名文学评论家、南京师范大学文学院博士生导师何平教授，南京师范大学教师教育学院肖晓燕教授，南通师范高等专科学校图书馆陈洪美馆长，为查找资料提供了方便、支持。在此一并表示感谢！

感谢江苏省高校品牌专业建设一期工程"语文教育"（PPZY2015C249）的资金扶持！感谢南通师范高等专科学校领导和同事的大力支持！

感谢北京师范大学出版社温玉婷、伊师孟和郭翔为本书出版付出的辛勤劳动！

最后，要特别感谢妻女、父母、妹妹对我无微不至的呵护和照顾，使我有充裕的时间、良好的心境，顺利完成课题研究和书稿写作！感谢妻子为我收集资料，感谢热爱中小学语文教学的女儿与我就第七、第十五等章节展开的深入探讨。

课题研究结题，三十多万字的专著完稿，心中充溢的是"巨大工程"终于告一段落的轻松。但轻松之中又有隐隐的沉重和继续前行的冲动。因为，一方面是日新月异的社会发展，是全球性个性化教学改革的风生水起，是我国语文个性化教学成果的不断涌现；但另一方面，是不少学校"误解"个性，只求特色，不求共识，为特色而特色，或者，为学校的办学特色而抑制每一个学生的个性发展，是城镇化进程中大班额现象的大面积出现，是一些实行"军事化"管理超级中学的声名鹊起。美好的愿景和严峻的现实相伴共生。改革的道路从来都是不平坦的，个性化教学也一样，挑战与机遇并存！何况，《语文个性化教学》只是进行了粗浅的探索。未来，愿与同道人一起努力，深入研究，期待中小学语文教学百花齐放、百鸟和鸣春天的早日到来！

2017 年 8 月 20 日于苏州